中山大学"985工程"马克思主义与当代文明创新基地

"全球化时代的意识形态与价值教育"项目成果

"十一五"期间（2006-2010年）国家重点图书出版规划项目

DANGDAI ZHONGGUO
JINGJI YU SHEHUI ZHUYI YISHI XINGTAI
HUDONG FAZHAN YANJIU

当代中国经济与
社会主义意识形态互动发展研究

《全球化时代的意识形态与价值教育》丛书

李 萍 主编

叶启绩 谭 毅 等 著

人民出版社

目 录
contents

目录
contents

总　序

　　全球化是当今世界发展的客观趋势和历史潮流，进入 21 世纪后全球化的进程加速，全球化议题日益成为世界共同关注的重点问题，无论是 2008 年席卷全球的金融危机，还是 2009 年哥本哈根全球气候大会以及 2010 年 4 月华盛顿核安全峰会，全球化无疑已经广泛深刻地影响了世界的发展和人类的命运。

　　所谓全球化，是指人类社会从以往各个地方、民族和国家之间彼此分割的原始封闭状态走向更紧密联系和全方位交往的全球性社会变迁的过程。从根本上说，全球化是以社会生产力发展为动力的，是人类社会逐步超越各种障碍和制约因素，在各种领域加强互动、交流，逐步取得共识，遵守共同规则，采取共同行动的趋势过程和价值选择。生产力尤其是知识的积累普及、技术水平和通讯工具的不断革新缩短了空间的距离，资本运行的驱力与轨迹则形成了从地方市场到世界市场的全球经济的一体化，人类活动范围和联系空间不断扩大，相互交往变得全面和深入，使世界变成了地球村。

　　作为一种全球性的历史发展，全球化不仅体现为经济交往、贸易活动，而且必然带来观念的交流，价值的碰撞、信息的融合，从而引发了人类社会的深刻变化。正像经济全球化深刻地改变了世界经济的格局和发展趋势一样，全球化条件下的文化变迁和发展也产生了更为广泛和深刻的变局，这是在资本、技术、信息的全球化流动基础上产生的"意识流"、文化和价值观的整合与变迁，它涌动在全球化的时空中。按照社会意识自身的活动规律，通过本土与全球、传统与现代、一元与多元的作用方式，形成了全球化条件下文化发展的新特点。因而认真研究全球化时代的文化变迁与发展的规律和特点，无疑具有十分重要的意义。

从广义上看，文化的内核是价值观念系统，价值观又与特定主体的存在方式相联系而构成社会的意识形态；在现实性上，意识形态是价值观的特定表达方式。在全球化的条件下，文化、价值观、意识形态的相互关联和相互作用具有了更为复杂的内涵和新的特点，文化的交往必然引发价值观、意识形态的碰撞、交汇以致冲突，从而给国家意识、文化安全带来挑战，同样需要从理论和实践上给予高度关注。全球化既提供了意识形态发展的舞台，也形成了意识形态较量的战场，"趋同"与"求异"的对立统一构成了意识形态发展的力量，其内隐着文明的冲突与秩序的重建。

从历史上看，中国的现代化与全球化的历史似乎有着不解之缘。肇始于 20 世纪 70 年代以来的改革开放和社会主义现代化的宏伟事业，正是在经济全球化的新浪潮中把握机遇、发挥优势、脱颖而出、迅速崛起的，换句话说，正是全球化的浪潮推动了中华民族伟大复兴的现代化航船。因而作为东方文明的古国，作为人类文明新实验——社会主义的现代化中国，其文化形态和价值体系必然在全球化的浪潮中面临着更为激烈的碰撞、冲突、失范、融合与重构，从而奏响了新文明的序曲，它既开创了中国特色社会主义的发展之路，也为人类文明的发展注入了新的元素和动力。因而在全球化带来的文化同质性和文化多样性的张力中，如何发展社会主义的意识形态，确定社会主义的核心价值，坚持中国特色的文化自觉和主体性，无疑成为具有重大意义的时代课题。

为此，由我主持和我的同仁一起承担完成的中山大学 985 二期项目《全球化时代的意识形态与价值教育》丛书，立足于时代发展的宏大背景，力图对全球化背景的意识形态和价值教育的时代主题作出积极的探讨和应有回应，从而形成了本套丛书。本丛书以全球化为背景，以马克思主义理论为指导，以意识形态与价值教育为研究对象，以多学科的理论和方法，从纵向方面，围绕着意识形态这

一文化现象重要内核的形成和发展的特点，对意识形态概念——世界意识形态流派——当代社会主义意识形态发展进行了递进的深入研究；从横向方面，观照当代中国社会的发展，对意识形态与经济发展、意识形态与价值重构、意识形态与价值教育展开了关系的理论阐释，力求勾勒与把握全球化时代的意识形态与价值教育的基本特征，从而对全球化作为新的生存方式对社会与人的发展带来的深刻影响作出积极的回应。本丛书各册的主要内容如下：

《当代意识形态论》（钟明华等著），将意识形态放置在全球化的平台上来进行思考，从而使意识形态的概念在流变中得以丰富与扩充，成为具有主导力量和核心影响力的文化思想。在此基础上继续从市场叙事、政治转型、文化产业、社会复制、技术传媒等层面探讨与意识形态的关系问题，并得出全球化时代意识形态发展的一些新趋势。最后，着重从本土的层面回应如何进行意识形态建设。

《全球化时代世界意识形态流派述评》（孟庆顺等著），以当代世界发展作为历史背景，既重点论述了包括马克思主义、自由主义、民主主义等在世界上影响较大的一些意识形态流派，也探讨了当代崛起的新意识形态流派，如消费主义、女权主义、生态主义、科技主义等，分析其缘起与流变，评述其现状与未来，思考其意义与启示。

《当代国外社会主义意识形态发展导论》（郭文亮、杨菲蓉等著）以当代国外社会主义意识形态发展为主线，深入分析了当代国外社会主义意识形态发展的时代背景和社会历史条件，全面概括了当代国外社会主义意识形态发展的历史进程与空间布局，着重探讨了当代国外科学社会主义、民主社会主义、民族社会主义等有代表性的社会主义意识形态在不同地区、不同时代的曲折发展，并在此基础上，认真总结了当代国外社会主义意识形态发展的经验教训，客观评析了当代国外社会主义意识形态发展的地位和作用，同时思考和展望了新世纪国外社会主义意识形态发展的趋势和前景。

《当代中国经济与社会主义意识形态互动发展研究》（叶启绩、

谭毅等著），立足于中国经济发展事实，以全球化时代的经济与意识形态日益形成互动的趋势为出发点，比较系统地分析这种趋势的基本内涵、表现，并从中国社会主义建设中处理经济与意识形态关系的历史经验与教训出发，深入研究了改革开放以来中国经济发展所取得的巨大成就与中国对社会主义意识形态进行的多次重大创新历程的同步性、互动性。探讨了两者相互相承，共同发展的规律、特点、作用机制与方法等问题。

《当代中国价值问题与价值重构研究》（吴育林等著），以全球化和中国改革开放、构建社会主义市场经济为时代背景，以马克思主义意识形态理论和价值学理论为思想理论基础，试图揭示当代中国在经济转轨、社会转型时期的价值困惑问题及其孕生的历史、文化、意识形态和时代变迁等存在原因；在此基础上厘析出当代中国价值重构的思想资源、基本指向和实践建构原则和途径。

《全球化时代的价值教育》（林滨等著），以全球化时代社会主义意识形态的研究为背景，在对社会主义核心价值把握的基础上，以全球视野和时代意识，探讨了价值教育的时代境遇与追求，在对价值教育的中西沿革与嬗变梳理的基础上，对价值教育的本体进行了理性的审视，展开了对价值教育的焦点与矛盾的分析，厘析了意识形态与价值教育的关系，探讨了当代中国价值教育的内容与途径，力求对价值教育的时代建构与发展趋势做积极的探索。

可以说，这套丛书是我们置身时代境遇中，对人类文明经过长期艰难跋涉汇聚各种力量而形成的全球化浪潮的思想淘沙，我们在感受历史潮汐的涌动之时，期翼以我们的努力，通过对全球化时代文化与价值变迁的省思，把握其精神脉搏的韵律，以使我们在被全球化浪潮裹挟着前行的同时，还能自觉保有理性的睿智，用人类思想的光芒照亮远方的道路……

主编

2010 年 4 月 22 日

前 言

　　中国正在和平地发展，得到了世界人们的认可与赞誉。为什么在经历短短的 30 年改革开放后，中国就能取得如此举世瞩目的成就？这不能不引起国际上的广泛关注与探究兴趣，可谓众说纷呈：他们可能认为这是中华古老文明开的花，也可能认为这是西方现代文明结的果。但我们说，中国的发展模式是中国人民的伟大创造，它不仅是上述文明在当代中国的复兴与扬弃，而且更有马克思主义的指导、科学社会主义在当代中国发展的成功运用，这是我们的优势，不管他们承认不承认这点。

　　马克思主义、科学社会主义作为一种意识形态，探究它对中国当代发展、特别是对经济发展的巨大作用，无疑是件很有意义的事。本书正是试图通过意识形态对中国和平发展的影响与作用这一角度，来探索中国的发展模式之所以成功的一个研究成果，这也为国内外众多的有关探索增加了一个说法、一种思考吧！

一

自法国学者德斯蒂·德·特拉西在 19 世纪初《意识形态原理》一书中首次提出来"意识形态"后,它就是一个备受争议的概念。"意识形态"与权力的获取、分配、消费等曾有过联盟;"意识形态"也与美学、文化、宗教等有过联姻。所以有人说过只有"天国中没有意识形态",可是这个说法往往本身就是意识形态性的。阿尔都塞甚至认为"意识形态因此是一切社会总体的有机组成部分。种种事实表明,没有这些特殊的社会形态,没有意识形态的种种表象体系,人类社会就不能生存下去。"①

在什么是"意识形态"问题上,一方面概念过剩,因为有众多相关概念与"意识形态"为伍。另一方面概念不足,因为"意识形态"一词又承载着过于丰富的内涵和意义。在不同学者那里、在不同时候、针对不同问题往往赋予其不同内涵。本书不是探讨"意识形态"的专门著作,不想陷于什么是"意识形态"的"陷阱",但又不能脱离对"意识形态"的研究,所以又必须对之内涵进行定义。

马克思指出:"人们在自己生活的社会生产中发生一定的、必然的、不以他们的意志为转移的关系,即同他们的物质生产力的一定发展阶段相适合的生产关系。这些生产关系的总和构成社会的经济结构,即有法律的和政治的上层建筑竖立其上并有一定的社会意识形式与之相适应的现实基础。物质生活的生产方式制约着整个社会生活、政治生活和精神生活的过程。不是人们的意识决定人们的存

---

① 【法】路易·阿尔都塞著,顾良译:《保卫马克思》,商务印书馆 1984 年版,第 201 页。

在，相反，是人们的社会存在决定人们的意识。"① 这是马克思主义关于社会有机体中社会的各种结构、功能、地位、关系的经典阐述。从上我们可以看到"一定的社会意识形式"是上层建筑的一部分，它又作为社会意识的一部分，也是对社会存在的反映。根据马克思主义这一基本原理，我们认为"意识形态"是与经济形态相对应的一个历史唯物主义重要范畴，是一定社会中代表某一利益集团的、与其经济和政治地位直接相联系的价值观的总和。意识形态的本质是在其价值观渗透与影响下，使人们行为方式合理化的"普通"知识，以及对人们的行为进行约束的一整套习惯、准则和行为规范。具体包括政治法律思想、道德、艺术、宗教、哲学等社会意识形式和制度安排，这些往往又以文化（精神生活）这一社会有机系统中的重要组成部分而出现的。

二

中国当代和平发展的一个重要原因，是从社会主义计划经济向社会主义市场经济的转型。作为人类文明的一种历史形式，市场经济的产生、发展本身是经济发展到一定阶段的产物。一方面市场经济是不同的社会经济主体通过向社会提供产品与服务，从而获得自己利益的经济，它促进了经济的发展与社会财富的增加。另一方面市场经济自身又存在难以克服的内在缺陷，市场经济自发运行可能导致市场的失灵、社会资源的浪费，以及在市场交易活动中一方对另一方利益造成的损害，从而导致社会紊乱和制度失范。所以在市场经济中，不仅需要制度性的外在约束，又必须有对主体人格的健全和社会人文精神的成熟的内在渴求。从市场经济发展史来看，竞

---

① 《马克思恩格斯选集》第 2 卷，人民出版社 1995 年版，第 32 页。

争越是激烈，越是趋于完善的市场经济制度，越是要求人们的文化
程度、精神觉悟、道德水准等的提高。市场经济健康运行所需要的
道德秩序与制度规范并不是自然而然地自发形成的，它需要主体的
能动参与和整个社会的整体性支持。但是在不同的社会制度中，这
种支持又表现为不同利益集团、特别是占社会统治地位的社会集团
的价值观的引导、渗透，而这恰恰是占社会统治地位的社会集团意
识形态的表现。

　　社会主义能否与市场经济结合，长期以来不论社会主义还是资
本主义国家都认为这两者是不可能结合的，原因在于他们认为这两
者本质上表现的是不同甚至是对立的价值观，表现在意识形态上也
同样如此。但是它们又都认为意识形态对经济的发展有反作用。在
这方面，马克思主义有过大量与精彩的论述，恩格斯指出："政治、
法律、哲学、宗教、文学、艺术等的发展是以经济发展为基础的。
但是，它们又都互相作用并对经济基础发生作用。"[1] 资本主义国家
的学者也有很多的研究，如美国著名经济学家道格拉斯·C·诺斯认
为："在意识形态上，我是指所有人在解释他们周围世界时所拥有的
主观观念（即模型和理论）。无论是在个人相互关系的微观层次上，
还是在有组织的意识形态的宏观层次上，它都提供了对过去和现在
的整体性解释，诸如共产主义信仰、宗教信仰，个人所建立的理论
都具有根据世界应该是怎样组织的规范看法色彩。"[2] 实际上诺斯与
马克思主义的意识形态理论有其相通之处，诺斯本人也曾在早年深
受马克思主义的影响，他的理论从某种意义上正是对马克思主义宏
观的意识形态理论的微观分析，它与马克思主义的意识形态理论可
以形成互补的。

　　如果我们遵循上述思路，认真深入地进行研究，可以看到实际

---

[1]　《马克思恩格斯选集》第 4 卷，人民出版社 1995 年版，第 732 页。

[2]　【美】道格拉斯·C·诺斯：《制度、制度变迁与经济绩效》，上海三联
书店 1994 年版，第 36 页。

上"社会主义"与"市场经济"有共同之处：即社会主义所表现的意识形态强调经济的发展为人民服务；而市场经济所反映的意识形态强调的是通过向社会提供高质量的产品与服务，从而获得自己的最大利益。这样在"人民"与"社会"两者之间，就有了相通之处，即"社会"中不能没有"人民"，"人民"不能离开"社会"。所以建设社会主义市场经济体制，正是中国人民思想解放、勇于实践的结果，同时又意味着一种崭新的意识形态的产生，这正是我们所说的经济意识形态化。在这种崭新的意识形态的指引下，在社会主义市场经济环境中，通过更好地培育与市场经济中的人文精神相吻合的精神文化与制度规范，从外在的强制到内在的自觉，都是一个长期的历史过程，它的健康运行亟需社会精神文化力量的支持和人们的精神自律，又促使人们投身于社会主义现代化建设中，从而取得巨大的成果，这就是我们所说的意识形态经济化。从上面的分析可以看到，经济意识形态化与意识形态经济化实际上是一个问题即经济发展的两个方面即经济与意识形态的相互关系。

三

在我们探讨经济意识形态化与意识形态经济化的同时，又要注意这两者关系在当今世界的表现。

经济全球化是当今世界的一个重要特征和发展趋势，这是市场经济发展到当今时代的必然。经济全球化又是一把"双刃剑"，它通过商品、资本、技术等要素在世界市场上的自由流动，一方面促进了世界经济的发展，使工业文明大放异彩，推动了社会的进步，各国在政治、经济、军事、社会等各方面的相互依存度加深，彼此联系加强，产生某种程度的融合。另一方面又可能把市场经济的信仰和规则在不同民族和国家的文化上打上深深的烙印，因为相同的技术、规则等，易使不同民族和国家的人们具有相同的社会行为和相同的社会意识，结果就有可能产生一个基本相同的全球统一体。而西方发达国家，特别是市场经济最发达的美国，作为市场经济规则的制定者，这种情景正是它所期望的"每个社会的一部分文化正成为世界文化的一部分"①，即产生一个遵循美国价值观与文化的世界。而价值观正是意识形态的核心，文化又是意识形态的表现形式。

意识形态是国家特性的重要表现形式，是一国区别于他国的标志之一，它为国家提供区分是非、好坏或善恶的标准，指导国家界定其战略目标，其中的信仰、价值观和理想等范畴，将程度不同地影响到国家利益的判断，并最终成为国家利益的组成部分。在经济全球化的世界大市场中，在"意识形态国界"愈来愈显得重要、而"经济国界"正在日渐被抹去的今天，意识形态不仅是民族自立与承续的灵魂，同时也是决定一个社会是否能够有序运行的"软件"，决定一个社会的基本状态，引领一个国家与民族自发展方向。只有保住本国的意识形态，才能保持住自信与尊严，国家才能发展，才有国家利益可言。

这样在今天世界上，经济全球化的发展必然表现出不同民族与国家通过文化，在意识形态方面的相互激荡与斗争，并呈现出意识形态载体和意识形态传播多样化等诸多特点。一方面在经济发展中，新的经济形式即文化产品和文化资本的结合，正在成为新的经济增长点，是一个国家综合国力的重要组成部分；另一方面这种经济形式更表现出以文化产品为内容、以科学技术为载体的不同意识形态的全方位较量。贸易不只是创造财富的手段，它还是美国思想和理念借以渗透到所有中国人意识中的渠道；从长远看，它为美国的意识形态产业（诸如电影、激光唱盘、软件、电视）和使国际交流更为便利的产品（诸如传真机和互联网计算机）开辟市场，这些有可

---

① 【美】麦哲："文化与国际关系：基本理论述评"，《现代外国哲学社会科学文摘》，1997 年第 4 期。

能使中国的人权状态得到改善，从而发挥我们所有直接的政府之间的努力加起来一样大的促进作用。很显然，这种新的经济形式对其他经济形式的发展又起了巨大的作用，从而使各种经济形式承载着更多的意识形态的意义。他们非常清楚，美国只有不断地与中国进行的经贸交往，将会促进中国的人权进程。因为多一笔合同，就是多一次让中国人了解西方民主的机会；多一项投资，就是让中国人多一次自由与法治的实践。他们也清楚，中国不会拒绝互联网这种技术，因为它要现代化。这正是他们的可乘之机：要利用互联网把美国的价值观送到中国去，这真可谓"经贸搭台，意识形态唱戏"的经典表现。

　　针对当今世界的经济意识形态化与意识形态经济化的种种表现，我们可以看到，一方面它们既为各国经济的发展开辟了更多的途径，增强了经济发展的动力。另一方面也为我们对诸如全球意识、全球伦理、和谐文化等"普世性"问题表现出的意识形态的认识，必须保持清醒的头脑，从而更好地加强社会主义意识形态建设，弘扬民族文化精神，反对"文化霸权"，积极学习世界各种优秀文化，从而为中国的经济建设与意识形态建设拓展新的空间。

　　美国诺贝尔经济奖获得者福格尔曾提出："我们的子孙们将如何处理中国（它将有可能成为 21 世纪的经济强国）同经合组织国家，尤其是同美国之间的文化平等问题呢？自从独立战争以来，美国一直都在全球努力传播自己的价值观。如果正像许多人所认为的那样，中国（及许多东南亚国家）对美国的价值观表示抵抗并继续坚持自己现行的价值观（尊重权威、讲孝道、守纪律），那么我们的子孙后代能够对一场国际文化圣战（它对 20 世纪美国实力的壮大起到了重要作用）的结束表示认可吗？他们是应该为一场激战做准备呢，还是应该学会在一种旷日持久的文化和政治对峙中生活下去呢？"① 很

---

　　① 【美】罗伯特·威廉·福格尔著，王中华、刘红译：《第四次大觉醒及平等主义的未来》，首都经济贸易大学出版社 2003 年版，第 337 页。

显然，在经济与意识形态两方面，西方已经宣战。我们怎么办?!

我们必须站在战略高度，做好两大领域的工作。胡锦涛同志在党的十七大报告中指出我们"要深化对社会主义市场经济规律的认识"，"为全面建成惠及十几亿人口的更高水平的小康社会打下更加牢固的基础。"同时他又指出我们要"增强社会主义意识形态的吸引力和凝聚力"，以此来团结和凝聚全体人民为实现自己的目的而奋斗，为建设中国特色社会主义提供强大精神动力和思想保证。

改革开放30年来，我国的经济发展取得了巨大的成就，对社会主义意识形态也已进行多次重大创新，两者相互相承，共同发展。试问今天中国和平发展的奥秘是什么？敢问路在何方——社会主义意识形态指引下的中国特色社会主义道路！这正是中国人民对人类文明作出的最伟大的贡献。

第一章
新中国经济与意识形态
互动关系历史演变

　　恩格斯曾指出："政治、法、哲学、宗教、文学、艺术等等的发展是以经济发展为基础的。但是，它们又都互相作用并对经济基础发生作用。并非只有经济状况才是原因，才是积极的，其余一切都不过是消极的结果。这是在归根到底总是得到现实的经济必然性的基础上的互相作用。"①

　　因此，意识形态与经济之间是动态互动的，经济的发展会要求意识形态范式的变革，成功的意识形态会促进经济的发展。为了正确认识意识形态在我国经济社会发展中的反作用，促进经济与意识形态进一步和谐发展，对新中国经济与意识形态互动关系进行历史考察就很有必要。

---

　　① 《马克思恩格斯选集》第 4 卷，人民出版社 1995 年版，第 732 页。

第一节　经济建设中的意识形态泛化

新中国成立后，在一个千疮百孔的烂摊子中如何进行社会主义革命和建设，是摆在当时人们面前的一个重要而紧迫的课题。在当时国际国内环境下，中国借鉴了前苏联高度集中的计划经济体制和经济发展模式。由于人们对马克思主义和社会主义的误解，形成了一种在经济中过度张扬、强调意识形态作用的发展观，直接造成了经济建设中的意识形态泛化。

一、经济建设中的意识形态泛化的表现

农业、手工业和资本主义工商业的社会主义改造的完成，标志着社会主义制度在中国的确立。1956 年至 1966 年我国进入了全面建设社会主义的探索时期。可以说，刚开始的时候，我国经济建设应该是得到了比较顺利的发展。但随着经济建设的不断深入发展，高度集中的计划管理体制越来越暴露出与生产力发展不相适应的方面。由于当时缺乏经济建设的经验，加上在经济建设中又急于求成，从而把政治斗争方式照搬过来，直接造成了经济建设中的意识形态泛化，给经济建设带来很大的负面影响。主要表现在以下几个方面：

1. 极左宣传激发经济热情

社会主义制度建立之初，毛泽东就从社会主义基本矛盾的视阈对我国意识形态建设进行了定位，指出："除了生产关系和生产力发展的这种又相适应又相矛盾的情况以外，还有上层建筑和经济基础的又相适应又相矛盾的情况。人民民主专政的国家制度和法律，以马克思列宁主义为指导的社会主义意识形态，这些上层建筑对于我国社会主义改造的胜利和社会主义劳动组织的建立起了积极的推动作用，它是和社会主义的经济基础即社会主义的生产关系相适应的；

但是，资产阶级意识形态的存在，国家机构中某些官僚主义作风的存在，国家制度中某些环节上缺陷的存在，又是和社会主义的经济基础相矛盾的。我们今后必须按照具体的情况，继续解决上述的各种矛盾。"① 但是毛泽东关于意识形态的这一正确定位，随着实践的发展，很快偏离了社会的现实，忽视了意识形态发挥作用的前提条件，过度地夸大了意识形态的作用，通过对社会主义、共产主义"无限美好"的极"左"宣传激发人民的经济建设热情，从而导致了意识形态功能与作用发挥的泛化。

在物质条件极为匮乏的战争年代，中国共产党凭借革命意识形态的成功发挥，通过政治动员，宣传、发动和组织群众参与革命，取得了中国革命的伟大胜利。因此，在如何尽快摆脱"一穷二白"的落后面貌问题上，革命战争的成功经验，赋予人们只需继续以"革命"式的空前热情去从事社会主义建设，人民就能过上幸福美好的生活，从而在经济建设中企图通过广泛的政治动员，来促进经济的发展。于是"极左"的宣传"社会主义"、"共产主义"是"无限美好"的社会的庄重诺言在中国不久的将来也很快就能实现。1958年8月在北戴河会议上通过的《中共中央关于在农村建立人民公社问题的决议》中指出："看来，共产主义在我国的实现，已经不是什么遥远将来的事情了，我们应该积极地利用人民公社的形式，摸索出一条过渡到共产主义的具体途径。"从而强化人民对社会主义、共产主义的认同和憧憬，激发人民经济建设的热情。群众运动和思想政治工作也演变为经济建设中的主要手段，把意识形态的功能与作用的发挥泛化、绝对化。未能正确认识、处理经济发展与意识形态之间的互动关系，在经济生活实践中直接体现为一系列的"全民大办"，出现了建立在极"左"意识形态之上的狂热、空想、浪漫式的"大跃进"和"人民公社化"运动。

---

① 《毛泽东文集》第7集，人民出版社1999年版，第215页。

2. 政治运动推动经济活动

建国初期，毛泽东科学地认识到了意识形态的功能，他指出："思想工作和政治工作，是完成经济工作和技术工作的保证，它们是为经济基础服务的。"① "思想和政治又是统帅，是灵魂。只要我们的思想工作和政治工作稍为一放松，经济工作和技术工作就一定会走到邪路上去。"② 所以，在我国社会主义建设中，我们必须加强社会主义意识形态建设，发挥意识形态的功能。历史证明，在建国初期，马克思主义意识形态对新生社会主义政权的巩固和社会主义的发展起到了有效的作用。但是1957年党的八届三中全会上毛泽东改变了八大关于我国社会主要矛盾的判断，党在指导思想上开始出现严重失误，他指出："无产阶级与资产阶级、社会主义道路与资本主义道路的矛盾是主要矛盾。"③ 1958年中共八大二次会议通过了"鼓足干劲、力争上游、多快好省地建设社会主义"的社会主义建设总路线。1971年毛泽东提出"思想上政治上政治路线正确与否决定一切"，从此，意识形态的功能在实践中得到片面化、绝对化的高度张扬，尤其是在对总路线的误解下，在经济建设工作中提出"速度是总路线的灵魂"。在这种意识形态泛化的影响下，在实践中也就直接出现以政治运动推动经济活动的行为。

总路线的提出反映了广大人民群众迫切要求改变国家经济文化落后状况的普遍愿望。但是其缺点忽视了客观经济规律，并且在总路线的贯彻过程中高调张扬政治意识形态的重要性，"政治统帅一切"、"要政治挂帅"、"政治是统帅、是灵魂"、各行各业都要"讲政治"等意识形态口号得以扩大化和泛化，在经济活动中也毫不例外。在我国高度集中的社会主义计划经济体制下，经济活动并不是

---

① 《毛泽东著作选读》（下册），人民出版社1986年版，第803页。
② 《毛泽东著作选读》（下册），人民出版社1986年版，第803页。
③ 《建国以来毛泽东文稿》（第7册），中央文献出版社1992年版，第595页。

自觉地进行的，往往是靠政治运动来推动的，经济目标也是服从于政治目标的。如"大跃进"的一个重要特征，就是要求完成各种各样的高指标，但完成这些高指标的目的是与超英赶美的政治目标紧密相连的。可以说，超英赶美的政治目标无可厚非，但选择达到此目标的方式错了，而且这一经济活动完全是借助于意识形态的宣传，通过政治运动来推动的。从此，群众运动和政治工作也就成为经济建设的主要工具，且在"文革"时期，发展到了登峰造极的地步，"抓革命，促生产"成为当时政治活动推动经济活动的突出典型。

3. 经济沦为政治的附属物

建国初期，毛泽东充分认识到经济问题也是个重大的政治问题，经济建设的速度问题关系到我国新生政权的巩固问题和社会主义制度优越性的发挥问题。但随着形势和实践的发展，在极"左"意识形态泛化的情况下，经济建设渐渐演变为一种政治活动，经济与政治的关联结构发生变异，政治的经济功能被无限放大，经济沦为政治的附属物。在这种意识形态的支配下和人民对它的扭解下，政治成为一切经济的指挥棒，成为判断经济正当性和合理性的价值标准，政治由手段变为目的。从此，在这种意识形态泛化的笼罩下，在我国特定时期，经济问题出现泛政治化现象，学者何建华把它归纳为：经济战略的泛政治化、经济实体的行政化、经济问题的泛意识形态化。①

由于毛泽东对什么是社会主义，怎样建设社会主义认识的片面性，经济问题的意识形态泛化在当时的中国是愈演愈烈，经济问题带有政治属性和政治意义，本来属于经济领域问题的或经济性质问题的争论往往被人为地扣上社会主义与资本主义、马克思主义和非马克思主义意识形态的帽子。如在批评"反冒进"问题上，这原本是针对经济领域中的问题而进行的，却被人为地扣上坚持马克思主

---

① 何建华：《"政治—经济"的结构变异：缘起与后果》，《中共中央党校学报》，2002 年第 4 期。

义还是反对马克思主义的意识形态的帽子，认为批评冒进就是不符合马克思主义，赞成冒进才是马克思主义。如彭德怀针对1958年以来的"左"倾错误及其经验教训而提出的意见信，却被毛泽东指责为"资产阶级的动摇性"，是向党进攻，是"右倾性质"，是右倾机会主义的纲领。毛泽东在《机关枪和迫击炮的来历及其他》中甚至错误地断言："庐山出现的这一场斗争，是一场阶级斗争，是过去10年社会主义革命过程中资产阶级与无产阶级两大对抗阶级的生死斗争的继续。在中国，在我党，这一类斗争，看来还得斗下去，至少还要斗二十年，可能要斗半个世纪，总之要到阶级完全灭亡，斗争才会止息。"① 这使得本来以进一步纠正经济领域中的"左"为主要目的的"庐山会议"却成了批判彭德怀等"反党集团"右倾机会主义路线的会议。如1961年、1962年全国一些农村"包产到户"的经济行为方式也被认为是社会主义与资本主义的问题，"包产到户"是单干风，是资本主义，支持"包产到户"是站在富农地主资产阶级的立场上，是反对社会主义的。如根据毛泽东提出的要安定团结，把国民经济搞上去的指示，邓小平1975年提出了"全面整顿"的思想，但这一思想却被诬陷是"右倾翻案"、"全面复辟"等。

总之，在我国极"左"意识形态的笼罩下，意识形态经济功能被人为地过度放大，使得经济沦为政治的配角和附属物，政治成为社会的唯一，在经济领域中，忽视经济建设中的客观规律，出现把抽象的政治作为衡量经济成效的根本标准，导致经济问题上的泛政治化、泛意识形态化。

二、经济建设中意识形态泛化的原因

建国后，经济建设中意识形态泛化是多种因素作用的结果。从

---

① 《建国以来毛泽东文稿》第8册，中央文献出版社1993年版，第451页。

国际因素来看，第二次世界大战结束后，国际政治主要矛盾是意识形态的对立，而且此认识被当时东西方两大阵营的领导人所接纳。因此，受冷战的国际大气候影响，建国后经济建设中意识形态因素也相当凸显。从历史因素来看，自近代以来，政治激进主义受到礼赞，封建社会的专制统治催生了"泛政治化"倾向，受这种历史因素影响，也导致着建国后经济建设中意识形态因素的张扬。从理论认识本身来看，受苏联社会主义建设模式的影响，从1957年开始一直到"文化大革命"，由于毛泽东等人对什么是社会主义，怎样建设社会主义认识的片面性，在意识形态功能的认识上也出现了偏差，渐渐走上极端，导致意识形态功能的扩大化、绝对化。因此，新中国成立后，面对错综复杂的国际国内形势，中国共产党在社会主义意识形态建设中，有成功的经验，也有失误的教训，但总体上在意识形态建设上走上了极端，为了进一步厘清这个问题，也很有必要从当时中国社会特定的经济、政治和文化体制上去观照它。

1．计划体制的经济架构

新中国成立后，我国建立了以高度集中的计划经济体制为特征的经济架构。在这种经济架构下，生产资料所有权归政府，经济行为的主体主要是政府，政府计划和行政指令是经济运行的主要目标、手段，政府以行政命令去管理经济活动，否定价值规律和市场机制的作用，一切经济活动被置于政府的指令性计划之下。诚然，建国初期的这种高度集中的计划经济体制也曾发挥过它特定的历史作用，但是从总体上审视它，还是存在许多缺陷和弊端，也是导致我国经济建设中意识形态泛化的深层次根源之一。

众所周知，经济活动与人类的存在相伴相随；国家随着阶级的产生而产生，随着阶级的灭亡而灭亡。因此，基于这个视角分析，政府不应是经济活动的唯一主体。然而当时计划经济和高度中央集权的紧密结合，导致全国人民盲目地、一味地去服务、协助政府来达到政府所希冀达到的经济目标，进而由此衍生出意识形态泛化的问题。在我国计划经济体制下，由于经济运行的主体是政府，政府无所不能、无所不管，人民群众大事小事找政府，许多经济纠纷问题易转嫁给政府，群众经济生活中的不满情绪易指向政府，致使政府与群众矛盾的激化。可是，只要有经济活动，经济纠纷和经济矛盾便无时不有、无处不在，这样一来，面对如此多的矛盾、纠纷，政府又不能视而不见、撒手不管，据此蛰伏在群众与政府间的矛盾就容易激化出来。当然，如果这种矛盾仅限于经济领域并回归到经济活动中去加以妥善解决，也许对政治领域问题的影响并无大碍，也未必能导致经济问题上的泛意识形态化，但这只是浪漫的理想主义的设想。事实证明，在当时的情况下，这种理想注定是无法实现的、是一种完美的乌托邦。因为在计划体制的经济架构下，政府设定的经济目标在总体上预制着全国人民的经济建设方向和经济行为。在这种情况下，经济领域中发生的许多经济纠纷就很容易被扣上意识形态的帽子而上纲上线，导致经济建设中意识形态的泛化。

2. 高度集权的政治架构

新中国成立后，我国逐步形成了高度集权的政治体制，这种体制受到计划经济的强有力支持，并且在大规模的阶级斗争和群众运动中不断地得以强化，从而最终导致政治与社会的高度一体化。在这种政治体制的架构下，党政不分、权力过分集中于领导者个人，同时又缺乏有效的监督与制约，是造成建国后经济建设中意识形态泛化的重要原因之一。邓小平对这种现象也曾有过精辟的论述，指出："从1958年批评反冒进、1959年'反右倾'以来，党和国家的民主生活逐渐不正常，一言堂、个人决定重大问题、个人崇拜、个人凌驾于组织之上一类家长制现象，不断滋长。"[①] 可以说，邓小平的论述一针见血地指出了我国当时政治体制的"总病根"。新中国成立后，马克思列宁主义成为全国人民顶礼膜拜的意识形态，因为我们凭借着俄国"十月革命"送来的马克思列宁主义，并且把它与中国革命实践相结合，通过暴力推翻了国民党的统治，建立新中国。

---

① 《邓小平文选》第2卷，人民出版社1994年版，第330页。

但是由于过分地夸大了意识形态的作用，于是苏联模式的政治体制也被移植到了中国。

为了进一步通过意识形态巩固中共的执政地位，增强中共执政的合法性和政治体制的合法性，社会主义革命和建设也就在高调意识形态的鼓噪、指导下以空前的热情开展起来。加上政治上的高度集权，从而也就造成社会主义经济建设领域中的意识形态泛化、扩大化和社会主义建设中的"假、大、空"现象。可以说，因为高度集权的政治架构，导致权力过分集中，且对权力缺乏有效的监督和制约，加上在意识形态的鼓噪下，当时党内个人崇拜、迷信之风盛行，毛泽东在党内实际上也掌握着意识形态的话语权，在党内拥有实际上的"最后决定权"。于是，在毛泽东等人错误地把社会主义本质界定为"一大二公"、"平均主义"、"精神崇高"等片面性认识时，全党也就难以及时扭转对这种对社会主义理论上的认识偏差，这也是导致我国经济建设中意识形态泛化的深层次根源之一。

3. 革命特征的文化模式

新中国成立后，受苏联文化模式和中国人民对"革命"过度迷信的思维定势的影响，我国建立了一种具有革命特征的过度强调文化战斗性和革命性的文化模式。这种文化模式是以阶级斗争为纲，以思想文化建设服务于阶级斗争为特征的思想文化模式。在改革开放前，这种文化模式一直在国内居于主导地位，给经济建设带来了破坏。但此时具有革命特征的文化并不是革命时代的那种神圣的社会动员的主要手段，而是以革命标准取代文化艺术标准，将一切文化艺术样式都"泛意识形态化"。诚然，作为上层建筑的文化艺术，它具有意识形态的特性，但把一些反映经济现象的文化艺术都不加以区别地都贴上"意识形态"的标鉴，则易导致经济建设中意识形态的泛化，这在当时国内造成了不同程度的影响，也是经济建设中意识形态泛化的重要根源之一。

在极"左"意识形态的笼罩下，文化艺术被突出了阶级斗争的工具形态，其典型表现就是当时独霸文艺舞台的"革命样板戏"。

"革命样板戏"的出台，是当时阶级斗争扩大化的极"左"思潮发展的一个标志性产物，是当时我国推行"文化专制主义"的历史印证，且"革命样板戏"的艺术表现形式在当时被推广到文学艺术的各个领域，一概否定其他艺术表现手法，在这种文化专政的强制灌输下，人民接受的文化是大搞阶级斗争的意识形态文化，这种意识形态文化反作用经济基础时，不可避免地导致经济建设中的意识形态泛化，束缚着人们对经济建设规律和社会主义的认识、理解。

三、经济建设中意识形态泛化的影响

建国后"以阶级斗争为纲"的意识形态泛化，不但没有完成经济建设的现代性启蒙，反而给我国经济建设带来一系列负面的冲击和影响。主要表现在以下几个方面：

1. 经济活动的非理性

从建国后至改革开放前，极"左"宣传社会主义、共产主义的"无限美好"，极大地唤醒了人民对社会主义和共产主义的狂热信仰和追求，全国人民迫切希望在中国尽快实现"美好明天"。在这种社会心理作用下和意识形态的影响下，忽视了生产力与生产关系的辩证关系，夸大了人的主观能动性和上层建筑对经济基础的反作用，导致急于向共产主义的"穷过渡"的"左"倾冒进产物——"大跃进"运动和人民公社化运动终于在中国轰轰烈烈地上演。这场运动突显了我党忽视客观规律的经济活动的极大不理性，是一种对贫穷落后的过激反应行为，是一种计划经济条件下的泡沫经济运动，它根本就不可能快速改变我国经济文化落后的状况。

在大跃进和人民公社化运动中，高指标、大规模、高速度、瞎指挥、虚报风、浮夸风、"共产风"等到处盛行，提出一些脱离实际的情况，根本就无法实现的高指标。这些严重脱离客观实际的高指标，完全超出了国民经济正常发展所能达到的增长速度，注定是经济建设的乌托邦，直接导致人们在经济活动中的全民"大办"、"特办"的许多非理性行为的出现。同时，为了配合这种虚假的经济活

动的需要，唯意志论的宣传在当时得以盛行，从意识形态上鼓噪着经济活动的非理性和浮夸风，在无法完成高指标的情况下，各地争相出现浮夸虚报"放卫星"的行为，也在实践上进一步助长着经济活动中的非理性行为。

2. 经济改革的惰性

在我国 20 世纪 50—70 年代，突出政治的社会意识得以盛行，在"文化大革命"运动中，这种社会意识达到登峰造极的地步，政治成为衡量经济活动的唯一标准，人们关注的更多倾向于政治利益而非经济利益，意识形态与政治权力的高度齿合，经济建设中意识形态的泛化，进一步导致经济改革的惰性。如前所述，高度集中的计划经济体制架构下，我国经济活动的主体主要是政府，而不是企业或个人，在这种市场主体颠倒的情况，经济组织自身进行经济改革的动力不足，惰性很强，它们往往关注的是能否按时按量地完成政府所下达的经济指标，忽视经济组织自身的生产效益的提高，经济组织的价值取向是对政治负责而非对经济负责。在这种情况下，除非有政治的强力推动，否则，经济组织自身是很难自觉地进行改革的。

另外，从个体的角度来考察，劳动群众自觉要求对经济进行改革的动力也是不足的。可以说，在极"左"意识形态的笼罩下，全国盛行平均主义、"大锅饭"。人们干好干坏一个样，干多干少一个样，干与不干一个样，大家只算政治账，不算经济账，完全割断劳动付出与劳动收入之间的合比关系，"这种割断生活消费（收入）与劳动（支出）的关系，把个人消费品的分配与人的需求直接挂钩的分配制度，只能造成贫富拉平，平均主义，吃大锅饭，多劳不能多得的结果"①。这直接导致经济活动效益的低下和助长着人们的劳动惰性，更无须谈自觉要求进行分配制度等经济领域的改革了。当

---

① 陈吉元：《中国农村社会经济变迁》，山西经济出版社 1993 年版，第 317 页。

然，1960年"包产到户"行为是个例外，但对其扼杀的不仅是"包产到户"这一事件本身，而是进一步扼杀了企业和劳动群众自觉进行经济改革的动力和积极性，进一步强化了经济改革的惰性。

3. 经济建设的破坏性

经济活动的非理性和经济改革的惰性，其直接后果就是带来经济建设的破坏性。1958年"大跃进"和"人民公社"运动的开展，忽视了经济建设中的客观规律，在唯意志论的宣传下，导致了我国当时国民经济比例的严重失调，并给经济建设造成了严重的破坏性。在农业方面，农业总产值1957年为537亿元，1959年下降为475亿元，1960年下降为415亿元，1961年更下降为405亿元。其中粮食产量，1957年为3900.9亿斤，1960年下降为2870亿斤，减少了1030.9亿斤，即减少了26.4%。棉花产量1957年3280万担，1960年下降为2125.8万担，1961年更下降为1600万担，1962年更下降为1500万担。1960年比1957年减少1054.2万担，下降35.2%，1961年更比1957年减少了1680万担。油料作物产量，1957年为8391.9万担，1960年下降为3881万担，减少4410.9万担。生猪的存栏数，也由1957年的14590万头，下降为1960年的8227万头。[①]在工业方面，1957—1960年，按不变价格计算，工业总产值由704亿元增加到1650亿元，即增长1.3倍，而农业总产值却由1957年的537亿元，下降到1960年的415亿元，即下降22.7%。[②]针对"大跃进"和"人民公社化"运动造成的经济建设的破坏性，为摆脱困境，使国民经济走上理性、健康发展的轨道，1960年中共中央提出和实行了"调整、巩固、充实、提高"的方针，对国民经济进行调整。这次调整取得了明显的成效，促进了国民经济的恢复和发展。

但是在国民经济大调整过程中，"左"的错误思想再次抬头且愈演愈烈，在"左"的错误思想指导下，"文化大革命"在我国全面

---

① 《中国统计年鉴（1983）》，中国统计出版社1983年版，第214页。

② 《中国统计年鉴（1983）》，中国统计出版社1983年版，第149页。

发生，但这根本就不是一场任何意义上的革命，完全是一场内乱和灾难。从此国家的工作重心完全转移到以阶级斗争为纲的轨道上来，许多完全合理的经济建设方针、战略和行为等等都统统当作"资本主义的尾巴"而被割掉，国民经济遭到极大的冲击和破坏，其正常发展进程被打乱，极大地破坏了我国的经济建设，毛泽东所预设的一个"左"的空想式的社会主义的美好蓝图不但未能实现，反而使全国陷入一片混乱之中，国民经济处于崩溃的边缘。

第二节 经济建设中的意识形态淡化

十一届三中全会明确了党的首要任务是解放生产力，大力发展经济，解决日益增长的物质需要与生产力之间的矛盾，开辟了我国改革开放和社会主义现代化建设的历史新时期。在我国改革开放初期，随着我国经济体制从计划经济向市场经济的转变，意识形态观念也发生了激烈的转变和震荡，在传统极"左"意识形态淡化的同时，社会主义所倡导的主流意识形态也渐渐被淡化，影响着我国经济建设。

一、经济建设中意识形态淡化的表现

新型经济关系的确立，人的思想观念也发生了巨大的变化，个人主义、实用主义、拜金主义等等成为新经济关系背景下的新人生哲学，这些思想观念的盛行不仅直接消解着传统的极"左"意识形态，也必然淡化，甚至消解着我国经济建设中所倡导的主流意识形态。改革开放初期，社会主义意识形态淡化主要表现在以下几个方面：

1. 马克思主义理论的弱化

"文革"十年，马克思主义话语的过分意识形态化的梦魇使人们对意识形态产生了反感、厌烦的社会心理。随着改革开放以来，以经济建设为中心的党的基本路线的确立，尤其是社会主义市场经济体制的确立，进一步强化了人们的经济意识，遮蔽了人们的思想文化启蒙，马克思主义话语呈现出一定的失语状态，马克思主义所强调的集体主义、奉献精神等等意识形态话语被"文革"的残酷事实和经济意识的强力牵引所削弱，从而导致许多人对马克思主义感到失望，甚至有一种屈辱的受骗上当的感觉。对于这种社会现象，有人说："林彪'自我爆炸'的事实……像一棵'威力无比'的'精神原子弹'，炸醒了人们的痴迷和恶梦……什么'破私立公'，什么'灵魂深处爆发革命'，什么'四个第一'，什么'毛泽东思想是最高最活的马克思列宁主义'……多么虚伪多么卑鄙多么可笑！政治终于揭开了它自身的丑恶，一切原来化为道德的伪装愈发显示出了这道德本身的虚假。人们确乎被惊醒了，重新用自己的常识和健全的理知来观察、判断、估计现实、生活和历史。以前的一切怀疑、问题、看法、意见一下子便明亮地被证实被想通了。"[①] 因此，随着改革开放以来，人们自我意识的觉醒，主体意识的增强，"我是一颗螺丝钉，哪里需要往哪里钉"等意识形态话语权威受到人们的抵制，在这种社会时空背景下，人为地、不切实际地、空洞地宣传马克思主义，会让人们越来越觉得马克思主义与当前人们所处的现实生活世界不一致，进而使人产生一种虚无感和不真实感。这些现象在经济建设中直接表现出来的就是重物质轻精神、重经济轻文化、重科技轻人文、重个体轻集体，导致以消费主义为表征的物欲主义大行其道，一切以物质利益为准则，一切向"钱"看的人生价值观泛滥。人们对马克思主义不屑一顾，轻视、抵制马克思主义，甚至嘲讽马克思主义，人们的马克思主义信仰迷茫，"坚定的信仰遭到嘲笑，无所信仰则成为自豪的资本；诚实被等同于傻冒，欺骗被认为是一种

---

① 李泽厚：《中国现代思想史论》，东方出版社 1987 年版，第202—203、196—197 页。

才能。一些社会学家争相标榜，嫖娼卖淫可以增进社会福利；有经济学家则论证说，贪污腐败有益于经济发展和社会进步。"①

2. 新自由主义思潮的泛化

改革开放以来，各种社会思潮也随之涌入，新自由主义思潮也不例外。"新自由主义思潮"是在亚当·斯密古典自由主义思想基础上建立起来的一种新的理论体系，经历了从经济学理论到意识形态理论的演变历程，20世纪80年代中后期在我国传播开来。作为国际垄断资本全球扩张的衍生物，新自由主义思潮与我国马克思主义意识形态是根本对立的，它本质上是维护私有制和资本主义制度，反对公有制和社会主义的；它在经济层面上主张：全面私有化、市场化和绝对自由化；在政治层面上主张：否定公有制，否定社会主义，否定国家干预；这与我国社会主义主流意识形态的主张完全是根本对立的。"华盛顿共识"的出笼，是新自由主义从学术思潮嬗变为意识形态的标志，"华盛顿共识"指的是"以市场经济为导向的一系列理论，它们由美国政府及其控制的国际经济组织所制定，并由它们通过各种方式进行实施。"② "华盛顿共识"是美国的国家意识形态和主流价值观念，它的推广给许多地区造成了很大的影响，拉美地区、东南亚地区和前苏联东欧等地区就是新自由主义的三大典型重灾区。近十年来，新自由主义思潮对我国的经济改革也产生一定的负面影响，有的经济学家也企图主张用新自由主义的一套理论来指导中国的改革。当然，今天美国的金融危机，宣告着"华盛顿共误"的破产，也进一步启迪我国在经济建设中应坚持马克思主义意识形态的主导地位，促进经济与意识形态的和谐发展，避免经济建设中意识形态泛化或淡化的倾向。

---

① 秋石：《重构中国精神》，《中国新闻周刊》，2004年10月18日，总第200期。

② 【美】诺姆·乔姆斯基著：《新自由主义和全球秩序》，江苏人民出版社2000年版，第4页。

因此，改革开放以来的一个时期，我国在批判对马克思主义僵化教条的理解时，也出现了盲目照搬西方资产阶级经济学的理论，犯着洋教条主义的错误，尤其是新自由主义思潮的泛化，也误导我国经济改革中出现淡化社会主义意识形态、淡化马克思主义的倾向，这是我国经济建设中意识形态淡化的重要表现之一。

3．功利主义价值观的泛滥

改革开放后，一方面，个体自我意识得到觉醒，主体意识得到增强；另一方面，功利主义价值观渗透到社会生活中的各个领域，尤其是在我国市场经济快速发展的环境中，许多人面临着更大的物质诱惑、金钱诱惑，极端个人主义、拜金主义、享乐主义、功利主义有所泛滥。事实告诉我们，价值多元化成为日常生活世界中的常态，这是整个社会文明进步的表征；但是，在伦理底线问题上，我们还是必须坚持马克思主义一元化的价值观，形成我们社会的主导价值观。可是，日常生活中，在极端功利主义价值观的指导下，有的主体为了追求个人或小团体的利益最大化，不惜一切手段去获取自身的最大利益。这种极端功利主义价值观在我国经济领域中表现得尤为突出，从物质生产领域到精神生产领域，整个社会诚信缺失、权钱交易、以权谋私、假话谎言盛行，假冒伪劣产品到处疯狂泛滥，虚假欺骗广告无处不在，许多人只顾眼前的物质利益，看不到长远的利益，理想信念模糊，社会主义价值观和道德观受到严重冲击。

另外，在有些地方官员看来，为了所谓的 GDP 数据，劳命伤财地大兴土木、大拆大建、大搞形象工程、政绩工程、面子工程，不讲节约、铺张浪费、"跑部钱进"的极端功利主义行为曾在许多地方风靡一时。这些只顾眼前、不计长远的短期行为直接影响到我国经济的可持续发展，"据有关资料显示，中国的 GDP 数字有相当一部分是靠牺牲后代的利益获取的。中国每创造 1 美元价值所消耗的能源，是美国的 4.3 倍，德国和法国的 7.7 倍，日本的 11.5 倍。我国消耗了全球 27%、30%、31%、40% 的钢材、铁矿石、原煤和水泥，

创造出的 GDP 却不足全球的 4%。"① 这种无视人民利益的短期决策行为不仅给当地经济造成了巨大损失，且给人民群众带来了极大伤害，是我国经济建设中意识形态淡化的重要表现。

二、经济建设中意识形态淡化的原因

改革开放以后，社会主义现代化建设事业进入新的历史阶段，受市场化、多元文化和全球化的负面冲击，在经济建设中，我国社会主义主流意识形态呈现出"淡化"的原因是多方面的。

1. 市场化的负面冲击

1992 年 10 月中共十四大正式确立了社会主义市场经济体制的改革目标，可以说，社会主义市场经济体制的确立对经济建设中的马克思主义意识形态的淡化有着天然的作用，从而对人们的传统价值观起着强大的瓦解作用，"接踵而来的市场经济，不仅没有满足知识分子的乌托邦想象，反而以其浓郁的商业性和消费性倾向再次推翻了知识分子的话语权力。知识分子曾经赋予理想激情的一些口号，比如自由、平等、公正等等，现在得到了市民阶级的世俗性阐释，制造并复活了最原始的拜金主义，个人利己倾向得到实际的鼓励，灵与肉开始分离，残酷的竞争法则重新引入社会和人际关系，某种平庸的生活趣味和价值取向正在悄悄建立，精神受到任意的奚落和调侃。"② 李泽厚也曾道出了市场经济对意识形态的天然消解作用，他说："随着市场经济的发展，文化上不可避免地会出现商业化。这一点虽然很突出，但至少就目前来看，它还不是坏事……它是消解正统意识形态的最好途径。它不声不响地、静悄悄地在消解和改变人们的价值观念、生活方式、行为准则，在侵蚀、瓦解统治了几十年的社会观念体系、意识形态；由于它与市场经济、现代经济生活

---

① 傅建勤：《GDP 崇拜与政绩工程》，《人民日报》海外版，2004 年 4 月 5 日，第 6 版。

② 南帆：《人文精神：背景和框架》，《读书》，1996 年第 7 期。

密切联系在一起，所以最有力量，也最有效果，比‘精英’们的政治批判强多了。"① 社会主义市场经济体制的确立，一方面，激发了我国的经济建设活力，培养了人们的竞争、进取和创造精神；但另一方面，也带来一系列的负面效应。在市场经济带来的多元价值观的影响下，在"义"与"利"的困境选择中，往往是"利"僭越于"义"，造成人们经济意识的过度膨胀和对市场经济及其相应价值观的顶礼膜拜，马克思主义主流意识形态受到严重挑战，社会呈现出经济与道德的冲突、个体与整体的价值冲突。这些冲突为西方资产阶级意识形态的输入提供了可乘之机，拜金主义、享乐主义、实用主义的凸显，从而使有些人对马克思主义产生怀疑和动摇，少了些崇高，不谈理想和献身精神；多了些世俗，开口谈的是金钱和物质，对共产主义失去信心。因此，我国市场化的改革进程所带来的负面效应也在某种程度上消解着人们对马克思主义主流意识形态的信仰，使马克思主义意识形态得以淡化。

2. 多元文化的负面冲击

随着我国改革开放的深入和世界贸易组织的加入，社会主义主流文化与非主流文化碰撞，现代文化与传统文化碰撞、东方文化与西方文化碰撞，本来文化与外来文化碰撞等多元文化碰撞的态势不可避免出现。在这种多元文化的碰撞中，文化成为各种意识形态进行较量、角逐的一个重要舞台，文化力量的强弱成为当代国际竞争的一个重要力量，据此，亨廷顿指出："在未来的岁月里，世界上将不会出现一个单一的普世文化，而是将有许多不同的文化和文明并存。那些最大的文明也拥有世界上的主要权力。"② 改革开放以后，我国在引进国外先进科技、经验等的同时，西方现代社会思潮也趁虚而入，在新鲜的"空气"进来的同时，"苍蝇"、"蚊子"也随之

① 李泽厚：《与王德胜对话》，《学术月刊》，1994 年第 11 期。
② 【美】亨廷顿：《文明的冲突与世界秩序的重建》，新华出版社 2002 年版，第 2 页。

进来了，这些现代西方社会思潮有着双刃剑的作用，在产生正面效应的同时，也腐蚀我们许多人的价值观，给我们的主流意识形态也带来一定的负面冲击。

20世纪80年代末、90年代初，东欧剧变、苏联解体标志着世界格局从两极向多极转变。回应这一历史事实，"历史终结论"、"意识形态终结论"、"文明冲突论"等思潮不断出现，消解着我国主流意识形态的领导地位，有人理想信念动摇，共产主义信仰迷茫，鼓吹指导思想的多元化和相对化，严重威胁着我国主流意识形态的领导地位。在社会主义和共产主义运动处于低潮时，西方经济上的成功带来了其文化上的伸张，软权力作用进一步发挥，西方国家利用其科技优势和对信息革命技术的垄断，以更隐蔽、更快捷的方式在世界范围内美化、宣传、鼓吹其政治思想和政治制度等，强化文化的扩张力和吸引力，加大文化产品的生产和输出，不断地推行"文化霸权主义"和"电子殖民主义"，把输出西方文明作为西方发达国家实现其国家利益的重要载体和干涉别国的新式的"精良武器"。如布热津斯基在《大棋局》一书中甚至认为，美国争夺欧亚大陆的结果将最终由非军事手段决定，政治上的生命力、意识形态上的灵活性、经济上的活力和文化上的吸引力，变成了决定性因素。亨廷顿也曾指出："这些转变和苏联的崩溃使西方人，特别是美国人，相信全世界正在进行着一场民主革命，用不了多长时间，西方的人权观念和政治民主形式将在全球盛行，因此，促进民主的传播便成为西方人首要的目标。"① 如今，在文化成为意识形态的凝聚力和吸引力的主要表现力的情形下，多元文化背景必然导致多元意识形态，西方国家为有效输出其思想价值观念，他们不断利用其先进的科技和信息技术手段，抢占我国的文化传媒市场并借以推行文化霸权主义，势必造成多元价值观的出现。这种意识形态多元论的现

---

① 【美】亨廷顿：《文明的冲突与世界秩序的重建》，新华出版社2002年版，第211页。

实消解着马克思主义主流意识形态，强化着人们主流意识形态淡化的思想。

3. 全球化的负面冲击

全球化是 20 世纪 80 年代以来在世界范围日益凸现的新现象，是当今时代的基本特征，它是以经济全球化为核心的各国、各民族、各地区在政治、文化、科技、军事、安全、意识形态、生活方式、价值观念等多层次、多领域的一个相互联系、相互影响、相互制约的多元概念。马克思曾指出："不断扩大产品销路的需要，驱使资产阶级奔走于全球各地。它必须到处落户，到处创业，到处建立联系。""过去那种地方的和民族的自给自足和闭关自守状态，被各民族的各方面的互相往来和各方面的互相依赖所代替了。物质的生产是如此，精神的生产也是如此。""资产阶级，由于一切生产工具的迅速改进，由于交通的极其便利，把一切民族甚至最野蛮的民族都卷到文明中来了。"① 于是，在全球化时代背景下，为大量外国文化进入中国提供了可能性和现实性，人类社会的文化价值体系出现了分化乃至分裂，价值多元化时代降临了，进入马克斯·韦伯所说的诸神并立的时代，"嘈杂"成为时代的重要表征之一，我国也不例外。

当今的全球化是在以美国为主的西方国家主导下的一种国际秩序不公正下的全球化。有专家预测指出，在这种秩序中，知识经济国家是摆脱物质生产的枷锁而向全球输出其知识、技术、思想、价值的"头脑国家"；而另一部分无法进入这一时代的国家是利用这些知识、技术、思想、价值而进行物质生产的"躯干国家"。而且是随着这种进程的加快，西方通过其文化承载的现代社会思潮在输入到世界其他国家的同时，也带进了我国的国门，它使得国内有些青年人民族认同感下降，国家意识淡薄等，冲击和淡化着我国主流意识

---

① 《马克思恩格斯选集》第 1 卷，人民出版社 1972 年版，第 254—255 页。

形态。其中，经济全球化迫使各国的交往、联系更加走向频繁、更加紧密，在经济开放、交流的过程中，西方强大的经济优势带来其文化上的伸张消解着我国经济建设中的主流意识形态；以计算机互联网信息为基础的信息全球化进一步改变着传统意识形态的控制手段，为西方发达国家进行文化产品输出，推行其思想价值观念，实施"电子殖民主义"和"文化霸权主义"提供了更为隐蔽的意识形态输入方式，严重冲击着我国社会主义主流意识形态；政治多极化冲淡了意识形态的传统政治色彩，改变了过去人们以政治为主的单向度的认识、把握世界的意识形态，人们认识世界、把握世界的方式转向多向度的意识形态，这一转变趋势消解着传统意识形态中的浓厚的政治色彩，淡化着我国经济建设中的主流意识形态。

三、经济建设中意识形态淡化的影响

意识形态通过提供一种正确的价值观念，能强有力地约束市场主体，促使市场主体的行为从"实然"走向"应然"，淡化机会主义行为，减少交易成本，提高资源配置效益，促进经济发展。但是改革开放以来，我国经济建设中存在着淡化意识形态的总体倾向，未能充分认识到意识形态的经济功能，对我国经济建设也产生了一定的负面影响。主要表现在以下三个方面：

1. 市场主体行为的失范

作为反作用于经济基础的上层建筑的重要组成部分，社会主义主流意识形态能起着维护市场秩序正常运转的作用，是规范经济运转偏离的调节器，能确保经济交易活动的正常进行。改革开放后，主流意识形态的淡化，导致经济与道德的冲突，个体与整体的价值冲突。这突出表现表现于经济建设中市场主体诚信意识缺失，"失信"成为市场领域中的一个"病毒"，它直接导致经济建设中市场主体行为的失范，阻抗着经济活动的正常进行和市场秩序的有效运转。从而使"坑、蒙、拐、骗"等失信行为在经济领域中较为盛行，假冒伪劣商品充斥市场，官员贪污腐败屡见不鲜，一些证券机构欺

诈公众聚敛钱财，文化市场盗版迭出等屡禁不止，社会诚信意识和规则意识缺失，影响着市场秩序的正常运行和经济建设的安全。

2001 年以来，在我国完善社会主义市场经济建设的过程中，许多市场主体行为失范事件浮出水面，如银广厦业绩造假事件、南京冠生园失信破产事件、香河毒韭菜事件、安徽劣质奶粉事件、河南毒大米事件、注册会计师造假事件、学术造假事件、三鹿奶粉事件等层出不穷，屡禁不止。这些市场主体行为的失范不仅仅是市场主体本身的"道德问题"，更重要的是一个社会主义主流意识形态淡化所折射出来的问题，是作为一种非正式制度安排的主流意识形态的淡化而导致市场主体的理性行为步入歧途的问题。这种市场主体行为失范的现象不仅坑害了消费者，而且已经影响着我国经济的发展。据有关资料，企业逾期的应收账款占贸易额的比重这一指标在完善的市场经济国家中仅仅是 0.25%—0.5%；而我国目前超过 5%，其水平是发达市场经济国家的 10 倍到 20 倍！除了恶意欠债有日益蔓延之势之外，恶意逃债的现象也日见严重。一些通过假破产恶意逃债的规模已经由过去的几百万上升到亿元甚至是 10 亿元的水平![1]因此，近年来，市场主体行为的失范问题已引起社会各界的共同关注，加强社会主义主流意识形态教育，重建社会诚信已迫在眉睫。

2. 资源配置效益的低下

资源是指社会经济活动中人力、物力和财力的总和，是社会经济发展的基本物质条件，它的配置是否合理将影响到一个国家经济发展的成败。在社会化大生产条件下，资源配置的方式主要有计划配置方式和市场配置方式。新中国成立到改革开放前，由于意识形态的泛化，我国资源配置方式实行的高度集中的计划配置方式。改革开放以后，由于以经济建设为中心的党的基本路线的确立，政府职能从经济领域中逐渐退缩，政府与市场的关系曾在一段时期内呈

---

[1] 郭跃进：《诚信贬值：我国企业面临的严峻挑战》，《经济管理》，2001年第 13 期，第 8 页。

现出平衡的状态，经济活力勃发。党的十四大以后，我国资源配置方式主要实行的是依靠市场运行机制进行资源配置的方式，市场、企业分别充当"运动场"和"运动员"的角色，供求机制、价格机制、竞争机制的动态作用，使企业直接与市场发生联系，促进生产要素的合理流动和配置。但市场运行机制也不是万能的，也有单靠市场机制自身的作用达不到资源最优配置状态的市场缺陷。

随着我国经济体制改革步伐的加快，市场本身所固有的缺陷——"市场失灵"开始出现，政府没有及时把克服市场的缺陷予以战略上的重视，没有及时通过"看得见的手"纠正市场机制的缺陷，从计划经济条件下的"越位"转变为"市场经济"条件下的"缺位"。促使市场法则在经济建设中的过度膨胀，其结果是社会资源的掠夺性开发和低效能利用，致使社会资源的巨大破坏和浪费。当然，在经济建设中，我们必须规避以政治标准进行资源配置的意识形态泛化而造成的社会资源的巨大浪费和高额机会成本；同样，我们也必须规避完全按市场原则进行资源配置的意识形态淡化而造成的社会资源的掠夺性开发和社会整体经济效益的低下。事实也证明，长期以来，我国经济增长方式主要是粗放型增长方式，经济增长速度较高，企业在资源配置方面普遍存在"大而全、小而全"的问题，资源配置分散，企业经济效益低下。因此，在经济建设中，我们虽然不能重蹈以政治原则来指导经济运行的行为；但也要加强社会主义意识形态教育，以公平公正的经济原则指导经济运行，规范市场秩序，提高资源配置效益。

3. 交易成本费用的上升

随着我国改革开放的不断深化，经济体制深刻变革、社会结构深刻变动、利益格局深刻调整、思想观念深刻变化，这"四个深刻"导致多元化意识形态局面出现，消解着我国社会主义主流意识形态，利益主体对社会和"他者"的忠诚度和可信度降低，遵从制度的意识淡薄，利益主体行为时常偏离"应然"的行为规范，甚至出现畸变。现代经济学研究表明，社会要和谐、有序、文明，必须通过技术进步、经济发展和制度变革来降低社会的交易成本费用，减少人们之间的合作成本，唯有如此，理性的人才会在合作中遵守规则，确立规则意识。因此，社会主义主流意识形态理应发挥其应有经济功能来降低社会的交易成本，因为在新制度经济学家看来，意识形态是减少提供其他制度安排的服务费用的最重要的制度安排，它可以使利益主体简化决策过程进而节约交易费用。

改革开放以来，我国经济建设中意识形态淡化的直接后果之一就是利益主体之间的忠诚度和信任度降低，社会交易成本费用的增加。近年来，虚假广告、专利剽窃、偷税漏税、违约现象、偷懒行为等机会主义行为的愈演愈烈，不仅坑害了广大消费者，而且直接降低社会的信任度，如猜疑的眼神、厚实的铁门、沉重的大锁、严密的防盗网等现象无处不在，从而导致利益主体之间交易成本费用的上升。如中国企业家调查系统的调查显示，2007 年我国 24.1% 的企业在对外合作中经常遭遇不讲诚信的情况；29.7% 的企业经营者认为"在目前阶段，讲诚信的企业往往吃亏"。[①] 可见，在经济建设中，加强社会主义主流意识形态教育，彰显它的经济功能，增加社会信任度是迫在眉睫的一项重要工作。

第三节　经济与意识形态的和谐发展

过去经济建设中意识形态的泛化与淡化都是犯了一种政治"幼稚病"，未能充分理性地彰显意识形态的经济功能，给我国经济建设带来一些负面冲击。近年来，我国经济的高速发展固然是多种因素综合作用的结果，但也不能对社会主义意识形态在经济发展中的积

---

① 晓辛：《29.7% 企业认为讲诚信往往吃亏》，《中国企业报》，2008 年 4 月 23 日。

极意义视而不见，讳莫如深，也应从意识形态这个重要的维度去探究中国经济奇迹的原因，重新审视中国社会主义意识形态与转轨时期中国经济发展的内在关联。

一、经济与意识形态和谐发展的表现

对当代中国而言，历史给予我们深邃的思想启迪：如何同时避免经济建设中意识形态的泛化和淡化？如何适应时代主题的转换和当代中国特色社会主义发展的需要，创新社会主义意识形态，实现经济与意识形态的和谐发展？可以说，在当代中国，中共领导人以穿越历史的眼光，成功地实现国家意识形态范式的变革，反映了中国特色社会主义实践的价值目标和价值追求，有利促进了经济与意识形态的和谐发展。主要表现在以下两个方面：

1. 意识形态与经济的理性融洽

意识形态从来都不是一成不变的，是随着经济社会的发展而不断变化的，社会主义经济的发展必然会对社会主义意识形态建设提出新的要求。改革开放以后，邓小平将意识形态上升到党和国家的形象问题的高度，围绕形象问题掌控我国意识形态的变革，指出丢弃和背离"实事求是"的精神，会"给党的事业带来很大的危害，使国家遭受到很大的灾难，使党和国家的形象受到很大的损害。"[①]因此，在新的历史条件下，我国意识形态的基调定位就是"解放思想、实事求是、团结一致向前看"。[②]正是这种对我国意识形态基调的正确定位为改革开放以来党对经济建设的理性探索奠定了基础。同时，全面科学地评价了毛泽东，正确地理解毛泽东思想，避免意识形态发生突然的断裂，保持意识形态的连续性，指出"毛泽东思想这个旗帜丢不得。丢掉了这个旗帜，实际上就否定了我们党的光

---

① 《邓小平文选》第 2 卷，人民出版社 1994 年版，第 278 页。
② 《邓小平文选》第 2 卷，人民出版社 1994 年版，第 140 页。

辉历史。"① 在此基础上，邓小平以高超的政治智慧解决了中国何去何从的问题，那就是以经济建设为中心，走中国特色的社会主义道路，全面推进社会主义各项事业发展，任何意识形态方面的冲突决不能干扰和破坏我国经济建设的中心任务，对意识形态领域的斗争不能坐而视之，必须进行有节制的反击，正如邓小平所说："我们搞现代化，搞改革开放，关键是稳定。凡是妨碍稳定的就要对付，不能让步、不能迁就。不要怕外国人议论，管他们说什么，无非是骂我们不开明。"② 从意识形态上确证我国以经济建设为中心的工作任务，把人们的目光从过去对政治的专注转移到对经济的专注上来。

随着苏联的解体，"意识形态终结论"、"历史终结论"、"文明冲突论"等思潮于 20 世纪 90 年代在我国出现高潮，模糊着人们对马克思主义、社会主义和共产主义的理想信念。在此重大历史关头，邓小平的南巡讲话把人们的思想从"姓'社'还是姓'资'"的束缚中解放出来，深刻回答了长期束缚人们思想的许多重大认识问题，把中国的改革开放和现代化建设推进到一个新的阶段，从意识形态上为我国经济发展起到保驾护航的作用，从而促进我国经济的进一步发展。在洞察国际国内形势和时代主题的基础上，指出中国特色社会主义建设不能搞重回过去那种在封闭条件下的计划经济建设，也不能搞放弃马克思主义、社会主义的"全盘西化"。必须发展马克思主义，要用发展着的、丰富着的马克思主义指导中国特色社会主义的实践，从意识形态上打破长期以来束缚人们头脑的计划经济观念，从思想观念上，为我国建立健全社会主义市场经济体制扫清道路，进而促进我国市场经济的发展。

在世纪之交，我国社会主义意识形态建设再次面临严峻挑战，作为马克思主义中国化的理论成果，"三个代表"重要思想再次成功地创新了我国社会主义意识形态，为当代中国现有意识形态的适应

---

① 《邓小平文选》第 2 卷，人民出版社 1994 年版，第 298 页。
② 《邓小平文选》第 3 卷，人民出版社 1993 年版，第 286 页。

性调整进一步指明方向，明确了中国共产党始终代表先进生产力的发展要求，在意识形态上为知识经济时代背景下我国经济改革与发展指明了方向，从而促进我国经济方针政策更适合经济全球化的需要，从而更好地实现中国经济与世界经济的对接。

作为与时俱进的马克思主义发展观，科学发展观及在其指导下的"和谐社会"理论的提出进一步创新了社会主义意识形态理论，对新时期加强和改进意识形态建设提出了新要求，即在意识形态建设上要保证我国经济社会得到科学发展，破解经济社会发展中的区域性不平衡现状，实现我国经济社会的科学与和谐发展，这也标志着我国意识形态与经济之间的互动呈现出更加理性的融洽。

总之，随着改革开放的不断深入，中国特色社会主义理论愈来愈深入人心，成为全党和全国人民的共同理想和坚定信仰。在中国历史的每一关键时刻，意识形态范式变革的科学掌控，使得中国意识形态的经济功能得以理性的彰显，成功地实现意识形态与经济的理性融洽。

2. 经济整合与意识形态整合的共进

1992 年邓小平南巡讲话，掀起了一场新的思想解放运动，将中国的改革开放事业推进到一个新的高潮，社会生产力得以迅速发展。随着我国经济的增长与发展，在意识形态上，人们对社会主义的认识也更加趋于完善，认为计划经济不等于社会主义，市场经济不等于资本主义，计划和市场都是资源配置的方式和手段，澄清了长期以来在市场经济和社会主义关系问题上的理论困惑，搞清了姓"社"姓"资"的范围。与此同时，为确立市场经济的主体地位，在意识形态层面，邓小平的"不争论"政策，终结了意识形态层面上的争论。从此，人们的注意力从政治领域转移到经济领域，取得了努力发展经济的共识，经济也得到快速发展。适应经济发展的需要，意识形态也重新进行整合，作为一种新的意识形态，经济主义在中国很快崛起，这种意识形态在当时党的政策话语上表现于"让一部分人、一部分地区先富裕起来"、"小康社会"、"共同富裕"、"中等发达国家水平"等等，认为社会主义不是共同贫穷，不是平均主义，不是两极分化，不是发展太慢。在此基础上，邓小平第一次科学概括了"社会主义本质"新概念，指出："社会主义的本质，是解放生产力，发展发产力，消灭剥削，消除两极分化，最终达到共同富裕"①，把对社会主义的认识提高到新的科学水平。这种意识形态反作用于经济建设时，为中国经济的快速发展提供了动力支持，由于市场经济体制的建立健全，我国经济取得了快速发展，创造了中国经济奇迹。

1995 以后，随着我国个体经济和私营经济的快速发展，国内"左"的倾向又现端倪，给当时社会造成了很大的思想干扰，人们围绕"私营经济是祸水还是活水"展开了争论，针对这种情况，党的十五大明确提出：非公有制经济是我国社会主义市场经济的主要组成部分，解决了非公制经济的地位问题，并且提出了混合所有制的观念；党的十六大进一步解决了非公有制经济财产的地位问题，在党的政策话语上，旗帜鲜明地明确私营经济是活水，而不是祸水，私营经济在中国继续保持着良好的发展势头和趋势，促进着我国整体经济的快速发展，也更加坚定了人们对社会主义的根本任务是发展生产力的认识，进一步深化了人们对社会主义的认识，明确了我国社会主义初级阶段的基本经济制度是以公有制为主体、多种所有制经济共同发展，这是对十一届三中全会以来我国所有制结构问题的一种突破性的认识，进而在意识形态澄清了姓"公"姓"私"的争论，树立了社会主义初级阶段基本经济制度的权威。与此同时，随着改革开放的深入和市场经济的发展，关于"有产"和"无产"认识的纠缠成为逐渐富裕起来的中国人民前进的思想障碍，江泽民同志在 2001 年庆祝建党八十周年的"七一"重要讲话中指出："随着经济的发展，广大人民群众的生活水平不断提高，个人的财产也逐渐增加。在这种情况下，不能简单地把有没有财产、有多少财产

① 《邓小平文选》第 3 卷，人民出版社 1993 年版，第 373 页。

当作判断人们政治上先进与落后的标准，而主要应该看他们的思想政治状况和现实表现，看他们的财产是怎么得来的以及对财产怎么支配和使用，看他们以自己的劳动对建设有中国特色社会主义事业所作的贡献。"① 进而在意识形态上廓清了"有产"和"无产"的认识，树立了社会主义建设者的尊严。

进入 21 世纪，随着经济的高速增长，2003 年我国人均 GDP 已突破 1000 美元，根据国际经验，这既是机遇难得的"黄金发展期"，又是充满风险的"矛盾凸显期"。从 2004 年开始一直到党的十七大，国内围绕着"中国改革开放搞错了吗"展开了激烈的争论。有人围绕改革开放中出现的问题，否定改革开放，要求改变"错误路线"，走回头路。针对这种情况，党的十七大对这些质疑做出掷地有声的回答，指出："改革开放作为一场新的伟大革命，不可能一帆风顺，也不可能一蹴而就。最根本的是，改革开放符合党心民心、顺应时代潮流，方向和道路是完全正确的，成效和功绩不容否定，停顿和倒退没有出路。"② 认为社会主义不是封闭的，而是开放的；不是一成不变的，而是需不断改革深化的；认为改革开放是发展中国特色社会主义的强大动力，必须坚定不移地加以推进，坚定了人们对改革开放的信心，完善着人们对社会主义的认识。与此同时，与当前我国经济社会发展的阶段性特征相适应，意识形态整合上的政策话语表现在提出构建社会主义和谐社会理论和科学发展观，在科学发展观的指导下建设和谐社会，在和谐社会建设的实践中丰富和完善科学发展观，这二者的提出和紧密结合，标志着我党随着经济的高速发展而及时地对意识形态进行整合、创新，丰富、完善和发展了社会主义意识形态理论，巩固了马克思主义在意识形态领域中的指导地位，深化和拓展着人们对中国特色社会主义的正确认识；反过

---

① 江泽民：《江泽民在庆祝建党八十周年大会上的讲话》，《人民日报》，2001 年 7 月 2 日。

② 胡锦涛：《高举中国特色社会主义伟大旗帜 夺取全面建设小康社会新胜利而奋斗》，《人民日报》，2007 年 10 月 15 日。

来，在经济建设实践上，加强社会主义意识形态建设，确立主流意识形态在我国经济建设的地位，深入贯彻落实科学发展观，把社会主义和谐社会建设贯穿于完善社会主义市场经济体制的全过程之中，深化和拓展着中国特色社会主义实践，实现着国民经济又好又快发展。

二、经济与意识形态和谐发展的原因

意识形态的建设与发展是一件极其复杂的事情，需要谨慎待之。我们在克服意识形态泛化，避免意识形态淡化的同时，如何彰显其正常的经济功能，是件至关重要的事情。随着我国改革开放的深入推进，中共执政能力的提高和掌控意识形态变革技巧的成熟，我国经济与意识形态呈现出和谐发展的良好态势，究其原因，可从历史与现实的维度进行考察。

1. 历史原因

建国后至改革开放初期，在意识形态领域，曾出现了意识形态泛化或淡化的历史现象，在政治意识形态实践层面，就是出现了"政治狂热"或"政治淡漠"，给我国经济社会发展带来一定的负面影响和破坏。但是，历史是现实和未来的一面镜子，反思历史能创造更加美好灿烂的未来。从历史评判的角度看，我国社会主义意识形态建设工作既有成功的经验，也有失误的教训。我国经济与意识形态之所以在当今能够实现和谐发展，与我国对历史经验的借鉴和历史教训的反省是分不开的。在总结"文革"的教训时，邓小平以高超的智慧，从党和国家形象问题的高度重新界定了社会主义意识形态建设的基调，恢复了解放思想、实事求是的思想路线，扭转人民对马克思主义的教条、僵化式的理解，指出"天下归心"是我国社会主义意识形态变革的圭臬。在社会主义文化建设上，要求以"四个现代化"建设为主题，调动和激发人民进行社会主义现代化建设的积极性和创造性，发挥文化反作用于经济的功能，他指出："塑造四个现代化建设的创业者，表现他们那种有革命理想和科学态度、

有高尚情操和创造能力、有宽阔眼界和求实精神的崭新面貌。要通过这些新人的形象来激发广大群众的社会主义积极性，推动他们从事四个现代化建设的历史性创造活动。"① 在重新思考社会主义何去何从的问题上，邓小平正确地认识到物质文明与精神文明之间的关系，明确要求两手抓、两手都要硬，他指出："我们的国家已经进入社会主义现代化建设的新时期，我们要在大幅度提高社会生产力的同时，改革和完善社会主义的经济制度和政治制度，发展高度的社会主义民主和完备的社会主义法制。我们要在建设高度物质文明的同时，提高全民族的科学文化水平，发展高尚的丰富多彩的文化生活，建设高度的社会主义精神文明。"② 邓小平认识到意识形态的淡化给我国带来的负面影响，他指出："我们最近十年的发展是很好的。我们最大的失误是在教育方面，思想政治工作薄弱了，教育发展不够。最重要的一条是，在经济得到可喜发展、人民生活水平得到改善的情况下，没有告诉人民，包括共产党员在内，应该保持艰苦奋斗的传统。有了这个传统，我们就能抗住腐败现象，老干部就能管好他们的子弟。我们经过冷静考虑，认为这方面的失误比通货膨胀等问题更大。"③ 另外，除了反省国内意识形态建设工作的得失之外，东欧剧变也震撼了中国，人们从意识形态演变的角度去分析东欧剧变的原因，也促使了我国反思社会主义意识形态的建设与发展。可见，对我国和世界上其他社会主义国家意识形态建设工作的正反经验教训的理性反省，是实现我国经济与意识形态和谐发展，促使我国社会主义意识形态建设工作走上科学轨道的重要原因之一。

　　因此，观照历史，展望未来，可以说，通过对"文革"失误的总结，我们成功地对意识形态进行了科学定位；通过对"苏东剧变"的反省，我们重新拷问着社会主义意识形态的正当性与价值性及经

---

①　《邓小平文选》第 2 卷，人民出版社 1994 年版，第 210 页。
②　《邓小平文选》第 2 卷，人民出版社 1994 年版，第 208 页。
③　《邓小平文选》第 3 卷，人民出版社 1993 年版，第 306 页。

济与意识形态之间关系的应然性。

2. 现实原因

20 世纪 80 年代中期，邓小平基于对国际环境变化和时代主题转换的敏锐观察，明确指出："现在世界上真正大的问题，带全球性的战略问题，一个是和平问题，一个是经济问题或者说发展问题。"① 正是基于此判断，我国确立了以经济建设为中心的现代化建设方案，并明确提出："我们搞的是有中国特色的社会主义，是不断发展社会生产力的社会主义，是主张和平的社会主义。只有不断发展社会生产力，国家才能一步步改善。只有争取到和平的环境，才能比较顺利地发展。"② 因此，时代主题的转换和中国特色社会主义建设的目标和要求，是我国当前经济与意识形态和谐发展的现实原因。

当今世界正在发生广泛而深刻的变化，当代中国正在发生广泛而深刻的变革。机遇前所未有，挑战也前所未有，机遇大于挑战。从 20 世纪 90 年代以来，由于受到"非意识形态化"和"意识形态多元化"思潮的负面冲击和影响，我国社会主义先进文化有着"失语"的倾向。依据唯物主义原理，意识形态与文化之间也有一个互动互构的过程，美国学者詹姆斯·罗尔曾指出："意识形态的提供者依赖于文化，因为只有思想观点以巨大的影响力和重复性在社会上流传时，意识形态才有效，这是一个展现在日常生活的常规互动中的过程。"③ 因此，在全球化、网络化、市场化的当代语境中，在发展中国特色社会主义的过程中，推动社会主义文化大发展大繁荣，兴起社会主义文化建设的新高潮，重建社会主义意识形态，保障意识形态统领下的社会主义先进文化发挥其固有的经济功能，彰显社会主义先进文化在经济建设中的推动力、凝聚力和影响力等功能，

---

① 《邓小平文选》第 3 卷，人民出版社 1993 年版，第 105 页。
② 《邓小平文选》第 3 卷，人民出版社 1993 年版，第 328 页。
③ 【美】詹姆斯·罗尔：《媒介，传播，文化——一个全球性的途径》，商务印书馆 2005 年版，第 154—155 页。

是适应时代主题转换和发展中国特色社会主义的需要。中国特色社会主义理论体系的概括和提出，不仅体现了我党在社会主义意识形态上的创新，巩固和加强社会主义主流意识形态的地位，而且体现了我党对全球化背景下社会主义市场经济建设规律的理性审视和深刻把握。从意识形态反作用于经济基础的视角来看，社会主义主流意识形态也必然会在我国经济建设领域中彰显其能动反作用，促进我国经济社会更好发展。

社会主义主流意识形态地位的巩固和加强，不仅对发展中国特色社会主义具有现实政治功能和社会文化功能等，而且在完善我国社会主义市场经济体制的过程中，具有现实经济功能。在我国经济建设领域中，一方面，社会主义主流意识形态地位的巩固和加强能为树立社会主义市场经济的权威、为社会主义市场经济的正常发展保驾护航，意识形态的批判性功能，能抵制和批判其他干扰我国社会主义市场经济的非主流意识形态，因为"一种意识形态总是要对异己意识形态进行抵制、排斥，不允许其他意识形态的干扰和侵袭。"① 如作为一种成功意识形态，科学发展观就能成功地抵制、批驳和回击包括新自由主义发展观在内的非科学的、非马克思主义发展观，保障中国特色社会主义沿着正确道路前进和发展。另一方面，在我国完善社会主义市场经济体制的过程中，社会主义主流意识形态地位的巩固和加强，能规范市场主体行为，减少市场主体之间的摩擦成本，从而节省市场主体间的交易费用，解决非市场机制的资源配置问题，提高市场经济积极、正常、有效运转的效率。如科学发展观的提出和有效实践，就能很好地验证这种功能，"促进一些群体不再按有关成本与收益的简单地、享乐主义的合个人的计算来行事"②，从而使我国市场经济运行更协调、更有效，社会经济取得更

---

① 郑永廷等著：《社会主义意识形态发展研究》，人民出版社 2002 年版，第 345 页。

② 【美】道格拉斯·诺斯：《经济史中的结构与变迁》，上海三联书店 1991 年版，第 59 页。

好更快发展。

另外，党的十七大报告指出："中国特色社会主义道路，就是在中国共产党领导下，立足基本国情，以经济建设为中心，坚持四项基本原则，坚持改革开放，解放和发展社会生产力，巩固和完善社会主义制度，建设社会主义市场经济、社会主义民主政治、社会主义先进文化、社会主义和谐社会，建设富强民主文明和谐的社会主义现代化国家。"① 为此，我们需要在以经济建设为中心的现实时空中，在发展中国特色社会主义的语境下，科学考量传统意识形态话语，在意识形态的"话语体系转换"中，如何在尊重历史事实的基础上，继承、发展、丰富马克思主义意识形态体系，从经济学的维度对社会主义意识形态进行建构，而非仅是囿于政治学和社会学的意义范畴，是当前我国经济与意识形态和谐发展的现实原因。

三、经济与意识形态和谐发展的影响

随着我国以经济转型为先导的社会结构的全面转型，市场经济成为我国现阶段最重要的经济现实和实践基础。近年来，我国经济的高速发展，固然是国际国内各种因素综合作用的结果，但与社会主义市场经济相契合的主流意识形态，在完善我国社会主义市场经济体制，促进经济发展中也有着功不可没的作用。它们之间和谐发展的影响主要体现在以下两个层面：

1. 催化了当代中国经济的高速发展

2003 年以来，我国 GDP 连续四年保持 10% 以上的增速，我国经济的这种高速发展受到世人关注。据统计数据显示，2002 年，我国 GDP 为 120333 亿元，分别相当于美国、日本和德国的 13.9%、37% 和 71.8%；到 2005 年，我国 GDP 已经连超法国和英国，世界排名跃居第四；2006 年，我国 GDP 达到 210871 亿元，分别相当于美国、

① 胡锦涛：《高举中国特色社会主义伟大旗帜 夺取全面建设小康社会新胜利而奋斗》，《人民日报》，2007 年 10 月 15 日。

日本和德国的 20%、60.6% 和 91.3%。相应地，我国 GDP 占世界的份额也不断提高，由 2002 年的 4.4% 提高到 2006 年的 5.5%。[①] 针对我国经济高速发展的这一态势，有人分析指出，我国 GDP 有可能会超过德国而跃居世界第三。那么，在全球经济发展处于低迷的时期，为何我国经济发展却保持着如此的高速增长呢？究其原因，从意识形态的经济学解释维度来看，我国经济奇迹的创生离不开国家意识形态范式的成功变革，从邓小平理论到"三个代表"重要思想再到科学发展观无不在关键的历史时期成功地指导着我国经济的转轨路径，引领着中国创造和续写经济奇迹，如邓小平理论提出我国经济体制改革的目标是建立健全社会主义市场经济体制；"三个代表"重要思想强调中国共产党始终代表先进生产力的发展要求；科学发展观强调第一要义是发展等主流意识形态理论均指引着中国经济成功地实现了转轨。正如有的学者所说："邓小平毅然抛弃了旧的意识形态范式，并确立了新的意识形态范式。新范式指导的宏观决策不仅创造了由双轨过渡到并轨成功的伟大制度变迁，而且娴熟地达到了稳定、发展和改革的动态平衡，创造了持续增长的经济奇迹。"[②]"在 20 世纪意识形态的竞争中，中国特色的社会主义理论体系以独特的理论魅力和实践力量演绎了转型发展的中国奇迹。"[③]

因此，意识形态是推动经济增长不可或缺的动力，我国社会主义意识形态每一次范式变革都对我国经济转轨的路径和经济绩效的产生发生着重大的正面作用，直接催化了当代中国经济的高速发展，我们对此不能视若无睹，我们必须高度重视意识形态的经济功能。正如诺思所说："如果没有一种明确的意识形态理论……我们在说明

[①] 高建锋：《透过数据看中国经济发展 GDP：四年两大步》，《中国证券报》，2007 年 9 月 19 日。

[②] 郭忠义：《论中国经济奇迹的意识形态原因》，《哲学研究》，2008 年第 9 期，第 123 页。

[③] 郭忠义：《论中国经济奇迹的意识形态原因》，《哲学研究》，2008 年第 9 期，第 124 页。

无论是资源的现代配置还是历史变迁的能力上就存在着无数的困境。"① 今天有较多学者仅限于经济叙事的本身来探讨中国经济奇迹的原因，但是他们对意识形态经济功能存在着有意失语的现象，甚至否认社会主义意识形态在中国经济奇迹中的积极意义。然而，实践证明，经济与意识形态是紧密相关的，它的泛化或淡化都不利于经济建设，甚至有害于经济建设。

2. 提高了意识形态经济功能的认同

"意识形态"一词在法国哲学家德·特拉西的著作《意识形态原理》中首次出现后，就被冠以浓厚的政治色彩。在我国，尤其是经过"文革"十年意识形态领域斗争的梦魇，一提到意识形态，人们往往错误地联想到"阶级斗争"、"革命大批判"、"政治运动"等具有强烈政治色彩，甚至带有贬义的词语，人们不仅潜意识里轻视、厌烦意识形态，而且偏向于从政治学和哲学的维度去解释意识形态，对意识形态的经济功能却有意失语。

从 20 世纪 60 年代以来，一批新制度经济学家就很重视意识形态的经济功能，其中当代西方最著名的经济史学家、西方新制度经济学派的典型代表人物之一诺思曾对意识形态的经济功能在学理上进行了独特的考察和揭示，他把意识形态理论、产权理论、国家理论看作是其制度变迁理论的三块基石，指出了成功意识形态的经济功能。诺思认为"至为关键的是，任何一个成功的意识形态必须克服搭便车问题，其基本目的在于促进一些群体不再按有关成本与收益的简单的、享乐主义的和个人的计算来行事。这是各种主要意识形态的一个中心问题，因为无论维持现存的秩序，还是推翻现存的秩序，离开上述行为都是不可能的。"② 20 世纪 80 年代，经济学家林毅夫认为意识形态是一种人力资本，"它帮助个人对他和其他人在

---

① 【美】诺思：《制度、意识形态和经济绩效》，《发展经济学的革命》，上海人民出版社 2000 年版，第 51 页。

② 诺思：《经济史中的结构与变迁》，上海三联书店 2002 年版，第 59 页。

劳动分工、收入分配和现行制度结构中的作用作出道德评判"，"意识形态是减少提供其他制度安排的服务费用的最重要的制度安排"。① 可以说，新制度经济学派关于意识形态经济功能的论述，为我们重新考量意识形态提供了一个很好的视角。

近年来，随着我国经济的高速发展，国内也有不少学者开始把目光转移到意识形态上，从意识形态的维度去探究中国经济奇迹的原因，涌现出了一批研究成果。如郭忠义教授对意识形态与中国经济奇迹之间的关系进行了深入的探讨，指出了意识形态范式变革在中国经济奇迹中的重要作用。② 杨立英教授也指出："不论从科学发展观的辩证全面内涵来看，还是从科学发展观提出的时代性来看，科学发展观都是与时俱进的意识形态，具有充分的科学性与价值合理性。"③ 也有人通过考察中俄两国意识形态的差异，进而揭示中俄两国经济转轨过程中所产生的绩效差异的原因等等。因此，我国经济的高速发展，不仅推动着许多学者从意识形态的维度去考量中国经济的奇迹，而且提高了人们对意识形态经济功能的认同度，有力地纠正了人们在意识形态认识上存在的偏差，甚至错误。

————————

① 林毅夫：《关于制度变迁的经济学理论：诱致性变迁与强制性变迁》，载 R·科斯、A·阿尔钦、D·诺斯等著：《财产权利与制度变迁——产权学派与新制度学派译文集》，上海三联书店、上海人民出版社 1994 年新 1 版，第 381、379 页。

② 参见郭忠义：《中国经济奇迹的意识形态原因》，《哲学研究》，2008 年第 9 期，第 120—124 页。

③ 杨立英：《意识形态、经济发展与科学发展观的价值合理性》，《马克思主义与现实》，2006 年第 2 期，第 149—151 页。

第二章
当代中国宏观经济
意识形态化的发展趋势

中外学者一直以来都很重视对经济与意识形态的关系的研究。如马克思指出了意识形态对生产力和生产关系的作用与反作用的关系。弗里德里希·李斯特指出在社会发展中存在着两组力量——物质力量与精神力量及社会力量与个人力量，他们之间是互相作用的。马克斯·韦伯从宗教的角度阐述了意识形态与经济发展的关系。科斯洛夫斯基指出：经济不是"脱离道德的"，经济不仅受经济规律的控制，而且也是由人来决定的。我国改革开放后，也不断有学者注重研究意识形态与经济发展的关系。如高晨阳分析了儒学道德理性在经济活动中的作用。汪国培分析了全球化背景下社会主义意识形态面临的挑战，并指出社会主义意识形态应做出的适应性变革。蔡萍、华章琳指出在马克思主义理论逻辑中，经济学纬度是意识形态的应有之义，意识形态不但能够解决个体行为的"效用最大化"原则，同时意识形态能够积极地促进整个国民经济的健康发展。

本章将从宏观经济制度、体制和战略的范畴，探讨我国宏观经济运作与意识形态发展变化的互动关系。

第一节　国家基本经济制度与意识形态

社会制度是建立在一定的社会生产力基础之上，反映社会价值判断，由行为主体所建立的调整交往主体之间以及社会关系的具体的、正式的和强制性的规范体系。一个国家的基本经济制度是决定着本国的经济基础，进而决定其社会性质的一项制度。我国宪法已明确规定，以公有制为主体的、多种经济成分共同发展，以按劳分配为主体、多种分配方式并存是我国社会主义初级阶段的基本经济制度。这也是我国现阶段所有制结构及分配制度的主要内容。

进入社会主义制度以来，我国的所有制结构及分配制度发生了一系列的变化，这种演变是在意识形态变化的引导下发生的，反过来它也促动了意识形态本身的变化。

一、国家基本经济制度、意识形态及其互动

在理论界，对制度做出深入剖析的有两位代表人物，一位是19世纪的卡尔·马克思（Karl Marx），一位是20世纪的美国经济学家道格拉斯·诺斯（Douglass North）。马克思以社会生产关系为研究对象就是要突出强调经济制度在社会发展过程中的作用，并以无可辩驳的理论论证了资本主义必然灭亡、社会主义必然胜利这一人类历史发展的规律。马克思对制度变迁进行了长期分析，对人类社会追求的制度目标提出更高的要求。而道格拉斯·诺斯（Douglass North）以其新经济史学家的独到眼光，发现了制度、制度变迁在经济史中的巨大贡献。诺斯对制度变迁与经济增长关系的论证更为具体。虽然马克思与诺斯在分析制度变迁的方法上有不同、制度变迁的主体不同、制度变迁的原因不同，甚至对"制度"一词理解上也有差异。马克思所言的制度指人类社会制度，诺斯所言的制度指的是社会中

的一些游戏规则，或者更正确地说，制度是人类设计出来调节人类相互关系的一些约束条件。但二者都特别强调所有制制度也就是基本经济制度的重要性。马克思指出，每种人类社会制度都是由彼此联系、互相影响的经济、政治、社会、文化等制度构成的一个制度体系，而生产资料的所有制度决定其他一切制度。诺斯指出，在一切制度中以正式制度中的产权（以财产为对象的所有权能的集合）制度为核心。可见，所有制制度这一基本经济制度对经济增长和社会进步起着基础性作用的。一国的财产所有制度及其结构会随着国家具体情况的改变而不断变迁。在这变迁的过程中，意识形态在其中起着重要的决定作用。

意识形态最简单和最宽泛的定义是把意识形态视为一种"思想体系"。从哲学角度上看，意识形态由三部分构成已形成共识：第一，认知体系。反映某一团体对世界的认知；第二，价值体系。反映了人们对世界或社会生活的某种稳定的价值取向或价值信念，是人们评价与处理或外部世界关系的基本尺度；第三，信仰体系。它在某种程度上决定个体和集体行为。[①] 意识形态具有很强的行动指向性，它通常为人提供一个更好的生活图景，提供一种目标文化，然后据此来发现现实问题并加以改变。意识形态是依附于人的载体中的，因此，意识形态是有阶级性的。但资产阶级学者和思想家，淡化意识形态的阶级性，以调和社会主义与资本主义之间的对立，企图降低科学社会主义理论的革命性。但历史唯物主义认为，意识形态是作为社会物质关系的经济基础的直接反映，是经济基础的派生，经济基础的性质决定意识形态的性质。马克思在表述历史唯物主义的原理时，说明意识形态是特定的阶级、阶层或社会集团对自身社会地位和利益要求的自我意识和自觉表达，并通过设定一系列制度而形成的一套完整的观念体系和价值体系，是随经济基础和实践变

[①]　王立新：《意识形态与美国外交政策》，北京大学出版社 2007 年版，第 3 页。

化而变化的观念上层建筑。

　　社会制度与意识形态之间存在互动关系。

　　意识形态在很大程度上影响着制度变迁。第一，意识形态是种种社会制度之魂，而制度是社会意识形态的一个载体。如果说社会制度是由人们社会博弈的秩序和约束人们博弈的规则组成，意识形态则是指导人们如何进行博弈的知识、信息、符号和原理的体系。通过意识形态，个人观念转化为行为的道德和伦理的信仰体系，具有"解释"、"规范"与"指导"个人行为和实践的制度功能。第二，意识形态增加了人们对国家或制度的认同程度，从而降低人们的服从成本和统治者的控制成本。意识形态作为人力资本，极大程度上减少了面临不确定性时人们的决策成本。意识形态要影响制度的变迁，要求意识形态本身为人们所接受。一种好的意识形态必须能够缓和社会内部的精神冲突，而且要求意识形态能灵活地在坚持本性的前提下发生变动，这样才能与人们的知识积累相一致，从而节约认知费用。第三，意识形态提供或限制着制度改革的"菜单"。作为道德和伦理信仰体系的意识形态，是决定个人观念如何转化为行为的无形之手，意识形态直接限制着人们的选择范围。与意识形态相冲突的可能性选择由于不被社会意识形态认同而难以实施。即使一种制度选择可以促进经济发展，但在意识形态的严格筛选下，很可能被排除在"改革选择"之外。意识形态作为一种观念的力量，它规定了社会成员在体制创新中的行动方向和活动空间。对长期集权的国家来说，意识形态对个人对社会的影响很大，整个社会基本上形成一个统一的意识形态，这对制度的变迁约束是很大的，而且面临着较高的政治风险。安徽凤阳小岗村的农民在进行制度创新时就不得不立下生死契约即是一个证据。在改革的酝酿阶段，经济因素处于影响改革进程的中心地位，但是改革到了制度创新时，意识形态的因素就相对重要。在传统的社会主义模式中，单一的公有制被认为是人们认识社会主义的一个标准，这种认识深深地嵌入到人们的意识形态中。对这种单一的所有制结构的任何改变，都受到意

识形态的束缚。因此，我们的基本经济制度的改革也只能在意识形态的影响下进行选择。如果没有对社会主义认识上的突破，就不可能有制度选择的改变。我国实践中的改革开放也是从邓小平对"什么是社会主义这个问题也要解放思想"，"要充分研究如何搞社会主义建设的问题"等问题的思考中开始的。"三个有利于"的价值标准更是极大地拓展了制度选择的空间，打破了传统社会主义的一切经济上的桎梏。可见，意识形态的开放是各项制度创新的前奏。

反过来，基本经济制度的变化又推动意识形态的变化。意识形态的发展变化是以经济生活和政治生活的发展变化为基础的。而经济生活和政治生活中最根本的变化就是制度变化。社会意识是社会存在的反映，社会存在决定社会意识，这是历史唯物主义的一个基本原理。如果没有国内在经济、政治和社会生活各方面出现的制度变迁，没有社会各阶层权力地位和利益关系的变动重构，人们的价值观念、理想信念也很少可能发生转变。因此，经济制度和政治制度的变迁必然要引起意识形态更深刻的变化重构。制度变迁导致了经济结构、政治结构和社会结构的深刻变化，因此也势必引起意识形态方面的变化。改革开放后，中国所有制结构实现了从单一的公有制经济到多种经济形式共同发展的转变，特别是民营经济的快速发展，所有制结构发生了显著的深刻变化。这必然引起资源配置方式和资源配置流向的变化，也必然同时引起经济利益和社会利益的重新分配，引起利益集团的重新组合。在这种新形势下，我国的意识形态发生了变化，出现了各种社会思潮。我国主流意识形态虽然没有发生分化，但也受到冲击。

二、意识形态影响下的所有制结构及分配制度的演变

我国在深化认识社会主义的过程中始终坚定社会主义意识形态的主导性。这使我国的所有制结构及分配制度在不断演变的过程中，始终坚持公有制为主体、按劳分配为主体并做到公有制实现形式及分配形式的多样化。所有制及其结构作为一个社会的基本经济制度，

是决定一个社会的经济乃至于政治制度的基础，决定着一个社会的根本性质。所以，马克思主义"特别强调所有制问题，把它作为运动的基本问题"①。所有制改革是我国经济体制改革的核心，在所有制改革方面我们已做出相当大的努力，取得了相当显著的成绩。这些成绩的取得与我国意识形态由僵化到解放的转变分不开的。同样，我国社会主义分配制度的转变，也反映了我国意识形态的开放性及社会主义意识形态的主导性。

1. 所有制结构的变迁

我国的所有制结构的演变大致分以下几个阶段：

第一阶段，国民经济恢复时期（1949—1952年）。在这一时期，我国认识到建国后的主要任务是恢复国民经济，建立进入社会主义制度的物质基础。因此，建国后最初的所有制结构是以继承了旧中国的所有制结构为基础的。通过没收官僚买办资本，接管外国垄断资本；对民族资本采取利用、限制和改造的方针；引导个体经济；推进土地制度改革等方式来发展国民经济。这样，当三年国民经济恢复时期结束时，中国的所有制结构就演变成了社会主义国家所有制、民族资本主义所有制和劳动者个体所有制三种主要形式。据统计，到1952年国民经济恢复时期结束时，各种经济成分在国民收入中所占的比重是：国营经济19.1%，合作社经济成分1.5%，资本主义经济6.9%，公私合营经济0.7%，个体经济占71.8%②。这说明，中国社会已经走出半殖民地、半封建社会的泥潭，但它也不是完全意义上的社会主义社会。历史事实表明，由于我国当时对国情判断的正确性，使新民主主义社会时期的所有制结构与当时生产力水平相适应，因此，它有力地促进了国民经济的恢复与发展。

第二阶段，社会主义改造时期（1952—1957年）。这可以说是

---

① 《马克思恩格斯选集》第1卷，人民出版社1995年版，第285页。

② 陈文辉主编：《中国经济结构概论》，山西经济出版社1994年版，第30页。

我国社会主义所有制结构的形成时期。这一时期的主要任务是构建社会主义经济的公有制基础。经历了国民经济恢复时期，社会主义意识形态逐渐为广大人民群众所接受，成为主流意识形态。我国提出了向社会主义过渡的总路线。在三大领域实行了社会主义的改造。集中表现为对民族资本主义经济进行社会主义改造，使之成为国有制经济；对农村和城镇的个体经济进行改造，使之成为集体所有制经济。而个体经济与私营经济等非公有制经济可以说已基本上消失了。这个时期整个所有制结构趋向于单一化与公有化。在工业总产值中，1956 年同 1952 年相比，国营工业的比重由 41.5% 上升到 54.5%，集体所有制工业由 3.2% 上升到 17.1%，公私合营工业由 4% 上升到 27.2%，私营工业由 30.7% 下降到 0.04%，个体手工业由 20.6% 下降到 1.2%。[①]

虽然这一时期由于意识形态建设方面的问题，如对社会主义公有制的单一性认识、急于过渡到社会主义等，致使我国所有制改造在执行过程中出现了一些问题，但所有制结构的总体变化使社会主义经济基础进一步巩固，整个社会经济飞速发展。

第三阶段，"大跃进"、"调整"和"文化大革命"时期。这可以说是我国所有制结构的错位时期，由于我国力图用群众运动的形式解决思想上的问题，同时，"左"倾思潮主导了整个意识形态领域，社会主义意识形态发展出现了曲折。所有制结构也向极端化发展。由于对国内经济形势特别是农业生产形势做了不切实际的估计，忽视了 1956 年匆忙建立起来的高级社需要巩固和稳步发展的实际情况，在全国范围内发动了人民公社化与"大跃进"运动。在生产资料所有制方面，超越社会生产力的发展水平，急于把个体经济和集体经济向全民所有制过渡，试图实现单一全民所有制，追求"一大二公"的所有制结构。在"文革"时期，大搞所有制的"升级"、

---

① 陈文辉主编：《中国经济结构概论》，山西经济出版社 1994 年版，第 30 页。

"过渡","小集体"向"大集体"过渡,"大集体"向国营过渡。这把我国的所有制结构推向了畸形的单一化,私营经济不复存在,个体经济所剩无几,连农户搞的一些少量的家庭副业也被当作滋生资本主义和资产阶级的温床,不断地加以挞伐。这一所有制结构不利于生产力的发展,给人民生活造成了极大的不便,给生产的发展造成极大的障碍,调整所有制结构的改革势在必行。

第四阶段,改革开放时期。这可以说是我国所有制结构的变迁阶段。这一时期,我国首先进行了思想认识上的拨乱反正,进行了真理认识的大讨论。意识形态重新回到马克思主义路线上来。随着我国改革开放的实践,思想文化领域活跃起来,并开始出现了创新。党的十一届三中全会以后,在认真总结历史的经验教训的基础上,对社会主义的所有制结构问题进行了大胆和艰苦的探索。在所有制形式的选择标准上,突破了唯生产关系论和唯意志论,重新确立了由生产力发展水平及其客观要求决定所有制关系的唯物史观。在对所有制结构的认识上,突破了社会主义条件下只能实行单一的公有制模式的观念。1981 年党的十一届六中全会通过的《关于建国以来党的若干历史问题的决议》重申了生产关系与生产力相互关系的原理,提出"一定范围的劳动者个体经济是公有制经济的必要的补充"。1984 年党的十二届三中全会通过的《中共中央关于经济体制改革的决定》,进一步对外资在我国社会经济中的地位和作用给予定位:"利用外资,吸引外商来我国举办合资经营企业、合作经营企业和独资企业,也是对我国社会主义经济必要的有益的补充。"至此,以公有制为主体、多种经济成分并存的理论已具雏形。这是在改革开放后,党对社会主义初级阶段所有制结构问题认识的初步展示,它突破了极"左"的所有制理论,为此后对社会主义社会的所有制结构问题认识的进一步深化做了铺垫。针对私营经济,在 1987 年以前,党和国家对私营经济的发展持一种不提倡、不宣传、也不取缔的态度。而在 1987 年党的十三大上,提出把建立社会主义有计划商品经济作为经济体制改革目标,首次把私营经济当作社会主义经济

的补充写进党的文件。1992 年党的十四大更加明确地提出"公有制
为主体、多种经济成分共同发展"多种经济成分论。十五大审时度
势，郑重指出："公有制为主体、多种所有制经济共同发展，是我国
社会主义初级阶段的一项基本经济制度"，同时做出"非公有制经济
是社会主义市场经济的重要组成部分"的重要判断。

2. 我国分配制度的变动

建国后至今，我国对社会主义分配的认识发生了很大的变化，
由原来追求单一的按劳分配原则到现在意识到分配方式必须要与生
产力的发展水平相符，提出以按劳分配为主、多种分配方式并存的
分配制度。我国分配制度与分配原则的变化经历了如下阶段。

第一阶段，改革开放前的单一的按劳分配制度。建国后，我国
在构建自己的社会主义分配制度时，教条地照搬马克思主义著作中
的个别理论，坚持按劳分配为唯一的原则。同时以前苏联为榜样制
定了一系列的工资制度和奖励制度，进行了全国性的工资改革，初
步奠定了社会主义按劳分配制度的基础。不同企业之间按劳分配虽
有不同的特点，但是，除某些福利性分配以外，按劳分配可以说成
了全社会唯一的分配形式和原则。

由于这种对分配形式的教条式的认识，使按劳分配被赋予了社
会主义独有的性质，并成为社会主义最本质的特征之一。这样，其
他的分配形式自然地被看成是对社会主义的否定而加以挞伐。这种
纵向自上而下的、脱离生产力发展实际的分配办法明显地把分配和
生产割裂开来，削弱了分配作为一种经济杠杆对生产的调节作用，
非常直接地促成了分配中的平均主义和"大锅饭"现象，挫伤了广
大劳动者的积极性，使社会生产失去了内在的推动力量。

第二阶段，分配制度改革阶段。在这一阶段，邓小平首先以其
特有的魄力和勇气，从根本上突破了传统观念的长期束缚，创造性
地提出了具有中国特色的社会主义分配理论。这就是以按劳分配为
主体，按劳分配与多种分配方式并存。这反映了我国在意识形态上
的开放和创新。我国在认识上突破了长期以来分配制度上按劳分配

唯我独尊、绝无仅有的局面，允许其他分配形式在按劳分配占据主导地位的前提下存在。这极大程度地调动了人民的生产积极性。

第三阶段，对分配制度的进一步深化改革。我国于十四届三中全会又明确提出了"效率优先，兼顾公平"的原则，指出初次分配注重效率，再次分配注重公平。这是一条从中国国情和实际出发、符合社会主义经济规律的科学而合理的价值原则。我国这时已经认识到评判一种社会制度是否公平，关键不是看它是否符合某种原则、某种主义等人为的标准，而是看它能否激发巨大的劳动热情，带来持久的社会效益。可以说，没有效率就没有公平。在社会主义条件下，公平和效率是统一的。这一进步，主要是突破了长期僵化的所谓"社会主义"的平均观念，是对平均主义的贫穷社会主义的否定，从而摆正了公平与效率的关系。

党的十六大在分配原则方面明确提出："确立劳动、资本、技术和管理等生产要素按贡献参与分配的原则"，确立了社会主义市场经济条件下应有的分配制度。随着我国意识形态的越来越开放，这些原本被划分为资本主义的东西现在对于我国又有其合理的存在性。

党的十七大关于分配制度，又提出"初次分配和再分配都要处理好效率和公平的关系，再分配更加注重公平"。可见，我国在分配实践的过程中，发现过去在初次分配中，重视了效率，但忽视了初次分配中也有公平问题。看得出我们党对处理效率和公平、生产和分配问题的认识已经大大发展了。

我国的分配制度与原则的变化，也体现了我国意识形态变化的一个规律，那就是坚定马克思主义的意识形态，始终从生产力的角度、从最广大人民群众的利益出发来认识问题，同时紧跟时代步伐，积极做出理论上的创新。

三、国家基本经济制度意识形态化的变动趋势

当前，在经济全球化、政治多元化、文化多元化的影响下，作为上层建筑的主流意识形态也面临一系列的冲击和挑战，并发生着

非常大的变化。我国正处于社会转型时期，这不仅意味着社会利益的重组，而且也意味着社会主义意识形态的重大变化。大致说来，意识形态的变动在基本经济制度层面体现如下趋势：

第一，意识形态由封闭性向开放性发展。改革开放前，我国社会主义意识形态反映在所有制层面上只能允许一个声音的存在，那就是马克思的公有制理论。而财产公有制又局限于全民所有制，就连集体所有制也成了"二等品"。恩格斯在 1847 年写的《共产主义原理》一书中，指出"私有制也必须废除，代替它的是共同使用全部生产工具和按共同协议来分配产品，即所谓财产公有"①。我国在意识形态上始终坚持以马克思主义为指导思想。我国社会主义建设过程也是一个马克思主义中国化的历史进程，是马克思主义不断与中国实际相结合的过程。从毛泽东思想到邓小平理论再到"三个代表"重要思想及科学发展观都是马克思主义中国化的意识形态。在社会主义基本经济制度方面当然也以社会主义意识形态为指导，以公有制为唯一的财产所有形式，在其实现形式上又以国家所有国家经营、集体所有集体经营为唯一形式。可见，我国过去的意识形态是封闭的，不符合传统社会主义意识形态的经济形式是绝对不能允许存在的。而随着市场经济的建立，经济主体多元化，意识形态的内容也出现了主导性与多样性相统一的局面，意识形态由封闭走向开放。"我国社会主义意识形态，是一个丰富、具有层次性的思想体系，在这个体系中，有中心部分或核心部分，也有相对边缘的部分。中心部分集中体现社会主义意识形态的本质，以其鲜明的特性区别于其他意识形态"②。我国的公有制为主体这是社会主义意识形态体系中的核心部分，各种非公有制经济如个体、私营、外资、港澳台等经济形式，受社会主义意识形态的普照，能够为社会主义服务，

---

① 《马克思恩格斯选集》第 1 卷，人民出版社 1995 年版，第 217 页。
② 郑永廷等著：《社会主义意识形态发展研究》，人民出版社 2002 年版，第 319 页。

这也是多种所有制经济共同发展目的之所在。社会主义意识形态领域由封闭走向开放。这种开放不仅表现在对非公有制经济的认识，而且也体现在对公有制为主体的认识上。对公有制为主体的认识已不是盲目追求公有制经济的数量比重，更看重的是我国公有制经济的战略地位和对国民经济的总体控制能力，要看公有制经济能否更好地完成国家的经济与社会发展目标，是否能够真正做到国有资产的保值与增值。

第二，意识形态由阶级性特征向全民性特征转变。我国原有意识形态有强烈的阶级性特征。毛泽东指出，在阶级社会中，各种思想无不打上阶级的烙印。强调在意识形态领域要用阶级分析、阶级斗争的方法分析一切。长期以来，由于受"两个阵营"理论的影响，我们总是习惯于孤立地从政治和意识形态的角度观察、分析、判断国际国内形势。特别是 1957 年以后，由于对当时国际国内形势做了错误的判断，党的指导思想偏离了正确轨道，在"以阶级斗争为纲"的思想指导下，把意识形态看作阶级意识的完全自觉表达，党的思想意识逐渐走向教条化、封闭化，"左"倾错误开始泛滥。在财产所有制度上，"宁要社会主义的草，不要资本主义的苗"。只有全民所有制和集体所有制是无产阶级的，而任何非公有制经济形式，都是资本主义的。那时，在家里即使养一只羊或种一个棵树都是资本主义的行为，都要作为资本主义的尾巴割掉的。可见，在基本经济制度领域体现了典型的阶级性。

伴随着我国社会由传统向现代化的转型，我国的意识形态也从以阶级性为核心向涵盖全民的方向发展。我国改革开放的伟大设计师邓小平指出，要建设社会主义现代化，过去的实践已经证明，靠"阶级斗争为纲"是不行的，靠上层建筑领域的"不断革命"理论也是不行的，出路只有一个，就是大力发展社会主义生产力。要发展社会主义生产力，需要调动全体人民群众的生产积极性，这要求大力发展非公有制经济，使其为社会主义建设贡献更大力量。第三代领导人江泽民提出"我们党要始终代表中国最广大人民的根本利

益，就是党的理论、路线、纲领、方针、政策和各项工作，必须坚持把人民的根本利益作为出发点和归宿，充分发挥人民群众的积极性主动性创造性，在社会不断发展进步的基础上，使人民群众不断获得切实的经济、政治、文化利益"。代表中国最广大人民的根本利益，是中国共产党的根本宗旨，是社会主义意识形态在现时代的根本特性的表现，也是社会主义意识形态与其他意识形态的根本区别。从我国改革开放以来的经济变迁可以看到，实际上非公有制经济做出了突出的贡献。虽然它还存在一些问题，如管理水平低、规模小、产业结构趋同、技术水平低、不正当竞争等，但其对我国经济增长做出很大的贡献，也有很强的社会责任感。尤其是在我国的"非典"、"雪灾"、"地震"等突发性灾难发生时，非公有制经济的企业家们都表现出强烈的爱国心，展现强烈的责任感。伴随社会的转型过程，社会主义意识形态的阶级基础不断扩大，社会主义意识形态更加体现人民性特征。

第三，意识形态由自身孤立发展向与经济基础融合发展转化。任何一个社会都是在生产力与生产关系、经济基础与上层建筑这两对矛盾的推动下发展的。意识形态以经济基础为基础，同时又要反映一定的经济基础，它是和社会系统中的其他因素协调发展的，而不能脱离社会主义政治、经济制度和我国生产力发展的水平而孤立地发展。进一步讲，脱离经济基础的意识形态，不反映社会实际情况的意识形态不可能是长久的。我国建国后，特别是"文化大革命"中，意识形态的建设脱离了经济，凌驾于社会实践基础之上，脱离我国生产力发展水平。孤立地追求纯而又纯的社会主义意识形态领域，在意识形态领域进行所谓继续革命，结果不仅没有促进社会主义意识形态的发展，而且导致了意识形态领域的混乱，阻碍了经济基础和生产力的发展。随着改革开放各项政策的确立，社会发生了一系列的转变，我国实行了工作重心的转移，经济建设成为我国的首要任务。意识形态的建设与经济建设、生产力的建设同步、协调进行，不但意识形态自身得到了发展，同时促进了社会的全面发展。

我国在 1956 年底建立了公有制经济在社会占主体，建立了社会主义经济基础，进入了社会主义制度。可以说，我国已基本建立了与我国经济状况相适应的所有制结构，当时主要的任务应当是发展国民经济，提高人民生活水平。但我国盲目受制于建立社会主义意识形态的主导地位的要求，在生产资料所有制方面大搞"升级"、"过渡"，所有制结构成了畸形的单一化。这种结构束缚了人民群众的生产积极性，与我国的生产力状况是极不相符的。十一届三中全会后，我国在对僵化的传统的思想理论进行突破的前提下，使思想意识形态与经济社会实践相符，做出了改革开放的创举。各种非公有制经济如雨后春笋般生长起来，我国政府不断为之创造有利条件，鼓励其迅速成长。这也反映了我国意识形态逐渐摆脱出孤立走上与经济和社会协调发展的道路。

第二节　我国经济体制与意识形态

建国后，与当时国情及社会主义意识形态相适应，我国实行的是中央集权的计划经济体制。随着生产力的发展，这种以计划配置资源为核心的体制逐渐暴露出一些问题，因此，需要对之进行改革。我国在党的十四大上明确提出：社会主义市场经济体制是我国经济体制改革的目标模式。由此我国的体制改革由打破旧的计划经济体制进入到建立新的社会主义市场经济体制的阶段。这次体制转轨不是对旧的体制的简单修修补补，而是对计划经济体制的彻底撤换。它不仅是对我国意识形态变化的适应，而且也对我国的主流意识形态——社会主义意识形态造成一定程度的挑战。随着社会主义市场经济体制在我国的确立和深入发展，意识形态建设问题的重要性和紧迫性日趋凸显。

一、社会主义市场经济体制对社会主义意识形态的影响

每一种经济体制都会在意识形态领域留下深深的思想烙印，每一种新经济体制的形成与发展，又必然会带来人们思想观念的革新。我国曾经实行的计划经济体制，实际上是以自然经济关系为基础的，带有封建的、宗法的、封闭的性质。这种宗法的封建的意识形态的基本特点，首先是注重宗法式的人伦秩序，强调人际关系的和谐和稳定；其次是突出人们的整体观念，忽视个人的自我完善；再次是人治观念和特权意识占主导地位。这些观念虽然曾经起过一定的历史作用。但是，作为一种意识形态，它对不断变革着的生产力来说，却日益显示出其消极、保守的特点。市场经济的发展促使社会主义意识形态领域发生了深刻的变化。

第一，丰富了社会主义道德意识形态。市场经济的基本理念、基本原则和基本要求就是自主、自由、平等、竞争、信用。这些基本的理念、原则和要求，不但形成了相应的经济制度和经济体制，而且决定着与它们相适应的政治和文化上层建筑。社会主义市场经济的基本理念、原则和要求首先上升为一种政治的和文化的基本理念、基本原则和基本要求。它们反映在政治上就形成诸如主权在民、政治自由等政治理念、原则和要求。反映在意识形态上就形成诸如以人为本、思想自由等理念。有学者指出："市场经济是一种经济结构，同时又是一套完整的价值系统，甚至是一种意识形态。"① 随着我国改革的深入，市场经济体制的发展催生了一系列包括公平竞争观念、诚实守信观念、时间效率观念等市场经济道德规范和价值观，这些围绕着处理经济利益关系的道德观，丰富了社会主义的道德意识形态，也协调了社会主义市场经济中的生产关系。

第二，对社会主义意识形态带来了冲击。社会主义市场经济是一个开放型的经济。这种开放型经济必然会带来西方资本主义的意

---

① 童世骏：《意识形态新论》，上海人民出版社2006版，第113页。

识形态。开放的经济必然会引发各种意识形态的矛盾和冲突。在当代世界，不同意识形态之间的矛盾虽然呈现多种复杂情况，突出表现在社会主义思想体系和资本主义思想体系的根本对立。双方争斗的主要形式是以意识形态作武器进行"和平演变"与"反和平演变"。而我国又是在国民素质不是很高、经济不发达的情况下向社会主义市场经济转变的，在这种情况下，西方的资本主义意识形态更易占上风。社会主义市场经济的开放性，使国家间意识形态渗透的能力与水平的较量出现新的挑战。如何在社会主义市场经济条件下加强社会主义意识形态建设已成为一个新的课题。

由于从计划经济体制向社会主义市场经济体制的转化，改变了人们的单一道德取向，又由于多种经济成分并存和利益主体的分化，所以人们道德面临多样化的选择。同时，在从计划经济向社会主义市场经济的过渡时期，新旧道德价值观念相互交替、相互冲突着，道德文化和道德现象出现了结构性失调、道德失范现象。现阶段，我们面临经济和社会的全面转型，经济转型要求构建现代产权关系，社会转型需要形成新的社会利益整合机制。伴随着经济社会的全面转型，政府的职能和责任也将会重新定位，所有这一切都将会对我们的意识形态领域带来较大的影响。

二、社会主义意识形态对社会主义市场经济体制的作用

社会主义意识形态对社会主义市场经济有着很强的反作用。意识形态本身就具有经济的功能，它可以从促进社会经济发展的外生变量，转变为促进社会经济发展的内生变量。诺斯明确提出："如果没有一种明确的意识形态理论，那么我们在说明无论资源的现代配置还是历史变迁的能力上，就存在着无数的困境。"[1] 我国的社会主义市场经济体制是在社会主义基本制度基础之上发挥市场的资源配

---

[1] 【美】道格拉斯·C·诺思，《经济史中的结构和变迁》，三联书店1991版，第51页。

置功能。社会主义的意识形态必然对这种资源配置方式产生重要的导向和保障功能。

首先，社会主义意识形态能够为社会主义市场经济改革提供稳定的社会环境。任何改革的顺利进行以及任何体制的正常运转都需要一个稳定宽容的社会环境。而一种新的政治、经济思想和价值观念的传播和普及，社会成员在对新的制度、体制认识上达到某种程度的一致，都需要有一个稳定的价值观念基础。可见，意识形态可以通过为经济体制提供制度解释和价值支撑来维系社会稳定。体制的变迁必然引起利益的调整，新旧体制下的利益冲突如果引导不好，必然在某种程度上造成社会的不稳定。而社会主义意识形态能够做到心理和思想上的准备，使人们能够在不造成社会冲击和混乱的情况下，逐渐接受新的体制。意识形态体系里的经济思想就是对现实经济体制合理性的一种论证体系，而对新的社会主义市场经济体制合理性的认同与否直接关系到我国社会的稳定程度。任何社会的经济制度，特别是财产关系的合理性、交换关系的公平性、分配关系的正当性等一些根本性的问题，只有被纳入意识形态理论体系中，才能体现其"正义性"，才能具有"正当"的约束力量，它能使人们以一种"应然"的态度来遵循各种规章制度。可见，意识形态能为经济改革和发展创造一个良好的社会环境。它不仅解释了新的体制的合理性，而且也通过引导社会心理来维系社会稳定。社会心理是较低水平的意识形式，它是自发形成的，是不定性的、不成熟的，其作用也是复杂的、不稳定的。而意识形态就能对社会心理发展起定向作用，它能引导社会心理向着指引的方向发展，并可以把盲目的社会心理提升到理性层面，进而有助于维系整个社会的稳定。

在我国搞市场经济，既没有实践经验可以借鉴，又没有现成的理论指导，需要我们自己摸索。在马恩列斯经典论著中没有社会主义国家搞市场经济的言论，我国第一代领导人毛泽东也没有讲过，任何社会主义国家都没有实行市场经济的实践。而社会主义的意识形态不仅为我国的体制改革指明了方向，而且也把各种改革的思潮统一于建立社会主义市场经济体制这一目标模式中。邓小平指出贫穷和平均都不是社会主义，社会主义的本质是"解放生产力，发展生产力，消灭剥削，消除两极分化，最终达到共同富裕"。市场经济只是资源配置的手段，不具有社会制度的性质，只要它能够使我国走上"富强、民主、文明、和谐"的社会主义强国，我国是可以采用市场经济体制的，使其为社会主义制度服务。当初对中国改革的种种非议，最后都统一于社会主义本质共识之中。社会主义意识形态为我国的改革开放，尤其是社会主义市场经济体制的建立创造了稳定的社会环境。

其次，社会主义意识形态为社会主义市场经济的运行营造良好的秩序，提高经济效率。和任何其他社会活动一样，社会主义市场经济体制的运行也要遵循一定的规则。规则包括正式规则和非正式规则两大类型。正式规则是社会明文规定的制约体系，而非正式规则是由风俗习惯、道德观念、伦理规范、价值信念、法理精神以及意识形态等要素构成的约束系统。意识形态在非正式规则中占有十分重要的地位，它作为由世界观构成的价值系统制约着非正式规则系统中其他要素的价值取向，甚至决定着正式制度的完善与否。意识形态使人们出于一种道德感来遵守各种经济制度。意识形态是对现实社会制度合理性的一种论证体系。任何社会的经济制度，特别是财产关系的合理性、交换关系的公平性、分配关系的正当性等方面，只有被社会意识形态所接受，并通过提供现存社会制度必然存在的充足理由，才能更好地为人们所接受，并使人们按其正式与非正式的约定行事。使社会主义市场经济的运行遵循良好的秩序。意识形态为社会主义市场经济制度的运行提供了价值支撑。

意识形态价值规范的引导，有助于使人们超越狭隘的个人机会主义，遵守社会普遍的制度规范。意识形态能够克服人们"搭便车"行为。在"产权制度残缺"的情况下，个人或团体的意识形态对约束个人或团体的"搭便车"行为或利己主义行为具有至关重要的作用。诺斯就曾指出："任何一个成功的意识形态的基本目的在于促进

一些群体不按有关成本与权益简单的、享乐主义和个人的计算来行事。"① 同时,意识形态又是避免"委托—代理关系"中"道德风险"的有效工具。意识形态对于规范政府机构和政府官员个体的行为也可以起一定的作用。因为一定的政治、法律观念和道德观念在某种程度上能规范政府官员在经济活动中的行为,使之正确行使自己手中的权力,减少其对经济活动的不正当干涉、特别是防止钱权交易等腐败现象的发生,为提高经济运行效率提供支持。可见,通过意识形态,能够使人们的经济决策过程简单明了,减少人们合作行为的"摩擦费用",降低社会的管理成本;意识形态的伦理道德的约束力,会减少执行经济制度的运作成本,降低企业"交易成本";意识形态能够使社会成员相信经济制度的公平,减少执行过程中的费用;意识形态能强化和约束政治集团的"搭便车"行为,提高公共管理的效能。从这一角度来看,社会主义意识形态不仅保证了社会主义市场经济的运行秩序,而且提高了其经济效率。

最后,社会主义意识形态可以保障社会主义市场经济的发展方向,使其健康发展。市场经济本身,在人们的精神文化领域会出现双重效应。一方面,它使人们更加务实,不搞形式主义,注重按规则办事。但另一方面,它又使人们只讲实惠、注重金钱、淡化信仰、轻视理论,变得急功近利。在价值取向上一方面注重自我,增强人们的自立、自主、自强、自信,有利于人们开阔眼界、活跃思想、开拓创新。但另一方面又会滋长个人主义、拜金主义和享乐主义,使道德水准下降,人际关系中功利化倾向严重。可见,发展社会主义市场经济也是有一定的风险性的。而社会主义意识形态具有纠正偏差的功能。加强社会主义意识形态建设,就是要兴市场经济之利,除市场经济之弊。社会主义意识形态既能使经济运作贯彻市场经济等价交换的原则,又反对把社会主义人际关系商品化;既要承认和

---

① 【美】道格拉斯·C·诺思:《经济史中的结构和变迁》,三联书店 1991 年版,第 59 页。

发展货币在现实生活中的职能和作用，又反对"一切向钱看"的拜金主义；既要尊重社会主义物质利益的原则，又反对见利忘义的个人主义；既要坚持"多劳多得、少劳少得"的原则，又反对斤斤计较、按酬付劳的态度；既要鼓励竞争冒险，又反对不择手段；既要坚持经济和利益的多元化，又要坚持政治上的党的领导和思想上的马列主义的指导。社会主义意识形态通过纠正偏差，保证社会主义市场经济沿着社会主义的道路向前发展。

我国的社会主义市场经济在很大程度上借鉴了西方发达国家的成熟经验。我们搞市场经济在学习外国先进经验的同时，西方的一些腐朽的思想、生活方式等社会科学理论和文化价值观念会一齐涌进来，造成了人们对社会主义市场经济的认识混乱。西方资本主义国家也利用自己强大的经济实力，在社会主义国家强化资本主义意识形态，混淆社会主义市场经济和资本主义市场经济的界限，模糊社会主义市场经济的发展方向。在国内，有不少人尤其是年轻一代，受到西方思想的影响，主张在经济上搞私有化，在政治上搞自由化，在思想上搞多元化，其实质就是否定市场经济的社会主义性质。因此，发展市场经济，就要加强社会主义意识形态建设，用社会主义意识形态培养和造就社会主义市场经济所需要的"四有"新人，保持市场经济的发展方向。以马克思主义为核心的社会主义意识形态有着防止社会主义市场经济资本主义化功能。

三、社会主义意识形态与社会主义市场经济体制的统一化趋势

社会主义意识形态与市场经济有着相同的基础、共同的价值追求和最终目的。社会主义意识形态的核心是全心全意为人民服务，而市场经济是通过社会服务来实现自己的利益。无论是发自主观使然还是客观决定，为社会服务使两者统一与融合起来。①

---

① 参见吴育林：《社会主义道德与市场经济统一性研究》，中山大学出版社 2007 年版。

1. 市场经济与社会主义意识形态相统一的基础：促进生产力的
  发展

马克思主义的历史唯物史观认为，人类社会历史的发展是有一
个客观规律过程的，任何经济和政治制度的设计、构建都必须与这
种客观规律的发展在总的方向上相一致。人类社会发展的客观性、
规律性的根本原因就在于生产力的客观性及对社会生活的制约性。
马克思主义承认社会发展的总趋势是一种必然性的展开过程，是任
何人的主观意志都不能左右的。但它不同于马克思以前的忽视人的
主体性的唯物主义。以前的唯物主义否认主体的选择性在历史中的
作用，认为人类从目前的必然王国过渡到自由和理性王国是不能由
理性来实现的，我们只能盲从历史发展规律。它也不同于只看到了
人的主体性的唯心主义。唯心主义把主体性单纯局限于精神领域。
马克思的社会历史观是唯物辩证的，它既承认社会发展的规律论，
又承认社会发展的主体论。社会发展的规律是通过一个个的主体选
择的相互制约作用而表现出来的。社会发展是有规律的，却又是人
的实践活动创造的结果。许多个具体的主体性选择意志的"合力"
就构成了社会发展规律本身。"无论历史的结局如何，人们总是通过
每一个人追求他自己的、自觉预期的目的来创造他们的这许多按不
同方向活动的愿望及其对外部世界的各种各样作用的合力，就是历
史"①。人们创造历史的活动都是有意识、有目的、有计划的，但是
人们活动所造成的结果却是不以任何个人的意志为转移的主体间的
客观效应，恩格斯用一个"平行四边行的合力"一词来概括②。而
人的有意识的活动是受着各种客观条件的限制的，其中最重要的客
观条件就是生产力的发展。

而市场经济作为一种科学的资源配置方式，能够极大地促进生
产力的发展。主要体现于：市场经济所要求的企业经营的独立性解

---

① 《马克思恩格斯全集》第1卷，人民出版社1995年版，第248页。
② 《马克思恩格斯选集》第4卷，人民出版社1995年版，第697页。

放了生产力；市场机制在组织生产力时具有较大自动性与灵活性；市场经济是技术进步、管理改善的强大动力；市场经济推动着经营管理者和劳动者素质的提高。市场经济体制作为一种解放和发展生产力的手段，是可以被任何国家、任何社会制度所使用的。社会主义制度国家当然也可以采用这一手段，目的是推动生产力的发展。正如邓小平所言"无论白猫黑猫，抓住耗子就是好猫"。社会主义市场经济体制作为一种制度安排或者一门社会科学，其本身就不是外在于主体来自于实践的认知的。它的确立本身根本离不开价值观或意识形态的考虑，那就是促进生产力的发展，为人民谋福利。

社会主义市场经济的发展，促进了社会主义生产力的发展，也引发了社会主义意识形态的变化，但无论是社会主义市场经济体制还是社会主义意识形态都统一于生产力发展的客观要求之中。现阶段，发展市场经济同实现社会主义的工业化、现代化的历史任务不可分割地联系在一起了。它也表明，社会主义市场经济是社会主义意识形态的充分体现。从而证明了市场经济与社会主义可以不可分割地有机地结合成为一体。社会主义意识形态与市场经济在社会主义本质的基础上实现了有机的统一。

2. 市场经济与社会主义意识形态统一的价值追求：效率与公平

马克思认为价值概念反应的是主客体之间的一种需要的满足和被满足的关系，同时这种需要的满足和被满足的实现又是主体间的一种交换关系。在第一层意义上，说明价值是主体人与外部事物之间的一种客观的社会性关系，这种关系发生的中介是主体的需要，判断价值最终是否形成的标志是主体的需要是否获得满足。由需要引起的价值关系是在主体的实践活动中产生的，因为社会生产力和意识观念都是主体实践活动的结果。价值概念的第二层意义的理解，就是在市场经济中主体之间的一种交换关系的实现所确认的由需要满足而带来的主体间的价值或社会价值。在这里，价值的概念表明价值的真正实现不可能在单个的主体的主观性中获得，它只能在单个的主体与社会的关系中得到实现。

在社会历史发展过程中，主体不仅创造自己的历史，而且还要对自己创造的历史进行价值的评判。价值评判既是过去时代的观念总结，又为未来的历史发展提供人文支撑。主体人的价值选择是受目的限制的，或者说目的是价值形成的主观性前提。只有目的才能促使人有可能去确立、创造满足人的需要的价值物。价值目标是对现实价值的反映，但并不是直接的反映。它是主体根据自己的需要对现实的一种扬弃，是对未来现实即所要创造的价值的超前性反映，因而它是对现实进行观念上的分析与综合产生的超现实的反映。人的历史实践活动始终都受人的理性、意志和需要等精神因素调节。因此，主体的价值追求对社会的进步有着重要的方向性作用。

社会主义意识形态包含着市场经济秩序规范动力价值、经济发展的人文动力价值和"道德资本"价值。反过来，市场经济也蕴含着社会主义意识形态价值，如效率价值取向、利益价值取向、主体性价值取向。社会主义意识形态和市场经济不仅相互蕴含着彼此的价值，而且有着共同的价值诉求，这共同的价值诉求恰恰是中国社会主义发展所追求的核心价值——效率与公平。由此构成社会主义意识形态与市场经济统一的价值基础。效率是指最有效地使用社会资源以满足人类的愿望和需要。马克思历史哲学的生产力动力论本质就包含着效率思想。马克思主义认为，社会主义实行公有制，就是为了克服和消除资本主义社会制度中阻碍生产力发展的内在矛盾，通过所有制的变革解放和发展生产力。而市场经济是一种有效率的体制，在很大程度上能够解放和发展生产力。生产力的发展是消灭剥削和两极分化、实现共同富裕的根本的条件。在当代，市场经济是促进生产力发展的最有效的经济体制形式，市场经济特有的竞争机制和合理谋利的动机使市场经济体制蕴藏着无与伦比的经济发展动力。马克思唯物史观的公平正义观认为公平不仅是一种理性原则和道义要求，更是一种现实的社会关系和社会制度。由于不同时代有不同的社会关系和社会制度，它决定了不同时代的公平正义有不同的内涵和标准。因此，公平和正义带有鲜明的时代性。我国社会主义制度的建立，实现了劳动者在生产资料占有上的平等。这是一种质的改变和巨大的社会进步。但在计划经济体制下，我国出现了严重的平均主义，人们将由社会主义制度形成的社会成员政治地位平等基础上的分配平均主义视作为社会公平正义和社会主义优越性的象征和标志，这是不符合马克思所说的实质上的公平正义的。所有的社会主义公平正义的道德价值理想最终都要通过经济的现实生活和实践来实现。自然经济和计划经济已经被历史证明不能实现中国特色的历史发展目标。市场经济为社会主义追求平等自由的社会公平正义在经济生活中奠定了相宜的实践机制。而社会主义意识形态的伟大理想其中就包含着实现社会的自由和平等。

如果说，效率是经济生产的价值目标，那么，正义或公正则是社会经济利益分配的基本价值原则，两者共同构成社会经济生产方式和经济生活制度的价值基础。如果说，只有公正没有效率的经济制度不可能真正长久地保持其公正，那么，只有效率没有公正的经济制度同样也不会真正长久地保持效率。一个好的体制所确认的基本价值目标是有效率的公正和有公正的效率。社会主义意识形态和市场经济共同追求的是有效率的公平和公平的效率，这构成二者相统一的价值基础。

3. 市场经济与社会主义意识形态统一的最终目的：人的自由
   全面发展

马克思主义认为人的发展将经历三个阶段：人对人的依赖、人对物的依赖和人的自由全面发展。而每个人的全面而自由的发展是共产主义的基本原则。人的全面自由发展表现为人在劳动、社会关系和个体素质等诸多方面自由全面发展。"全面"发展是指人的发展范围的延拓性关系，包括克服人的片面发展、畸形发展和少数甚至个别人的发展的局限性。人的片面畸形的发展，它一方面促进了人的专业能力的发展和整个社会生产力的提高，但却是以牺牲人的其他天赋能力的发展为代价的，使人成为片面化的人。一个社会只有所有的人摆脱了片面性发展的命运，才有每个个人真正全面发展的

实现。社会是不断发展的，人的发展也是没有止境的。这就决定了人的全面自由发展没有一个静止的绝对完满的状态，而是一个不断提升的过程。这个过程就是使人获得最大可能性的发展，也就是充分发展的过程。

市场经济为人的全面自由发展创造了条件。市场经济的发展对人的自由、人的理性精神、人的个性发展有着非常重要的影响。按马克思的唯物史观，人性的本质是社会性的，是"社会关系的总和"，人性总是在个体所处的社会历史条件和具体的社会生活环境中通过实践形成的。市场经济的发展确立了个人在经济生活中的主体性地位，使每个人都成为独立的自我主体。市场经济形成了人的全面关系而使人的个性不断丰富发展。在市场经济中，人们以"物"为联系的中介，使人与整个社会融为一体，个人在广阔的市场交换中去创造和利用各种社会关系，个人表现出强烈的独立意识。同时，市场调动了人的多方面需求，引导出人的多样性活动，并要求全社会的广泛参与，从而使人的关系日益趋向全面。计划经济向市场经济的转变，就是社会从"伦理取向"走上"利益取向"，从而使人的本性获得了真正的去蔽还原，即利益关系才是它们的"真在"。经济生活是人的其他一切社会生活的基础，因此，人的自由解放就是经济上的自由解放。市场经济所奉行的经济关系中的个人自由进入、自由交换、自由竞争、自负后果等原则既蕴涵了人的经济解放，也蕴涵了人的社会政治解放并可能孕育出人的思想的解放。因此，市场经济法则和秩序是引导市场行为主体理性精神形成的体制基础，市场经济的发展必定促进人的理性生成和发展。

社会主义意识形态在人的发展上对市场经济有一个超越。市场经济的主观追求是经济效率，自利是它的人性论基础，合理谋利是它的伦理本质。马克思认为市场经济就是人对物的信赖性的社会。以"人依赖物"为本质的市场经济，不可避免地具有两重性：一是人依赖对象化的人的本质力量而成为独立的主体；二是依赖外化的相对独立的人的本质力量而变成物的奴隶、金钱的附属物。这也就是市场经济对人的发展的负效应，从而抑制人的发展。而社会主义意识形态中为人民服务的核心思想，集体主义的基本原则，并以爱祖国、爱人民、爱劳动、爱科学、爱社会主义的基本要求，意味着对市场经济的校正。社会主义意识形态与市场经济的统一既能使人充分地通过物来实现自己，表现自己的主体地位，也能使人不再盲目地受物来支配，从而使物有利于人而显示其价值意义，把"社会标准"和"人的标准"有机地统一起来，使个人主体人格具有了对象发展与自身发展相统一的性质。

社会主义市场经济是实现人的人性解放，达到人的自由全面发展的社会主义意识形态的最高理想的重要契机。社会主义市场经济所固有的运行机制特点有利于人的人性解放和人的自由全面发展。就社会主义市场经济发展来说，它对人的解放和全面发展有着很大的促进作用。首先，它有利于使人摆脱"公家人"、"集体人"等"人的依赖关系"，促进人的独立性品格的生成。其次，它极大提高社会的平等和自由度。经济生活中的自由平等的关系必然逐渐养成社会和人的自由平等素质和行为方式。最后，它催生和促进人的素质的自由全面发展。社会主义市场经济体制是一种开放性体制、竞争性体制，这种体制极大地扩大了人际和国际间的交往，从而形成人的广泛社会联系和全方位的网络信息，使人的能力不断地全面化。社会主义市场经济的发展必然孕育和催生高素质的、开拓创新的意识和独立自强的全面发展的新人，使人的自由个性最终由可能性变为现实性。

第三节　我国经济发展战略与
意识形态

　　经济社会发展战略是一个国家根据本国情况所制定的长期的、全局的规划和部署。它的确立、实施及变迁在很大程度上反映了意识形态的变动趋势。

一、"中国模式"与意识形态

　　乔舒亚·库伯·雷默在《北京共识》的论文中对中国社会的发展作了客观公正而系统的论述，指出中国通过自己的努力和创新，已经探索出了一条适合本国发展的模式，即"中国模式"。"中国模式"的目标和关键是在保持经济、政治独立的同时实现经济增长，其主张的现代化路径是"摸着石头过河"，而非"休克疗法"或"大跃进"①。它是探讨中国这样一个发展中国家如何根据本国国情而有特色地进入现代化国家行列的理论抽象，是对中国共产党人领导的现代化建设的经验总结。"北京共识"也是国际社会对"华盛顿共识"进行反思的结果。"华盛顿共识"主张走私有化、自由化和透明化的经济发展道路。然而它自 20 世纪最后 20 年以来在具体实践中屡遭挫折。如"结构性调整"令拉丁美洲成为经济重灾区；"休克疗法"使俄罗斯等苏东国家受到重创；当亚洲金融危机到来时，"华盛顿共识"所提供的危机应对方案却让亚洲的经济状况雪上

---

　　① 【美】乔舒亚·库珀·雷默："北京共识"，载黄平、崔之元主编：《中国与全球化：华盛顿共识还是北京共识》，中国社科文献出版社 2005 年版，第 6 页。

加霜。所以说"华盛顿共识"并不是适用于一切国家的经济改革政策。而"北京共识"及其所代表的"中国模式"却在实践中显示出强大的生命力。

"中国模式"可以说是对中国发展战略和措施的一个国际化概括，它反映了中国走向现代化战略目标的战略安排和举措。"中国模式"的魅力不仅在于中国特色的社会主义取得巨大成功，更在于"中国模式"或者说中国发展的经验为发展中国家在现代化的进程中提供一些借鉴。现代化是人类所有社会必经的历史进程，也是人类社会追求的发展目标。我们和其他发展中国家一样，有着共同的历史遭遇，同样面临现代化的课题。我们主张每一个国家应该根据本国的国情来选择发展战略和发展道路，实现现代化。"中国模式"属于社会主义类型，中国既没有采取传统社会主义类型的苏联模式，也没有采取资本主义类型诸如欧美模式。中国的现代化道路是中国共产党人带领中国人民大胆创新，勇于实践的成果，"中国模式"是适应我国国情的发展模式。

旨在实现中国现代化的"中国模式"是社会主义意识形态在实践中的反映。社会主义意识形态强调人民性。而"中国模式"体现了提高人民生活水平的宗旨。雷默在回答"北京共识"与"华盛顿共识"的区别时，就曾指出"华盛顿共识"的目标是帮助银行家，而"北京共识"的目标是帮助普通人民。这其实就是社会主义与资本主义的本质区别。把人民群众的根本利益作为中国现代化战略与政策选择的出发点，就是"中国模式"的本质特征。人民群众是历史的创造者，尊重人民群众的伟大实践，全心全意为人民服务就是社会主义国家和政党唯一的价值追求。社会主义代替资本主义的根本目的是实现人的全面自由发展。

"中国模式"背后的意识形态，如"实事求是"、"以人为本"、"循序渐进"、"和而不同"等，也构成中国成就的软实力。中国要在自己的国土上，化解所有工业化、现代化进程所带来的各种矛盾和难题。我们所创新出来的"中国模式"，其特点是：实事求是，一

切要经过试验，不断总结、汲取自己和别人的经验教训，不断进行大胆而又慎重的制度创新；渐进的方式推进改革，逐步完善现行的体制，有步骤地实现现代化。

"中国模式"的相对成功带来的不仅是中国的崛起，而且是优秀的意识形态的凸显。"中国模式"是一种新的思维方式、新的思路，甚至可能是一种新的范式，一种现有的西方理论和话语还无法解释清楚的新模式。在经济全球化背景下，中国能保持自己的发展模式实属不易。因为经济全球化不仅带来西方先进的文化和技术，而且经济的全球化对我国国民的价值观和传统道德产生强烈的冲击。价值观反映的是外部世界同人的主体需求的关系，这种关系具体体现了外界物对主体人的需要与否的关系。它作为一种社会意识，取决于社会的现实存在，其合理性也只能以它所赖以产生的社会存在说明。经济的全球化带来经济的发展和繁荣，使得人的价值观发生了深刻的变革，后物质主义的价值观得以传播。同时经济全球化对传统文化美德的破坏，对民族精神的冲击，其负面的影响是极大的。而中国之所以能够在这种压力与挑战下保持自己的发展特色，其根本原因在于我们在坚持社会主义核心价值观基础之上做到一切工作要坚持"求真务实"的意识形态。"求真"，就是要探寻和获得真实情况，真正认识和把握客观事物运动的内在规律，侧重于认识世界，体现科学品格。"务实"，就是要坚持一切从客观实际出发，认认真真地干工作，追求实实在在的成效，侧重于改造世界，体现实践品格。求真是务实的前提和基础，务实是求真的结果和归宿，二者相辅相成，互相促进，辩证统一。中国执政的思想意识的基本精髓就是求真务实，在党的思想路线中，各种提法如"一切从实际出发"、"理论联系实际"、"在实践中检验和发展真理"等都体现了党的思想路线的求真务实本质特征。

"中国模式"最终目的是使中国走向现代化强国，使人民生活富裕。建国后，我国也实施了一些具体的发展战略以期达到此目标。这些发展战略也随着实践的变化有一个变迁的过程，这一过程正反映了"求真务实"、"与时俱进"的思想。

二、意识形态影响下的经济发展战略的变迁

从最终的目标角度来讲，我国的经济社会发展战略就是实现"四个现代化"的发展战略。为了实现这一目标，我国又制定了一些具体的执行战略，如工业化发展战略、可持续发展战略、科教兴国战略、区域发展战略等。建国以来，无论是总目标的发展战略还是各具体发展战略，大多都伴随着中国的实践及我国意识形态的变化经历了一个演变的过程。

1."现代化"发展总战略的变迁

新中国成立以后，我国从实际出发，制定和选择的切实可行的经济发展战略，也经历了一个曲折的发展过程。从整体来讲，新中国实现现代化的经济发展战略的演变是以十一届三中全会为界而划分为两个大的阶段。

第一，十一届三中全会前中国经济发展战略的演变

在这一时期，由于对什么是社会主义及如何建设社会主义认识不明确，我国对社会主义的建设是在摸索中前进的。在制定发展战略上，我国也表现出探索的痕迹并且在实践中出现了曲折变动。十一届三中全会以前，具有战略意义的经济社会发展规划有如下演变：1953 年到 1957 年的工业化发展战略；1958 年到 1960 年的以"超英赶美"为目标的经济发展战略；1961 年到 1978 年的以实现工业、农业、国防和科学技术现代化为目标的经济发展战略。

1953 年党中央正式提出要在 10 年到 15 年或者更多一些时间内，基本上完成国家的工业化和对农业、手工业、资本主义工商业的社会主义改造。我国开始了以重工业为主的工业化建设。这一发展战略为我国工业化的建设奠定了初步基础。这有利于我国开展和实施下一步既积极又稳妥的国民经济发展计划。但由于 1957 年下半年开始，党内"左"倾冒进思想的出现，以基本建成一个完整的工业体系发展战略计划很快被抛弃了。1958 年到 1960 年我国出于急于求成

的追求高速度的战略思想，采取了冒进的"超英赶美"为目标的经济社会发展战略。这虽然鼓舞了中国广大劳动群众进行社会主义建设的热情和积极性，但由于这一战略思想严重违背了客观经济规律，对生产建设速度的要求大大超过了国力和客观的可能，使中国经济遭到了很大的破坏。我国于1964年的全国人大三届一次会议上，进一步提出了20世纪末实现四个现代化的目标。但由于我国党的"左"倾思想和当时提出的以"阶段斗争"为纲的基本路线，使我国的现代化建设事业几乎中断。

第二，十一届三中全会后，我国经济发展战略的演变

中共十一届三中全会的召开，恢复了党的实事求是的思想路线。以邓小平为核心的党中央在考虑我国现代化建设问题时，吸取历史的教训，强调首先要认清中国的国情，一切从中国的实际出发。

我国这一时期的经济社会发展战略主要经历了如下演变过程：党的十二大提出的到20世纪末翻两番实现小康社会的经济发展战略；党的十三大提出的我国经济建设分"三步走"的战略部署，到下世纪中叶我们建成中等发达水平的社会主义国家；党的十五大提出的到21世纪前50年的新的分"三步走"基本实现现代化的战略目标。

我国经济发展战略在十一届三中全会前后经历的二个发展阶段，第一个阶段由于对社会主义的认识比较局限，以赶超为发展目标，其特点是优先发展重工业，片面追求高速度高指标，重积累轻消费。第二个阶段由于经验的积累及教训的总结，对社会主义的认识更加全面，以脱贫为发展目标，其特点是以提高人民生活水平为目的，强调经济社会全面发展和区域非均衡发展。

2. 工业化发展战略和区域发展战略的变迁

第一，工业化发展战略的变迁

我国工业化发展战略经历了三个变革阶段：

第一阶段，重工业优先发展的工业化发展战略（建国初期到十一届三中全会召开前）。由于冷战时期备战的需要，为了保障国家政

治独立和国防安全，为了尽快改变我国工业十分落后的面貌，再加上苏联工业化道路成功的示范效应，我国在制定"一五"计划时，明确提出"重工业是我国建设的重点"，认为我国进行工业化建设，必须优先发展原材料、能源、机械制造等重工业。这一时期我国对工业化的认识是比较片面的。

第二阶段，以科技为带动的农业、工业、能源、交通运输业等各产业协调发展战略（十一届三中全会到十六大召开前）。根据和平与发展的时代要求及国际经济发展的新变化，我国指出工作的重心是经济建设，提高人民生活水平是重中之重，这要求各行业都要协调发展。此时期的科教兴国战略和可持续发展战略的实施在极大程度上促进了工业经济的发展。但由于我国思想认识上的不成熟、不完善及急于求富的心理，致使我国在发展工业时走了数量型发展道路，以资源的高投入带来了高产出。这种粗放型的增长模式，浪费了大量的人力、物力与财力，难以维持我国 13 亿人口的可持续发展。

第三阶段，以信息化带动工业化、以工业化促进信息化的新型工业化战略（十六大至今）。新型工业化战略是一条经济发展既有较快速度又有较高质量的道路；是一条把信息化和工业化结合起来，以信息化带动工业化，以工业化促进信息化的道路；是一条坚持人与自然和谐统一的可持续发展之路。这一战略既是对历史经验的继承和发展，也是中国共产党人审视中国工业化现实与世界工业化发展趋势的理论成果。

第二，区域发展战略的变迁

建国以来，我国区域经济发展战略经历了从均衡发展战略到非均衡发展战略，再到非均衡协调发展战略的历史演变。

第一阶段，区域经济均衡发展战略（20 世纪 50 年代到 70 年代中期）。这一时期，在我国平均主义思想认识的影响下，我国提出的区域发展战略，侧重所有产业部门同时发展，齐头并进，要保持各个区域之间发展的平衡。这初步改变了建国之初历史上形成的工业

过于集中在东部沿海地区的不合理状况，对改变内地的经济落后状况起到了一定作用，沿海与内地之间的差距明显减小。但这种空间均衡布局战略，并没有把区域经济的平衡发展建立在生产力发展的客观规律上，而带有极强的主观性和片面性，是通过抑制东部区域、沿海区域的发展来强化内地区域的发展，所追求的实际上是一种低水平的平衡。

第二阶段，区域经济非均衡发展战略（十一届三中全会以后到20世纪90年代初期）。通过对建国以来区域经济均衡发展战略的反思，我国更加理性地认识到，东部沿海与中西部地区经济发展是矛盾统一的。为此，国家对资源配置和区域经济发展战略进行了重大调整：强调充分发挥和利用各区域优势，尤其是东部沿海区域的区位优势和经济技术优势。区域经济非均衡发展战略，把经济效率放在区域发展和生产力布局的首位，对传统的片面追求"公平"为目的的均衡战略提出了挑战，这是区域经济理论上的一个重大突破。但这种战略由于单纯注重"效率"，使地区差距特别是东西部差距不断拉大，使地区之间的矛盾和贸易摩擦不断加剧。结果使区域经济发展陷入严重失衡状态，给国民经济带来一系列矛盾和问题。

第三阶段，区域经济非均衡协调发展战略（20世纪90年代至今）。它是一种以非均衡推进与协调发展相结合来实现地区共同富裕的区域经济发展战略。它不仅要求区域经济的非均衡发展，而且要求区域经济的协调发展。非均衡协调发展战略是一种动态的、开放的战略，即既要有重点地推进生产力空间布局，以追求投资的高回报率和区域经济的高速增长，又要按照社会主义市场经济的要求，在效率优先、兼顾公平的原则下，加快中西部地区经济发展。在新世纪，我国区域非均衡协调发展战略又有了新布局，如"振兴东北"战略、长三角冲刺世界第6大都市圈、CEPA联横港澳粤、京津冀环渤海经济圈"老字号"联手发展、三峡开发战略。这些新布局是在把握规律、统揽全局的重大决策下做出的，是对非均衡协调发展战略的进一步发展。

可见，受我国社会主义意识形态开放性、人民性、发展性的影响，我国对区域发展战略的认识也越来越科学、合理、可行。

三、中国经济发展战略的意识形态变化趋势

我国的经济社会发展战略越来越符合科学发展观的要求和原则。发展是科学发展观的第一要义，"以人为本"是科学发展观的核心，"全面、协调，可持续发展"是科学发展观的基本内涵，"统筹兼顾"是科学发展观的根本要求。无论是总的现代化发展战略，还是具体如工业化发展战略、区域协调发展战略都沿着科学发展观的指导方向转变。

第一，我国发展战略的制定逐渐摆脱了主要从政治和意识形态的角度为出发点，更加注重实事求是地发展我国经济、政治、社会、文化。我国最初的"赶超战略"和"四个现代化"战略的主要出发点是欲显现社会主义的优越性，意图在极短的时间里完成西方资本主义国家历经几十年甚至几百年完成的任务。认为人的精神作为社会主义意识形态的一个内容有着强大的推进社会进步的功能，因而特别强调意识形态的作用而忽视生产力的基础作用。早期的工业化发展战略和区域均衡发展战略更典型体现了政治和意识形态因素在其中的影响。而从各产业综合协调工业发展战略到新型工业化发展战略的转变，从区域非均衡发展战略到非均衡协调发展战略的转变，都摆脱了单纯的政治和意识形态的因素影响，越发体现实事求是地根据国情和世界形势来确定发展战略。现阶段，我国的新型工业化发展战略正是适应世界发展潮流而做出的正确抉择。在较长期的相对和平环境中，在大国经济引导下，人类社会正步入知识经济时代。信息技术的发展使人类能够将潜藏在物质运动中的巨大信息资源挖掘出来并加以利用。信息资源已经成为与物质资源同等重要的资源，其重要作用且在与日俱增。信息化作为工业化的必然趋势，是世界大国竞相追逐的焦点，对于旨在实现开放发展、建设小康社会、提高人民生活水平、实现中华民族伟大复兴的中国共产党人而言，制

定新工业化战略时是不能忽视的。而对于区域发展战略而言，以前过分强调区域平衡发展、体现社会主义意识形态中的公平原则，以牺牲投资效益为代价来推动区域间的生产力布局调整。这忽视了经济发展的效率原则，使沿海地区既有工业基础的经济效益不能充分发挥。而后我们实施的非均衡发展战略，更加注重效率原则，注重经济社会的整体发展。这也体现了社会主义意识形态的开放性特征，就是社会主义意识形态向现实生活敞开，不断关注、吸纳和提升现实生活中出现的重大问题、新鲜经验，以之作为自己思考的对象，也作为推动自己发展的动力。孤立、静止、片面的意识形态必定脱离生活，并在内容上渐渐僵化，从而失去对现实生活的发言权和真正意义上的引导作用。因此，意识形态只有不断与时俱进，才能永葆"意识形态"之活力，使意识形态正确地指导实践，推动现代化各项建设事业的全面发展与进步。在此指导之下，我国的经济社会发展战略越发符合国内国际实践，起到了真正的战略指导作用。

第二，我国的经济社会发展战略从注重制度、经济总量到坚持以人为本，逐步凸现社会主义意识形态的人文关怀的新理念。"以人为本"的宗旨体现了人的全面发展的社会主义价值理念。从一般意义上说，所谓以人为本就是把人作为价值的核心和社会的本位，把满足人的生存和发展作为最大的价值追求。在这个意义上讲，人文关怀是社会主义意识形态固有的价值取向，这是社会主义的根本性质决定的。马克思主义经典作家虽然没有直接规定社会主义的性质，但是从对资本主义的批判和对人类社会理想特征的描述中间接地规定了社会主义的人文特点。应当说，与资本主义相比，社会主义不仅更有利于发展生产力，而且更有利于人的全面发展，更体现出人文关怀。但是，由于种种原因，我国的早期的经济社会发展战略的普遍的特征都是侧重于对制度的关注而忽视对人的关怀。我国现代化发展战略、工业化发展战略、区域协调发展战略在最初都着重强调社会主义的制度层面，强调备战的需要，强调总量的增长。改革开放以来，特别是面对当今世界发展多元化趋势日益明显的情况，我国的发展战略在人文关怀方面有了很大的进步。邓小平明确提出："社会主义的目的就是要全国人民共同富裕，不是两极分化。"① 他提出的衡量社会主义改革开放和现代化建设得失的"三个有利于"标准，归根到底就是"人民利益标准"。江泽民则从社会主义事业兴旺发达和民族振兴的高度，指出我们党代表中国最广大人民群众的根本利益。在党的十六届四中全会上，以胡锦涛为总书记的中央领导集体，更是坚持以科学发展观为指导，把"构建和谐社会"作为加强党的执政能力建设的重要方面。可以说，几代领导人的执政思想都包含了极强的人文关怀。

第三，我国经济社会发展战略更加注重"和而不同"、"求同存异"，同时坚定社会主义意识形态的主导地位。全球化对国际体系带来的变革不仅体现在物质层次上，更重要的是它在互动过程中从政治、经济、文化、安全等多个层次对世界各国之间的观念、思想和意识进行重塑和构建。随着全球经济进程的加快和经济联系的密切，世界上各国、各大政治集团，加强了政治交流，形成了一种为了经济利益而加强政治交流的趋势。人们已经认识到，不同社会制度之间，只能在共处中竞争，由竞争来决定自身的命运，那些与不同政治制度相适应的意识形态，也必须在互相比较、互相竞争中存在和发展。因此，邓小平就提出"考虑国与国之间的关系主要应该从国家自身的战略利益出发"、"而不去计较社会制度和意识形态的差别"② 的新思路。中共十六大报告第一次将"社会更加和谐"作为重要目标提出。社会主义和谐社会是人类孜孜以求的一种美好社会。"和谐社会"就是说社会系统中的各个部分、各种要素处于一种相互协调的状态；就是全体人民各尽其能、各得其所而又和谐相处的社会；就是良性运行和社会的政治、经济和文化协调发展的社会。我国的新型工业化战略的提出体现了我国已摆脱单纯追求物质财富的

---

① 《邓小平文选》第3卷，人民出版社1993年版，第111页。
② 《邓小平文选》第3卷，人民出版社2006年版，第330页。

快速增加，现在开始注重协调好经济、社会、环境、资源的协调发展，注重处理整体利益与个人利益的关系。这反映了工业化发展过程中的人与人、人与社会、人与自然、人与环境的和谐发展。我国的区域非均衡协调发展战略的提出，体现了我国在区域发展方面注重调动一切积极因素，增强全社会的创造活力；注重协调各方面的利益关系，维护和实现社会公平；注重营造良好的社会氛围，形成和谐相处的人际环境；注重建立社会公平和正义基础上的社会。江泽民曾指出："国家之间、民族之间、地区之间，存在这样那样的不同和差别是正常的，也可以说是必然的。我们主张，世界各种文明、社会制度和发展模式应相互交流和相互借鉴，在和平竞争中取长补短，在求同存异中共同发展。"[1] 当然，在国家关系问题上提出"和而不同"并不等于说意识形态利益不重要了，相反，涉及国家根本利益包括国家价值利益的意识形态问题，例如民主和人权，仍然是影响国家关系的一个重要因素。但对作为人类文明发展的不同历史产物，无论是资本主义意识形态还是社会主义意识形态，都凝结着人类文明发展中某些有价值的历史成果。对于其中优秀的东西，我们要有一定的借鉴。社会主义意识形态必须认可日常观念、社会生活方式和价值理想上存在的多样性，同时不断发挥社会主义意识形态的主导功能，将越来越多的群体凝聚在自己周围。我国经济社会发展战略在这种"包容性"的意识形态指导下，能吸收借鉴先进的好的思想、方法和途径，有利于更好、更快地实现我们的战略目标。

---

① 《江泽民文选》第 3 卷，人民出版社 1993 年版，第 523 页。

第三章
当代中国地方、企业、个体经济意识形态化的发展趋势

新中国成立后，我国的地方政府、企业和个人都出现了意识形态经济化的明显特点，各自的经济角色有时甚至出现了意识形态泛化现象。改革开放以来，中国的地方政府、企业和个体经济的发展出现了意识形态经济化的特征与趋势，当代中国主流意识形态的变迁成为影响地方、企业和个体经济演变轨迹的重要力量，是促进三者经济角色不断适应社会发展而转变的重要推动力量，三者作为社会实践主体的意识形态的变化导致了其经济行为函数的变化，从而促进我国经济的全面发展进步：比如地方政府服务意识、人本意识的觉醒导致了政府职能由统治管制型政府向治理型、公共服务型的转变；由"政治挂帅"向"经济挂帅"转变；由知识无用论转向注重知识和技术，竞争意识觉醒等方面的变化。而这些变化影响了地方、企业和个体经济的发展变化轨迹。而这三者经济角色的变化进一步更新和充实了我国主流意识形态的内涵与意义。

第一节　地方经济发展中的
意识形态化趋势

一、地方经济发展中的意识形态经济化的价值

意识形态经济化的过程，是伴随中国制度变迁的过程发生的。在这个过程中，有人认为地方政府实际上扮演了经济主体的角色，甚至是"地方政府公司主义"主体。周业安在哈耶克的社会秩序二元观的基础上，提出一个分析中国制度变迁的初步的演进论框架，证明了中国的改革过程交织着地方政府选择外部规则和社会成员选择内部规则的双重秩序演化路径，前者是表面上的主线，实际的主线则是后者；两种规则之间的冲突与协调贯穿整个制度变迁过程，在这个过程中，地方政府更多地从事制度企业家活动。改革经历了地方政府逐步退出直接的制度创新领域以及外部规则逐步缩减作用范围、内部规则逐步发育和强大的过程，这是中国市场化的本质。①在这个过程中，意识形态起到了非常关键的作用，邓宏图认为地方政府意识形态偏好是导致不同地区经济演进分岔的关键变量。②

改革开放以来，地方政府在中国经济发展格局中的地位与作用日益突出，地方政府是中央政府的宏观调节的具体操作者，地方政府是地方经济发展的函数。地方政府功能的转变受到社会主义主流意识形态的推动，地方政府在促进经济发展方面与社会主义意识形

---

① 周业安：《中国制度变迁的演进论解释》，《经济研究》，2000 年第 5 期，第 3—11 页。

② 邓宏图：《转轨期中国制度变迁的演进论解释》，《中国社会科学》，2004 年第 5 期，第 130—140 页。

态之间存在互动关系。意识形态经济化的趋势和过程，是伴随着思想解放的过程和与时俱进的过程而发生的。意识形态经济化的表现和价值是把双刃剑，当意识形态与经济发展的客观要求相适应时，对中国经济的变迁起到了一定的推动作用；反之则干扰市场经济的正常演进，比如在转轨期间，有的地方政府意识形态偏好主要体现在"GDP崇拜"上，这在一定程度上阻碍了地方经济的正常演进。

地方政府意识形态偏好对地方市场经济演化的作用是双重的，当它与地方经济发展的客观要求相适应时，可以降低市场经济主体的交易成本，强化激励约束机制，提高资源的配置效率；当它与地方经济发展客观要求不相符时，则会扭曲市场竞争机制的资源配置功能，造成超经济强制后果，不利于市场经济机制的生成和演进。

因此在市场经济发展的实践中，要正确界定地方政府的作用边界。企业演进离不开地方政府推动，而企业的演进是一种自组织现象，它需要摆脱来自外部环境的不正当的干预。如何恰当地界定地方政府的作用边界对促进企业演进是至关重要的。与此相关的是，政治社会改革要配套，甚至要先行一步。邓宏图的研究表明了地方政府意识形态偏好和各地区的"制度互补性"对民营企业演进的深刻影响。因此，地方政府能在多大程度消减自己的"经济人"行为，实践科学发展观，以构建和谐社会为执政目标，成为当前影响各地企业命运和演化路径的关键变量。

当前企业资本形成信息障碍的深层原因在于地方政府竞争。很显然，企业资本形成问题的产生与地方政府竞争的目标函数和行为直接相关。为解决这一问题，地方政府必须从对当地企业的资本形成的影响中逐步淡出，推进企业资本形成的市场化进程。这就要改变地方政府竞争目标函数，加强对地区竞争的协调；加快金融体制改革步伐，推动体制外金融发展；进一步推动地方政府职能转变，强化地方政府的服务意识；构建促进企业资本市场化形成的支持体系。而这些职能的实现，必须逐步消除在地方服务型政府建设中所遇到的意识形态阻力。

用正确的理念指导实践，往往会对实践产生积极的推动作用。用不正确的理念指导实践，往往会对实践产生消极的影响。改革开放以来，随着市场经济的深入发展，尤其是加入 WTO 以后，在"三个代表"、全面建设小康社会和"以人为本"等中国特色社会主义主流意识形态的指引下，各地政府执政理念、行政思想发生了很大变化，并对地方经济发展起到一定影响。这种影响主要有两方面，一种是地方政府服务意识等新意识形态的觉醒，促进了地方经济的发展；另一种是地方管制意识等陈旧意识形态得到强化，一定程度上阻碍了地方市场经济正常演进。当然，正面的作用和影响占据主导，是我国经济得以高速发展的重要推动因素。

二、地方经济发展与意识形态的互相促进

地方服务意识等新意识形态觉醒促进了地方经济发展，地方经济发展反过来进一步促进了意识形态的进步。改革开放以来，我国地方政府不断加强自身思想观念更新改造，为地方经济发展积极创造中观和微观的政治与社会条件，而同时我国经济的发展变迁又不断推动了地方政府性质与理念的进一步演变，形成了良性互动。主要表现在：

第一，地方政府通过教育和培训，树立、形成服务性政府理念。随着市场经济的发展、改革的深化和对外开放的升级，某些封建社会的统治思想意识对中国特色的社会主义市场经济的阻碍越来越大，地方政府意识到必须建设服务型政府才能促进市场经济的发展。在"权为民所用、情为民所系、利为民所谋"的民本思想指引下，各地政府采取切实措施更新服务意识和行政理念，以强化服务意识提高服务水平为宗旨，通过开展学习教育活动，对政府系统人员和公务员队伍进行行政素养培训，消除管制行政、封闭行政、人治行政的观念，树立民主行政、开放式行政、法治行政的理念，从而形成现代公共管理的行政理念和服务型政府理念，加快行政行为从管制型向服务型、管理方式从直接管理向间接管理转变、服务范围从微观

向宏观转变，强化执政为民、依法执政的指导思想和以人为本、以客为尊的服务理念，注重对公共制度和市场制度的科学设计，为逐步形成服务型政府而努力。

第二，落实服务型政府理念，转变政府经济管理职能，为地方市场经济发展创造良好的外部环境，促进了地方经济发展。（1）随着市场经济体制的建立与完善，将服务融入管理中，为市场、社会和公民提供管理服务和维护性公共服务应成为地方政府职能的基石。维护性公共服务包括维护市场经济秩序、保护财产权利和公民权利、维护社会安全。随着中国市场经济进程爆发越来越多的问题，地方政府意识到提供维护性公共服务是保障市场经济正常运行的基本条件。重庆、上海、大连、苏州等各地政府从本地情况出发，出台一些地方法规，进行政府管理服务创新，收到一定成效。（2）社会型公共服务供给逐渐成为地方政府职能的主体部分。中国自转型以来，伴随着对外开放和全球化进程，各种思想文化和意识形态相互交织激荡，在金钱拜物教等一些非主流意识形态的影响下，中国市场经济的发展过程中经常出现一些范围较广、数量较多、程度较重的市场失灵现象，像"三聚氰胺毒奶粉"这样的事件对地方政府的经济发展造成的不良影响是深重的。在这样情境下，地方政府逐渐意识到为了消减不断增加的市场失灵的后果，必须逐步加大社会型公共服务在地方政府职能中的比重。地方政府职能触角深入到公共产品的生产之中，强化了对国民收入再分配领域的控制。（3）转变公共服务供给方式，鼓励市场、政府和公民参与公共服务的生产和供给。在这些新理念影响下，结合地区实际，中国地方政府已经开始加快服务型政府的建设。各地政府首先加快政府经济管理职能转变，这是建设服务型政府的首要任务。伴随着中国市场经济发展出现的一些问题，地方政府逐渐强化对地方经济的中观调控，改变管理方式，由行政性直接管理转变为以市场手段、经济手段和法律手段为主实施引导和调控；加强协调经济、资源与社会的可持续发展，搞好总体规划，尽力进行制度的科学设计，引导扶持各行业的协调发展，增强地方整体的综合竞争力。像上海、大连、苏州这些经济较发达、综合竞争力较强的地区，都是率先改变传统的行政理念，实行为市场经济服务的新型政府建设。可见，意识形态具有巨大的经济化力量。

第三，各地政府加快政企分开改革的步伐，同时疏导政资分开、政事分开、政府与中介组织分开的渠道，把不该由政府管理的事情交给市场、企业、社会组织和中介机构，鼓励市场、组织和公民个人参与公共服务的供给，更大程度发挥市场机制在资源配置中的基础性作用。具体来说，地方政府各部门的职能逐渐转到面向社会和各行业的服务上，事业单位推行改革，把原来具有行政行为的事业单位改变为具体行政事务的执行机构，侧重执法落实和监督管理到位职能。地方政府不再新办企业，与原来所属的企业、中介组织、培训机构、酒店宾馆等彻底脱离责权利关系。大力培育和发展各种中介组织，制定行业协会管理规范，逐步建立各类行业协会、各类市场中介和企业孵化器等服务体系，通过授权、委托、转移等方式发挥中介服务组织的桥梁纽带作用和信息传递、咨询、产学研结合服务功能。显然，这在一定程度上促进了地方经济的发展。如上海市进行行业协会的整合和组建，2003 年基本完成了对原有 137 家行业协会的改革调整，在现代金融业、现代服务业、现代农业等重要行业和领域新建了珠宝玉石加工、专利代理、种子等 20 家行业协会；各类市场中介机构在规范中发展，全市经济签证类中介机构达950 多家，从业人员 25000 人。①

第四，地方政府为经济发展努力创造良好的市场软环境。文化、道德和诚信等软环境对市场经济的发展起到至关重要的作用。当前不少假冒伪劣商品盛行、毒大米毒油毒奶粉事件时有发生、贪污腐败愈演愈烈昭示了当前的诚信危机状态对经济发展的负面影响，各

---

① 李军鹏：《公共服务型政府建设指南》，中共党史出版社 2006 年 1 月第1 版，第 104 页。

地政府意识到必须创造良好的市场软环境，开始大力整顿和规范市场经济秩序。加大对制假贩假、走私、扰乱市场秩序、经济诈骗等经济犯罪的打击力度。建立产品质量监督体系和法规建设，开展专项整治。

第五，进行道德诚信教育，建立健全社会信用体系。地方政府投入一定的财政支出，对公务员和政府系统进行职业道德和职业素养培训，与科研院所合作，定期举办公民素质和诚信教育。采取多种方法，建立个人诚信档案，对失信行为进行惩罚，形成一处失信，处处受制约的诚信机制。建立适合地方情况的符合国际惯例的社会诚信体系，像重庆市 2003 年出台了《重庆市社会信用体系建设方案》，对政府、企业、个人诚信体系建设进行部署。市级各部门、各区市县、乡镇也都制定诚信规划，采取行动落实。

第六，建立为地方经济服务的信用信息系统。利用从银行、税务、公安部门、工商等部门归结的个体信息，建立个人诚信信息网络。各地政府利用各种事业网络和电子政务网络，将分散的相关企业和中介组织的信息进行归纳和整合，建立企业信用信息系统。建立以信用评估、担保为主要内容的社会信用服务系统，开展社会信用等级评估、信用报告服务。

以重庆市为例来看我国地方政府意识形态经济化的表现。重庆市政府在社会主义主流意识形态和建设公共服务型政府理念的指引下，在建立具有重庆特色和优势的行政体制和运行机制方面进行大量创新，从而在一定程度上促进了重庆地方经济的发展。① 首先，重庆市政府强化政府社会管理与公共服务职能。调整优化财政支出结构，加大对社会事业与公共服务的投入；强化公共服务职能，加快公共教育、公共医疗事业发展。加快建设长江上游教育中心和西部教育高地、人才集聚高地；加大反贫困政策的力度，切实解决困难

---

① 李军鹏：《公共服务型政府建设指南》，中共党史出版社 2006 年 1 月第 1 版，第 153—157 页。

群众的生活问题。其次，积极推进服务型政府建设。从 2003 年开始，重庆市政府出台了很多法规和条例，并落到实处。理顺政府与社会的关系，全面开展行政审批项目的重新申报、审核和处理工作，加快推进电子政务建设。在推进行政法治化建设上，强化政府法律责任机制，搞好政府规章立、改、废工作，强化行政监察。再次，创新行政管理体制与运行机制。调整行政区划，减少行政层级。改革党政机构，理顺内外关系。推行政务公开，规范政务管理，改善投资环境。重庆通过转变政府职能，促进了地方经济的发展。地方经济发展为地方意识形态的进步提供了经济基础，呈现了意识形态和经济发展相互促进的良好趋势。

三、地方经济发展与意识形态的消极互动

有个别地方政府管制意识强化，加强对地方经济演化的影响，集中体现在地方政府竞争对企业经济的演变上。这虽然能够促进地方经济发展，但是也造成不少新的问题。

改革后在行政性分权和经济性分权的基础上，中国地方政府职能有所变化，但相对于完全市场经济下政府作为明确的公共物品（或地方政府供给品）供给者的理想假设来说，中国地方政府的职能显然远非如此单一。尤其是转型期，地方政府职能正处于艰难的转变过程中，地方政府的公共职能与自利意识同时增强，地方政府行为的多目标特征更为明显。地方政府不仅是公共物品的供给者，还在相当程度上仍然扮演着社会事务的具体执行者和经济利益的角逐者角色，从而仍然保有在制定规则的同时也自蹈于规则之内，与企业、居民进行直接博弈的参与者身份。为了地方 GDP，与其他地方政府展开竞争。其在进行地区间竞争时的行为空间要远大于作为单纯公共品供给者的地方政府行为，而且更倾向于短期行为与"地方保护主义"式的敌意竞争方式。在竞争手段上，具有借助行政手段的行政回归冲动。在产品市场上相互割裂，形成所谓的"有多少个地区就有多少个市场"的"诸侯经济"局面；在要素市场上限制劳

动力和资本的跨区流动，形成区域要素壁垒；在政治市场上以计划形成的地区发展不平衡和不公平为背景，进行自利色彩极浓的制度竞争，从而形成一方面因强化旧有制度中的有利因素而产生制度刚性，另一方面为获得先发优势而积极进行制度创新的双轨做法与趋势。地方政府这种做法，在一定时期一定程度上促进了地方经济的增长，提高了 GDP 竞赛名次。但如果从科学发展观的角度看，地方政府的这种做法也造成了很多的消极影响。其中突出地表现在地方企业经济资本的形成上。

首先表现在压制了地方企业经济资本形成的总量和速度。资本形成在很大程度上关系到企业能否持续演进。改革开放以来，地方政府竞争通过影响企业的资本形成，进而影响企业的演进。地方政府竞争对企业资本形成的影响首先表现在地方政府与企业分利，冲减了企业的资本形成总量。"中国私营企业研究"课题组 2004 年对全国的私营企业进行了第六次抽样调查表明，企业的各种交费、企业应付来自地方政府部门的各种摊派，以及为了搞好与地方政府部门官员的关系而不得不付出的各种并非合理合法的公关、招待费用等方面费用惊人。根据 1382 位业主提供的信息，2003 年他们总计纳税 112808.4 万元，交费 55044.5 万元，后者相当于前者的 48.8%；据 819 位被访业主的信息，2003 年他们总计纳税 78301.6 万元，应付摊派支出 7207.4 万元，后者相当于前者的 9.2%；据 1554 位被访业主的信息，2003 年他们总计纳税 145064.5 万元，用于公关、招待的支出 26465.9 万元，后者相当于前者的 18.2%。[①] 这表明，企业与地方政府部门之间的利益关系中，存在着较为严重的问题，地方政府过多地抽取了地方资本的积累，冲减了资本形成的总量，影响了资本形成的速度。

其次，地方政府竞争造成企业资本形成在地区间的信息衰减。

---

① "中国私营企业研究"课题组：《2005 年中国私营企业调查报告》，《中华工商时报》，2005 年 2 月 3 日。

当前，我国企业资本形成存在的深层次问题突出表现在地方政府竞争造成企业资本形成在地区间的信息衰减。现阶段大多数企业内部信息对国有银行不透明，多数企业靠社会关系网络和非国有金融及民间借贷进行融资，无法对国有银行形成有效的信用预期和规范的借贷关系，由此导致企业的高融资成本。这既是影响金融资源进行市场化配置的关键因素，更是企业进一步发展的限制因素。在解决这一问题时，地方政府应起到积极的信息传递和市场替代作用。但是，当前地区间的地方政府竞争行为却在相当程度上改变了这一信息替代的积极性质和正面效应，造成企业资本形成在地区间的信息衰减。研究表明，从信息源中传递的信息接受率（真实率）与空间和地区间地方政府竞争程序成反比。不同地区的利益主体之间对对方的特征与行动的知识与对方对自身的了解显然是有差异的，距离越远，对信息传递的抑制作用就越明显。因此，就跨地区投、融资的企业而言，其所受的信息不对称约束更为明显。希望借助于地方政府降低与当地国有银行间信息不对称程度的愿望更加迫切。而地方政府为推动当地经济发展，吸引民间投资，扩大资本形成，也乐于承担这方面的功能。地方政府竞争的程度越激烈，地方政府的信息中介功能就越明显。相应地，其干扰当地资本形成有关信息、扩大本地资本形成的动机就越强烈。主要可以形成两方面的干扰：一是对银行方面。地方政府为吸引和鼓励非国有企业投资，具有与企业合谋对银行博弈的激励。银行可能在不掌握企业信用状况和内部信息的情况下放出贷款，由此形成的投资，其市场导向和效率改进的意义都将有所降低。二是对企业方面。地方政府为吸引投资而采取的提供担保、优惠贷款、减免税收、配套投入等措施，以及在土地使用、社会保障、劳动培训、知识产权、技术改造等方面给予的种种优惠在柜当程度上是以行政让利的手段扭曲了企业面临的成本—收益曲线，构筑了虚拟的产业利润空间，并不能显示真实的市场信息，对非国有企业的投资导向形成了一定程度的行政性牵引或偏离。地方政府竞争的程度越高，对地方经济信息的干扰与虚拟程

度就越强，主体接受的信息真实率就越低。对企业的资本形成来说，其最终的市场导向性被削弱的程度也就越高。所以，关键是行政介入的市场干扰程度。而事实上，各地方政府争先恐后地吸引投资，创造环境，提供优惠，创建各种形式的开发区和工业园区等，有的已经对各地的市场和产业效益空间产生了一定的破坏，加重了信息传递的虚拟程度和企业资本形成的未来风险承担程度。而且，这一干扰不仅对跨区投资的企业产生干扰，对各地区当地的企业资本形成结构与质量也构成了重要的影响。

再次，地方政府不正当竞争加剧了企业资本形成的信息不对称。从某种意义上讲，地方政府竞争对经济信息的虚拟所造成的信息衰减直接加剧了信息的不对称。一般而言，由信息不对称引起的问题可以大体概括为两类，即道德风险与逆向选择。迈尔森（Myerson）指出，所有由参与方选择错误行动引起的问题称为道德风险（moral hazard）；所有由参与方错误报告信息引起的问题称为逆向选择（adverse selection）。① 我国企业在成长初期，并没有一个非排他性的社会网络支持融资，在企业发展阶段又缺乏风险资本的支持和一个非公开的资本市场。同时，地方政府的融资支持由于成本的关系，主要向民营大企业倾斜。国有银行对民营企业的预算约束是硬化的。非国有金融机构虽然在成立初期将业务定位于民营企业，但发展壮大后出现了向民营大企业倾斜的现象，甚至为了降低风险而将大量资金用于银行间拆借以获得拆借收入，造成民营企业的外源融资约束。因此，民营企业的资本形成主要是按照市场规律进行自我积累和内源融资的结果，对市场信息更为敏感。在地方政府竞争的条件下，地方政府对民营企业的重视程度经历了一个从低到高的过程，为扶持民营企业发展而实施的行政努力也越来越强，从而对民营企业的市场环境和信息空间构成了直接的影响。因为地方政府竞争对

---

① R. Myerson, GameTheory: Analysis of Conflict, Harvard University Press, 1991: 263.

信息真实度与信息接受率的衰减影响，地方政府为鼓励民营企业发展而采取的某些不当措施具有扭曲市场信息、虚拟利润空间的特征。尤其在经济欠发达地区，当地地方政府为构造有利环境而争设开发区，提供各种急功近利的土地、税收以及知识产权等方面的优惠政策，用行政手段为符合地方政府偏好的所谓战略或支柱产业构筑利润空间。而对经济理性的民营企业来说，真正指引其资本形成决策的市场空间是由当地经济发展水平和市场规模所决定的。地方政府行政构筑的产业导向和利润空间并不具备真正的长期吸引力，不能形成稳定积极的预期。此时，响应地方政府信息而进入的民营企业就多半是追逐短期行政租金的投机性主体，以传递虚假的项目信息为手段，以争夺行政构筑的财政让利、套取地方政府竞争的公共剩余为目的，真正以市场利润为目标的好企业反而不积极，这样就形成了典型的逆向选择。

通过上面的分析我们可以发现，改革开放以来，有些地方政府顺应了历史发展的趋势，发挥了社会主义主流意识形态对经济的促进作用，促进了地方经济的发展。但也有些地方政府没有很好地利用社会主义主流意识形态的作用，在一定程度上阻碍了地方经济的正常演进。积极和消极两方面的例子告诉我们，只有充分发挥社会主义主流意识形态的作用，才会促进地方经济发展，而地方经济发展又会促进意识形态的进步。这在中国很多地区的发展实践中都能得到证明。

四、地方服务型政府建设的意识形态阻力[①]与改进对策

改革开放以来，在意识形态经济化的趋势下，各地政府意识形态的变化对经济发展起到一定促进作用，但各地在建设服务型政府过程中所遇到的意识形态阻力依然很多，主要表现为传统思想观念

---

① 参见吴玉忠：《服务政府建设研究》，经济日报出版社 2007 年 7 月第 1 版，第 111—117 页。

的阻力和理论欠缺带来的阻力。

建设服务型政府，不仅仅体现为具体制度安排的突破与创新，最主要的是要对适应服务型政府治理习惯的社会行政文化和行政理念进行塑造。从各地服务型政府的建设实践来看，意识形态变迁的难度远远超过具体制度的安排和创新。根据历史经验，服务型政府的成功建设不仅依赖于一套完备的民主制度，还依赖于一种对民主、自由和参与的民族性格的培育。研究表明，社会成员的行为选择内在地根植于其所处的社会文化网络。一个社会的文化网络会在社会成员的心理上沉淀为特定的认知结构与行为方式，并具有相当的稳定性，构成社会系统运转时滞的意识形态要素。大多数社会成员天生具有一种保守倾向，大多数个体甚至不能认识到可供选择的制度安排或行为方式，而宁愿选择经验性的、传统的东西。美国著名政治学家阿尔蒙德认为第三世界国家在向现代民主国家转型的过程中，最大的障碍也许不是某些正式的民主制度的选择问题，而是影响其社会成员政治行为方式的落后的政治文化和思想观念。由于文化及社会伦理规范等非正式规则的变迁具有时滞性，落后于社会结构的变迁，所以，一个社会的政治文化发展、意识形态变迁直接影响到其服务型政府的建设进程。

就中国的特定国情来讲，几千年的官僚政府极其缺乏服务理念和意识。按现代政府理念来说，政府应该是"服务型政府"，而非权威型政府。服务型政府和权威型政府是两种完全不同的行政形态，也是两种完全不同的行政理念。在权威行政中，官民之间界限明确甚至是衙门森严，沟通极度不畅，政府的服务带有恩赐性或浓厚的神秘色彩，政府对百姓的服务常常具有个性化，没有制度与契约意识，我国古代的百姓常常将良好的政府希望寄托于个别"青天大老爷"。

而在服务型政府中，政府人员的信念应视服务人民、行政服务为一种责任、义务，行政服务具有契约性。而且只有树立服务行政的理念，才能谈得上行政公开的问题。马克思主义理论认为，社会主义国家的政府是由人民产生、对人民负责的。人民政府为人民服务、对人民负责，政府工作人员是人民的公仆。因此，服务人民的行政理念是民主国家的本质体现和基本要求。但是，我国的传统行政文化却存在着与服务行政完全冲突的思想和观念，这些观念成为服务型政府建设极大的阻力。

第一，"官本位"思想阻碍服务民众观念的养成。

虽然古代个别明君意识到"君舟也，民水也"，但在漫长的统治链条中，"官重民轻"却是实际情况。在我国行政管理传统中"官本位"思想是非常厚重的。在中国当前，官本位是一种官场生态，更是一种思想意识形态。官本位是以官为本，在社会上当官成为衡量一个人成就和贡献的最主要标准，也成为身份、待遇和社会地位的标志。官本位思想由来已久，早在春秋时期，孔子认为：学而优则仕。把读书人的学习与为官紧密地联系在一起，做官成了读书人的唯一目的，读书人头悬梁锥刺股，为的是一朝升官发财，出人头地；而且形成"一人得道，鸡犬升天"的官本位连带光环效应，更加刺激和强化社会"奔官位"行为。

官本位在中国影响之深在近年来热烈的公务员考试场面及激烈的竞争中可见一斑。报考公务员的人数也随着政府机关的官阶地位增高而增多。中央国家机关甚至达到几千人竞争一个职位。前两年在云南省公开选拔地厅级干部的考试中，高等院校的报名者格外踊跃。2008年深圳40位教授竞争一名政府处长职位。大批过去曾令人羡慕的高校知识分子，不甘寂寞耕耘，意欲为官达显，他们的价值取向清晰地映现出"官本位"的时代烙印，这不可能不对社会成员的价值取向造成深深影响。在官本位如此盛行的社会里，倍受社会成员追捧的官员们当然会感到自己地位的高高在上，他们习惯了被阿谀奉承，为那些他们所不屑的行业和部门的人们提供优质的服务倒觉得别扭。在官本位的影响下，"全心全意为人民服务"对许多政府工作人员而言，仅仅是一种口号，没有真正内化为公务员的坚定的信念，更谈不上付诸于行动。在迫不得已的情况下，便采取"形

式主义"的做法来走过场。

在官本位观念作用和发酵下，公务员和官僚受到社会持续的尊崇和羡慕，自然会强化公务员的优越感和高高在上的意识，不利于公务员树立以公民为中心的服务理念，相反，官员的"主人"意识却得到了强化。同时，当前公民主人翁意识的淡漠是官本位做法和观念副作用的一个折射。从理论上说，社会主义国家人人当家做主，人民是国家的主人。但是，在现实中看到的是当官的是主人，老百姓是仆人。计划经济的管制型政府体制还空前地强化了官本位制度，当然也强化了官本位的思想。多年的官为主民为仆的实际情况使民众在内心深处认识到主人翁说法的理论和实际的反差，在对待自己和社会的态度上，常处于消极和仆从的状态，甚至是犬儒主义。在这样的社会传统和官本位思想的影响下，老百姓的主人意识的树立会是非常困难的。

要破除官本位思想的影响，当务之急是必须打破我们现在的官本位体制，必须破除深深扎根于人们和社会中的官本位意识。在今天市场经济的条件下，使各级政府机关及其工作人员从契约的角度真正认同、内化服务行政的观念是推进服务型政府建设的思想先导。同时要不断打破官本位体制，消除官本位思想存在的现实依据。

第二，当官要为民做主的观念阻碍公务员服务意识的树立。

中国古代"当官不为民做主，不如回家卖红薯"的说法，至今还深深影响很多人。长期受儒家思想的浸染，"穷则独善其身，达则兼济天下"成为很多官员的座右铭，为民做主成为中国政府官员的为官真理。这种为民做主的观念，在封建时代确实有一定的进步意义。但问题在于，这种观念是以官员为中心的，表现出官僚的强力意志和英雄主义情结。这种意识的核心是精英意识，认为官员比老百姓聪明强干。在今天信息爆炸、生活网络化、知识化的时代，这种为民做主的意识与服务型政府要求的以公民为中心是完全冲突的。

服务型政府要求政府根据民众的意愿来施政，而为民做主则是以政府官员的主观判断来做出施政决定的。政府官员认为自己总是有能力的，老百姓总是不如自己的，所以领导人当然要为民做主。于是经常出现的一个非常尴尬的现象是，一方面政府做了很多工作；另一方面公众对政府的工作仍然不满意，因为政府的所为并不是公众真正需要的。要改变这种费力不讨好的情况，政府工作人员特别是官员必须改变为民做主的传统观念的影响，真正把民众作为主人来看待，尊重民意，通过有效的民意渠道来了解公众的要求，这样服务型政府的建设才有希望。

第三，"犬儒主义"的政治文化心理阻碍民主意识和服务观念的形成。

在几千年封建社会的政治高压与封建思想灌输的双重作用下，中国社会成员形成了"犬儒主义"的政治意识和心态，对政治、公共生活的冷漠、畏避或者冷嘲热讽。当然，有些犬儒们曾是热烈激进的社会改革斗士，但由于自己的主张常常得不到重视甚至遭受打压，于是心灰意冷、牢骚满腹，对那些关心社会进步的人物和言行进行打击。在这样的政治文化心理和行为影响下，人们事不关己高高挂起，对社会、对国家完全是冷漠的态度。

在当前中国，"公共的悲剧"、慈善事业落后、损害公共环境、个别地方政府不作为等情况时有发生，这在一定程度上反映了民众的犬儒主义的态度。对公共生活的冷漠，在中国社会有长期的传统。而服务型政府需要社会成员以自主性的公民权利意识积极参与公共事务的管理。服务型政府是一个社会成员高度参与的体制架构，因此需要变革传统"犬儒主义"的政治文化心理，建构适宜服务型政府理念的新型政治文化，这对我国服务型政府建设整体推进是一个艰巨的任务。

在当前，在中国特定的国情下和历史时期，地方政府意识形态经济化的实践反射主要是服务型政府的构建。鉴于在地方政府构建服务型政府存在的问题和误区，目前应当在强化行政责任制、强化公务员服务意识和责任意识等方面下大力气。

一是要建立行政问责制度，通过制度完善来培养政府公务员的

服务意识和责任感。① 中国古代有"刑不上大夫"、官官相护、官尊民卑的官场作风，在这样的官场文化和官本位观念下，出现了一些不负责任的庸官，他们不求做好工作，只求保住官位。在过去管制型政府下，古代的官场遗风犹存，政府公务员碌碌无为、平庸无能和不思进取的现象依然存在，一些公务员缺乏全心全意为人民服务的理念和行为，各级政府及其领导人缺乏对老百姓和社会负实际责任的意识和责任感，他只对上级领导负责。在原来的体制下，行政领导人主管或者分管的工作方面出现了问题，只追究下面的直接责任人的责任，领导人是不会被追究的。领导人责任的缺失，造成了领导干部责任意识和服务意识的缺失，也等于给领导干部加了一把平安锁。这样的平安锁造就了中国官场庸官不少。行政问责制的建立，则建立了治理庸官的机制。政府官员在主管的工作范围内，如果出现重大责任事故时，领导人必须对上级和社会承担责任，并且受到追究。行政问责制不仅有改变官场作风的作用，它本身也还包含着新的因素，即对无能的官员也要问责。特别是在上级问责的过程中，应引入民意的要素，因为这是服务型政府应该有的一个根本要素。

二是加强公务员队伍管理，通过监督来强化公务员的责任意识和服务意识。公务员是服务性政府面对公众的服务柜台和窗口元素，其形象和能力直接代表政府，且具有以点带面的效应。因此，公务员能否提供高质量的服务是牵一发而动全身的。所以，服务型政府的建设，不能离开一支高素质的公务员队伍的建设。在当前，一方面要通过各种方式逐步破除几千年封建主义的政治文化遗留的官僚主义顽疾，转变政府公务员的思想观念，熔铸起公务员的服务精神；另一方面，为了规范公务员的行为，提高公务员的服务质量，需要出台能够促进政府公务员队伍建设的措施，加强对公务员的管理和

---

① 参见吴玉忠：《服务政府建设研究》，经济日报出版社 2007 年 7 月第 1 版，第 130—132 页。

监督。

第二节　企业经济发展中的
意识形态经济化趋势

改革开放以来，我国企业发展演进与主流意识形态演进之间出现了互相影响互相促进的互动关系，形成企业经济发展的意识形态化趋势。一方面，以经济建设为中心、贫穷不是社会主义、可持续发展等社会主义主流观念和意识形态对企业发展产生了重大影响；另一方面，随着企业发展，企业员工的观念、角色，企业的战略、文化等的变化对我国意识形态发展产生了重要促进作用。

当前国内外关于中国模式的热烈探讨就反映了这种发展趋势。改革开放近 30 年来，创造中国奇迹的因素是什么？显然，除了土地、货币资本、人力资本、技术、管理等因素之外，还应有文化与意识形态等其他因素。因为，如果仅用这些传统经济理论用以解释经济增长的要素来解释中国奇迹，无论是经验观察还是实证分析都显得不够。研究表明，创造中国奇迹的动因一定离不开我国主流的社会主义意识形态。[①] 这些意识形态包括解放思想、实事求是、贫穷不是社会主义、与时俱进、科学发展观、构建和谐社会等发展理念和诉求。这些意识形态因素是推动中国特色社会主义市场经济发展的强大思想动因。而作为中国特色市场经济重要组成部分的企业，它的发展更是受益于意识形态本身的演进。我国主流意识形态自身的演进成为推动中国企业演进的重要动力。

---

① 江金权：《"中国模式"研究》，人民出版社 2007 年版。

一、意识形态对企业演进作用的理论依据

道格拉斯·诺斯认为"意识形态与个人所理解的关于世界公平的道德伦理判断不可分割地交织着"。它影响人们的日常行为，"这一情况显然意味有几种可供选择的方案——几种对立着的合理化或意识形态"，而"经济学的选择理论方法假定，在进行选择时，价值观念是存在的，而且是确定的，人们只是在有效利用信息的意义上合理地行动。"[①] 诺斯在对新古典经济组织理论的批判中指出，新古典理论缺乏对人们投机行为、欺诈、怠工、白领人员犯罪和故意破坏行为研究的理论。诺斯认为，约束行为的衡量费用是很高的，以至如果没有思想信念约束个人最大限度的追逐利益，经济组织的活力便会受到威胁。

诺斯指出了意识形态对企业演化的重要性。企业成员的意识形态是企业成员的思想观念及其诉求。在全球化、知识经济时代，意识形态是企业存在、演进的思想条件。正如尤尔根·哈贝马斯指出那样，意识作为中介而存在，社会实践主体在中介里相互接触。[②] 如果诸实践主体不相互接触，它们作为主体似乎是不能存在的。意识形态作为企业实践主体之间相互关系在思想上的映射，对企业的演进具有直接的影响。

对我国来说，则是改革开放以来中国企业的演进呈现了意识形态与经济融合的趋势，企业的经济发展越来越具有社会主义意识形态色彩。那么，怎样理解社会主义意识形态对企业的推动呢？

如果说意识形态的本质是指一个人的世界观和价值观，是使个人和团体的行为方式理性化的普通知识，包括对人们的行为进行约束的一整套习惯、准则和行为规范。那么，社会主义意识形态便是

[①] 【美】道格拉斯·诺斯：《经济史上的结构和变迁（1981）》，商务印书馆1992年版。

[②] 【德】尤尔根·哈贝马斯：《作为意识形态的技术与科学》，学林出版社1999年版第7页。

指伴随着改革开放在建设有中国特色社会主义过程中所形成和正在形成的主流意识形态。社会主义意识形态作为非正式制度安排的核心，它不但包容了价值信念、伦理规范、道德观念和风俗习惯等其他非正式制度安排因素，而且还以包罗万象的世界观的形态出现，指引人们的信念体系，从道德上判定社会的劳动分工、收入分配和现行制度结构。[①] 社会主义意识形态对企业演进的推动，首先是社会主义意识形态引导了企业成员的价值取向，进而企业成员意识形态的变化促进了企业演进能力的提高。

二、社会主义意识形态对企业演进的推动和互动的表现

社会主义意识形态对企业演进推动和互动，主要表现在两个侧面。一个侧面是社会主义主流意识形态对国有企业发展的影响及其互动，另一个侧面是社会主义主流意识形态对我国中小企业发展的影响及其互动关系。社会主义主流意识形态对国有企业发展的影响及其互动主要表现在，我国的国有企业的意识形态角色是随着改革开放进程跟着主流意识形态的变化而改变，在一定意义上说，国有企业是社会主义主流意识形态得以实现的主要载体。社会主义主流意识形态对我国中小企业发展的影响及其互动关系，主要是市场经济条件下企业各方面的变化与意识形态的关系，这种关系正反两方面都有所表现，但更多的是两者的和谐一致，这是我国现在独特发展模式的一个重要体现。

1. 社会主义主流意识形态对国有企业的影响及其互动关系。

由于特殊的历史条件和各种原因，国有企业在计划经济时代存在官方意识形态色彩，"一大二公三纯"思想、平均主义观念曾是困扰国有企业发展的意识形态问题。在国企改革的过程中，领导人和学术界一直努力通过"理论创新"突破传统意识形态对国有企业的

---

① 洪东光：《近年来关于市场经济与我国主流意识形态建设研究述评》，《甘肃理论学刊》，2006 年第 9 期。

约束，随着"社会主义初级阶段理论"、"中国特色的社会主义"、"三个代表理论"、"八荣八耻"、"科学发展观"理论等主流意识形态的渗透和影响，国有企业建立了现代企业制度理念，重塑国有企业意识形态，取得了一定效果。

从计划经济向市场经济转变，企业主流意识形态经历了计划经济时代革命文化、改革开放以"发展就是硬道理"为主旋律的"创业文化"和今天的科学发展观为理念的建立现代企业制度文化。尽管在"创业文化"阶段里发生了一些矛盾和问题，如杨桂青（2006）所论述的那样，近二三十年来，"创业文化"把文化的价值仅仅维系于文化与经济的互动关系，为了经济价值可以牺牲伦理、审美、政治等方面的文明诉求；用鼓励走私、纵容犯罪、牺牲劳工利益、污染环境、坐视黄赌毒的泛滥来"改善经济环境"，而个别地区以"闯红灯"为能事，早已成了某种"经济发展模式"公开的秘诀。这种文化观本质上是资本主义的庸俗实用主义价值观，其潜在的文化内涵在于用异化而单一的资本尺度代替丰富而全面的人的发展标准。这种发展对社会阶层过分分化、对社会全面和谐发展的破坏、对主流文化的颠覆，使社会主义改革开放事业面临严峻的挑战和威胁。但从整体上和整个大趋势上看，国有企业的主流意识形态的演变是向着积极的方向发展的。并且随着国有企业意识形态的这种变化，促进了国有经济的发展。

近几年，我国国有企业改革发展取得了新的显著成效，国有经济的竞争力、控制力、带动力进一步增强，主要表现在以下几方面：

一是垄断性行业改革取得进展。垄断性行业在放宽市场准入、改革监管和运营体制、引入非国有资本、建立特许经营制度等方面进行了改革，在一些重点领域取得了进展。在邮政体制改革方面，国家邮政局及省级邮政监管机构相继成立，中国邮政集团公司组建，中国邮政储蓄银行成立，标志着邮政体制改革朝着实现政企分开、政资分开的方向迈出了关键一步。在石油垄断领域改革方面，着手制定相关政策，推动油气勘探开发向非公有制企业开放。自 2006 年

3月起，国家开始收取石油特别收益金。在民航体制改革方面，先后有7家民营航空公司领取运营牌照，同时开始放松民航价格、航线准入、航班安排和设置运营基地的管制。在电信体制改革方面，四大国有运营商已完成改制上市工作。在铁路改革方面，铁路投融资向民营资本开放的程度加大。其他公用事业领域、军工行业、国有林地产权等领域的改革也有进展。

二是产权制度等方面的改革进一步深化。产权制度改革不断推进。一方面，股权分置改革基本完成；另一方面，企业股份制改革进一步推进，中央企业及所属子企业的股份制企业户数比重大幅度提升。许多中央及地方国有大型企业开始引入国内外战略投资者，逐步向多元股东的公司形态发展。法人治理结构在组织上进一步确立。2006年，进行董事会制度试点的中央企业达到19家，共选派65名外部董事，有14家试点企业的外部董事达到或超过董事会成员的半数，在企业决策层与执行层分开方面迈出重要一步。大部分地区在设立董事会的省属国有独资公司和国有控股公司中建立了职工董事制度。同时，外派监事会监督进一步制度化。

三是经营机制发生深刻变化。中央企业普遍推进人事、用工、分配制度改革，157家中央企业在总部机关或二三级公司开展公开招聘、竞争上岗的工作，建立了一套比较有效的全体员工竞争上岗、收入分配与业绩贡献挂钩的机制。布局结构进一步优化。截至2007年4月，有77家中央企业参与了40次重组，中央企业户数从2003年的196家减少到157家，80%以上的中央企业国有资产集中在军工、能源、交通、重大装备制造、重要矿产资源开发等领域。通过精干主业、剥离辅业、压缩管理层级、缩短管理链条，实现了企业组织结构的优化和内部资源的有效配置。①

2. 社会主义主流意识形态对中小企业的影响及其互动。

具体来说，是企业成员的价值取向的变化推动了企业治理结构

---

① 资料来源：人民网—《人民日报》，2007年6月29日。

的演进。这种推动的结果突出的表现在市场经济意识形态和时代法则对企业家族特征的消减上，表现在随着企业内部核心资产的变化，企业权利关系也发生了变化，从而企业治理的制度也随着变化上，[①]以及与此相适应的企业文化和企业战略等方面的转变。

我国企业大多数是具有浓厚的家族或类家族治理特征：家族掌握剩余控制权、家族观念和与之结合在一起的伦理道德、等级结构、家长制、一言堂等。但随着社会主义市场经济意识形态的渗透、外部劳动力市场的完善，聘用外部人才、进行股份制改造等企业治理结构的演进已成大势所趋。胡一帆的实证研究表明，更加独立有效的董事会、更加独立和专业的管理决策、更加透明的信息等企业治理方式，始终对公司生产率具有正向效应。[②] 可见，良好的企业治理结构对企业演进能力的提高具有决定性意义。但有了良好的企业治理结构并不意味着企业一定会成功，企业的良好发展离不开优秀的企业文化的建立，我们以海尔的企业文化为例来说明这个问题。

企业文化是企业中占主导地位的意识形态，是由一个领头羊带领一些人在一定时期形成的。为组织成员所认可和践行的价值观、道德规范、社会角色等的综合。它的最核心部分，即企业文化的精神实质，包括企业成员的思想信念、伦理道德、思维方式和团队意识等。海尔文化正是这样一种在张瑞敏带领下形成的占企业主导地位的意识形态，其核心是企业家精神的灵魂——创新精神。

海尔集团出身于典型的小企业，后来在张瑞敏的带领下，发展成为当今在国内外享有较高美誉的跨国公司。张瑞敏出任总经理之后，经过一番艰辛的创新和改革，并且在他带领下形成了一个有凝聚力的团队，把一个几乎倒闭的工厂做到今天的国际知名大企业。对照一下昨天的破败和今天的辉煌，回忆一下张瑞敏当初是需要用

---

① 许秋起、刘春梅：《企业性质问题新解》，《新华文摘》，2008 年第 1 期。

② 胡一帆等：《竞争、产权、企业治理三大理论的相对重要性及交互关系》，《经济研究》，2005 年第 9 期。

"不许在车间内大小便"这样的规章来管理职工，我们才可能会对这个成功经验有具体体会。

海尔的成功经验，起初归功于企业家及其团队的意识形态的变化，后来形成具有企业家精神特征的企业文化，这种企业文化的核心特征就是创新。关于这一点，一则有关洗衣机事业部2001届大学生肖金亭"一双'问题眼'与一颗'创新心'"事例可以很好地给以解读。

肖金亭在车间实习中发现，在生产全塑一体桶洗衣机时安装轴承座的桶体效率非常低。经过观察测量，肖金亭向分厂提出改进建议。没想到这条建议一提上去便得到技术部门的认可。建议采纳后，极大地提高了操作速度和质量。看到自己的建议被采纳，肖金亭可高兴了，她说："以前上企业文化课的时候，觉得创新太难了，可在生产线上，我发现员工们的小创新比比皆是，通过这次创新让我真正了解海尔创新的含义，只要在工作中有一双问题眼，认真体会研究，就一定能找到解决问题的创新方法。"①

海尔正是践行这样的一些观念和方法，才推动了海尔的可持续发展。海尔实行人本战略管理，把人力资源开发与管理、人力资本形成纳入企业发展的总体战略层面上。要造名牌先造人。海尔文化是凝聚海尔人的价值观，这个价值观的核心是不断创新。海尔20多年来的发展，从无到有，从小到大，从大到强，从中国走向世界，最主要的就是靠文化创新的驱动。

海尔文化是一种在"领头羊"带领下的群体创新的文化。毫无疑问张瑞敏是当之无愧的海尔企业文化的始作俑者和发扬者。在一定意义上，海尔就是张瑞敏，张瑞敏就是海尔。随着时间推移，企业的演进与企业家的生命周期的矛盾就会显现。因此，一个企业的企业文化最终还要由外在的制度逐渐内化。这是一个企业演进要练的文化"内功"。这方面海尔人已有深切领悟。

---

① 李宝元：《追求永远》，经济科学出版社2004年第6版。

海尔文化正是在社会主义主流意识形态演进的大背景下，通过不断创新形成的，促进了海尔企业经济的大发展。如今的海尔已形成了自己独特的企业文化和意识形态，为海尔继续在中国特色的社会主义市场经济中乘风破浪指引了明确的方向。

三、社会主义主流意识形态对企业演进的价值

社会主义主流意识形态的变化对企业的经济增长的促进和两者的互动主要有以下几方面：

一是有利于克服"搭便车"等企业内部伦理问题的发生。

企业内部伦理是企业内部成员的博弈关系总和行为规则。主流意识形态可以克服企业的内耗、机会主义、搭便车、道德风险和逆向选择等企业内部伦理问题，预防各种不道德经济行为的发生。但主流意识形态发挥作用的前提条件是企业成员综合素质的提高。这就要求企业成员必须进行自我超越。企业成员首先要树立为支持别人而存在的意识，从而为建立和谐的企业人际生态平衡奠定价值观基础。其次，企业成员必须树立尊重差异的意识。企业是由不同的生命个体组成的，因而必然存在矛盾和冲突。矛盾和冲突是推动企业演化的力量，处理不当就会成为企业演进的阻力，处理得当就会成为促进企业演进的动力。而只有在企业成员相互尊重差异的条件下，企业矛盾和冲突就会是建设性的和协同性的，才会成为促进企业演进的动力。

二是引导企业成员价值取向，有利于企业扩展秩序文化的形成。

我国许多企业之所以来去匆匆，昙花一现，其中的一个主要原因是企业内部伦理问题突出。企业内部伦理问题的焦点是利益关系问题。如果企业成员能够形成利益共同体的价值取向，那么，就会同舟共济地协作而不是窝里斗的内耗。但在实践中，这种同舟共济并不能充分有效的实现。尽管企业成员也知道彼此是属于同一组织的，但由于传统文化、差序格局意识、潜规则幽灵、人性的弱点等因素的存在，但在一些特定情形下，还是会经常出现企业成员非合

作博弈和非和谐状态。如果我们把这种状态看成是一种在一定的社会历史条件下形成自发秩序，显然这种自发秩序的东西在现代知识经济时代、多元化时代、全球化时代，是极其不利于企业演进的。因为在知识经济时代，协同是促进企业生命之树常青的法宝。而这些企业自发秩序的东西都是协同的敌人，是要消灭的。因此，在新时代条件下，要通过培养团体意识、契约意识来促进企业扩展秩序的形成。

实际上，改革开放以来，我国有些地区的民营企业的演进正是经历了这样一条由企业自发秩序向扩展秩序演进的路径。浙江温州民营企业的制度变迁走的就是基于个性和现代个人主义精神的扩展秩序形成之路。与苏南民营企业相比，浙南民营企业走的是一条诱致性制度变迁之路，而苏南民企的演变带有明显的强制性制度变迁色调。浙南民营企业这种诱致性制度变迁的成本要小于强制性制度变迁，因为诱致性制度变迁是由经济主体的逐利动机所导致的制度变迁需求而引发的，是随着时代主流草根意识形态的生长而变化，或者说是顺应时代潮流顺势而为，因而意识形态的阻力和各种摩擦力很小。相比之下，苏南民营企业的强制性制度变迁的成本就大些，因为任何制度变迁都存在路径依赖效应，苏南模式的演变背负很多潜规则之类的历史文化、意识形态、游戏规则包袱，这些东西带来的低效制度对企业现代化演进造成的阻力是相当大和持久的，而由于低效制度带来的滞后效应，苏南模式的发展有许多是通过对未来的透支而获得的。

通过对苏南模式和浙南模式的进一步分析，我们可以发现，苏南民营企业的制度变迁过程中交织着潜规则和正式规则的竞争，而浙江模式演进的内部秩序竞争则表现为一种内部规则和正式规则的竞争。而事实表明，来自政府的外部规则或正式规则并不一定就是符合现代市场经济规则的正式契约制度，更多的时候恰恰相反。尤其是在中国当前，差序格局和潜规则如幽灵渗透、纠缠在社会主体的具体实践过程中。退一步说，即使是良好的正式制度和规则，但

由于潜规则幽灵，在现实中经常会出现好政策坏结果、上有政策下有对策等"歪嘴和尚"现象。可见，潜规则对企业演进和扩展秩序形成的影响之大、程度之深。潜规则指的是明文规定背后往往隐藏着一套不明说的规矩，一种可以称之为内部章程之类的东西。支配生活运行的经常就是这套东西，而不是冠冕堂皇的正式制度，不明白这一点就难免要吃亏。等到钉子碰多了，感觉潜规则的存在了，不得不尊重这套不明说的规矩了，人就懂事了、成熟了、世故了。[①]潜规则已成了中国传统文化的一部分，渗透到人们的意识形态当中。其实质与差序格局、中国传统社会秩序的大传统是相一致的。潜规则是分配性的，不是交易性的，不具备扩展性。当前要运用时代的价值观，逐步引导企业成员不断消除传统文化中不利于企业现代化的思想和意识形态，扫除企业前进的意识形态和思想障碍。

三是有利于建立有效的企业治理结构和企业战略从而提高企业的经济效率。

意识形态能够使企业成员相信经济新制度的公平，不去侵犯产权，使执行产权的费用大量减少。企业的家族治理或类家族治理结构，在企业成长早期具有重要的作用。但随着企业的发展壮大，这种治理结构愈来愈显示了它的局限性。事实也表明了，如果企业治理结构能够随着企业核心资产的变化，及时地朝着利益相关者共同治理模式演进，是有利于企业克服英年早逝现象的。因此，企业在演进过程中，建立一个动态的治理结构本身就是企业演进战略的应有之义。而企业意识形态的变化为企业治理结构的演进扫清了思想障碍。在企业治理结构演进的不同阶段，意识形态的演变的侧重点是不同的。在企业成长的早期，在意识形态方面，侧重一言堂是有利于企业避免夭折的。在中后期，企业的发展越来越依赖除了创业者之外的其他企业成员，这时基于个人信任的代理成本尽管仍然较

---

① 新望：《苏南模式的终结》，北京三联书店 2005 年 8 月第 1 版，第 312—313 页。

低，但如果创业者依然坚守专断意识坚持一言堂作风极可能引起整体治理效率的低效。甚至会出现柯林斯定律所说的企业家个人魅力与企业的卓越负相关的现象。而如果企业成员能够解放思想，与时俱进，那么，在一定程度上能克服专断意识的危害性。

改革开放以来，在中国企业演进中出现了企业经济发展与意识形态融合的趋势。但这只是企业在特定演进阶段的一个重要的趋势特点。就中国当前经济发展阶段来说，虽然已完成经典意义上的经济转型，但中国只是阶段性地完成了市场经济体制的建立，随着市场经济发展水平的提高，中国在经济发展早期出现的关系横行、规则不明的局面必须改变，市场经济规则是影响中国经济发展的重要变量。从这个意义上说，中国企业的演进将呈现规则化发展趋势，或者说作为比意识形态更进一步的规则将是决定企业演进的重要参数。

随着社会主义主流意识形态的演进，企业的意识形态也出现了积极的变化，促进了企业经济的发展。企业经济的发展，又为企业意识形态的演进提供了一定的经济基础和社会存在前提。

第三节　公民个人经济发展中的
意识形态化趋势

伴随着经济转轨，出现公民个人经济发展意识形态经济化的趋势。在中国特色社会主义意识形态的影响下，公民个人的经济角色、经济观念、经济作用都发生了变化。社会主义主流意识形态对个人经济发展作用起到了积极作用，而公民个人的改变又为形成当代中国特色社会主义意识形态发挥了作用。

导致我国地方和企业的经济发展出现的意识形态经济化的趋势

的微观基础，是作为微观经济主体的个人的意识形态发生了变化，从而导致了经济增长主要动因的企业家精神的出现。正如我们所看到的那样，随着企业家精神的兴起，出现了像任正非、柳传志、张瑞敏这样的企业家行为个体，正是这些个人，给自己的个体经济发展画出了完美的轨迹，同时更是带动市场经济发展的引擎。

一、公民个人经济发展中的意识形态经济化的表现

公民个人经济发展中的意识形态经济化的表现有两方面，一方面是以企业家精神为代表的市场经济精神的兴起，在现实经济中有很多表现形式，如创业精神、创新精神、竞争精神和风险意识等；另一方面是带有实用主义色彩的甚至是金钱至上的观念与做法，如赚钱就是硬道理——甚至笑贫不笑娼。

一方面是企业家精神的兴起。

改革开放以来，随着大的制度环境、文化环境的改变，我国出现了以任正非、柳传志、张瑞敏等著名的企业家为载体的企业家精神潮流。这种企业家精神的兴起正是意识形态经济化的核心表现。严格来说，如果没有制度环境和文化环境层面的实质性改革和创新，是不可能产生真正的企业家精神和企业家行为的。正像《大染坊》主人公陈寿亭感慨的那样："如果我生在和平盛世，我能够把'飞虎牌'卖遍全中国。"正是在改革开放以来，随着大的制度环境、文化环境的改变，在"以经济建设为中心"的方针指引下，一批经济主体将全身心致力于经济建设，而不是高谈阔论一些形而上学的命题，从而企业家及其企业家精神才得以出现。

许多研究和实践都表明，优秀企业家精神和企业家的形成和成长，需要合适的外在社会环境，关键在于具有一些企业家潜质的经济主体的刻苦学习、不断修炼、通过"干中学"进步。正如德鲁克所说，企业家精神既不是"自然的"，也不是"创造的"，而是企业管理者在实践中自觉"培养"出来的。这种企业家精神形成的思想观念前提是个人意识形态向经济建设为中心的转变，显然，这个前

提随着十一届三中全会前后的真理标准大讨论已经深入人心了。随着个体意识形态的转变，人们不再崇尚空谈，而是投身经济制度创新，像当年的"小岗之夜惊天动地"；人们不怕辛苦致力创业，创业人数不断增加；人们勇于革新，企业的技术不断创新，等等。

另一方面，是带有实用主义色彩的金钱"拜物教"。

邓小平曾说过，不管白猫黑猫，能捉住老鼠就是好猫。这句话当然是在一定的条件下具有一定的针对性。但后来被演绎成带有实用主义色彩的金钱搏杀的"潜价值观"。又因为我国搞市场经济的先天不足、后天亏损等历史和现实的原因，这种观念竟然一度流变成只看结果、不问手段，甚至笑贫不笑娼。

良好的软环境是一国市场经济赖以建立的基础。尤其是在中国这样一个缺乏坚实厚重市场道德基础的市场经济体制尚不健全的国家，在进入"小康"阶段后，社会蕴含的商业气氛越来越浓重，财富、权力或兼而有之成为许多中国人的奋斗宗旨；企业则普遍将利润、规模、建立关系网、市场占有率作为经营战略。而不论是个人的奋斗目标，还是企业的经营战略，伦理道德、社会责任往往被忽视或置于次要的地位，道德环境因此是不健全的。

中国的平均消费力水平低、市场秩序缺乏有效监督，不少人都是通过侵权仿冒、打压价格达到争夺消费者、击败竞争对手、迅速获利的目的。如果从正面比拼商品质量、品种花色、售后服务，靠小本起家的绝大多数人是难以在竞争中胜出的。然而，当个别人通过一次博弈进入市场，利用各种不正当竞争手段从市场中快速赚取超额利润并马上退出市场而产生的示范作用，在不健全的道德环境中，容易被更多的人去模仿。一次博弈也就成为了重复博弈。不正当竞争也就成了可复制的不道德行为。这种短期行为破坏性极强，客观上造成"劣币驱逐良币"的结果。

在这样的情形下，如果政府不能正确引导人们树立良好的道德观念，社会就容易弥漫缺乏信任、一夜暴富、急功近利、浮躁的心态，市场上就会产生无视游戏规则、假冒伪劣、以次充好的各种怪

状。中国个别地区曾出现过的毒米毒油、假盐假酒的销售，2008年甚至出现三鹿奶粉掺三聚氰胺的恶性事件，以及2002年美国安然公司的破产、安达信造假事件和2008年曾经引以为荣的华尔街模式的破产都是道德失败造成的后果。市场经济本身缺乏道德约束，如果加上政府的不作为，这种双重失灵的结果可想而知。孔子云"民无信不立"，孟子更是认为"诚者，天之道也；思诚者，人之道也"。马克思则把诚信看成是"本质的、发达的生产关系"。因此，优化信用制度和社会文化环境对整个社会的发展是重逾万钧的百年大计。

二、公民个人经济发展中的意识形态经济化的价值

公民个人的意识形态的变化对公民个人经济发展的作用是双重的，它既能促进公民个人经济的发展，也会阻碍公民个人经济发展。当公民个人意识形态的变化与经济发展的客观环境相协调时，可以降低交易成本，强化激励约束机制，在一定程度上降低道德败坏问题，提高资源配置效率，反之则对个人经济发展起到一定的阻碍作用。因此，我们在建设中国特色社会主义市场经济的过程中，应该大力倡导主流意识形态建设，发挥主流意识形态的导向和批判作用。

在这方面，我们千万不能忘记亚当·斯密当年在《国富论》中的阐述和告诫。亚当·斯密认为，在市场经济下，人的活动可以概括为源于六种动机：自爱、同情、追求自由的欲望、正义感、劳动习惯、交换互利，正是这六种动机或意识形态构成市场经济存在的伦理基础，这六种动机或意识形态的集中体现便是人们对行为公正性的追求，没有公正性就没有市场经济的确立，道德情操的堕落是对这种公正性追求的破坏，堕落的结果便是公正原则被践踏，从而在根本上摧毁市场经济的文化伦理和意识形态基础，使市场经济陷入道德风险的黑洞中。

同样的，布坎南在《自由、市场与国家》一书中的论述也给我们以深刻的启迪。他认为，有效的基于个体自由竞争基础上的市场机制，必须有一定的道德秩序予以支持。在他看来，任何社会的机制状态，从其文化道德基础来看都包含了三种文化道德状态：一是"道德社会"，即个人并不认为自己是个独立的个人，而认为自己必须忠诚于某个偶像或外在的整体利益，道德上以"忠诚"维系；二是"道德秩序"，即人与人之间以互相尊重为原则，承认自己的同时也承认他人的平等自由权利，并不考虑应当忠诚谁，只要求相互平等的尊重和信任；三是"道德的无政府状态"，个人不考虑对谁忠诚和相互信任，只考虑利己，把损害他人权利和利益作为实现自己愿望的手段。布坎南认为第一种状态的结果是个人丧失个性的自由，形成蒙昧主义基础上的独裁和专制；第三种的结果是社会秩序和伦理的丧失；只有在第二种状态下，社会才能在个体相互尊重的活动中形成一定的内聚力，人们才能在相互平等中实现自己的个性和自由，对于国家治理的需要降到最小化，社会协调主要靠人们道德约束维持，这种状态恰恰是有效的市场机制所需要的。①

三、构建社会主义主流意识形态的对策建议

如果以大师们的理论来对现实进行关照的话，看看最近发生的"三鹿"毒奶粉事件和"次贷危机"等现实，我们一方面会感到痛心疾首，同时会深刻认识到，在市场经济中，构建和强化主流意识形态的重要性。具体说，主流意识形态对公民个人经济发展的作用有这样几方面：一是意识形态和道德观念可以通过引导市场微观主体的价值取向，为人们提供价值信念上的共识，使人们理解、支持制度变迁，顺应、带动改革，帮助人们理解现行制度，维持社会秩序，稳定社会。二是减少人们交易的摩擦成本，克服委托—代理失灵和搭便车行为，在一定程度上遏制道德风险的发生。三是使社会成员相信经济制度的公平，不去违反规则或不侵犯产权，使产权执行费用减少，节约交易费用；四是可以提高个人经济效率，少谈主义，多做实事。为此，考虑采取如下对策：

---

① 刘伟：《中国经济分析》，北京大学出版社 2005 年版。

一是坚持贯彻"八个为荣、八个为耻"并落到实处。

胡锦涛总书记提出的"八个为荣、八个为耻",作为社会主义荣辱观表明了社会主义价值观的立场,即以热爱祖国、服务人民、崇尚科学、辛勤劳动、团结互助、诚实守信、遵纪守法、艰苦奋斗为真、善、美,以危害祖国、背离人民、愚昧无知、好逸恶劳、损人利己、见利忘义、违法乱纪、骄奢淫逸为假、恶、丑,从而指明了社会主义精神文明建设的主要内容。爱国主义、集体主义是社会主义意识形态的核心,但目前拜金主义、官僚主义和极端个人主义等负面价值观还在一定程度上存在,对社会产生了一定负面影响,导致了是非、善恶和美丑观念的模糊和颠倒。"八个为荣、八个为耻"不仅可以被个人用来进行自身道德修养的参照,而且为个人对社会丑恶现象进行批判提供了标准。要把"八荣八耻"落到实处,需要媒体发挥新闻监督作用,以此促进制度建设,从而使制度教化成为道德观念深入人心的根本保障;要靠制度的保证,要靠各种监督体制的真正落实。只有把这一荣辱观落实到社会生活的各个领域,落实到政策、法规的价值取向中,落实到人们的思想观念和行动中才会发挥真正作用。

这就需要确保党在意识形态上的先进性。要坚持与时俱进,不断创新理论;要进一步推动思想解放和观念更新;要增强针对性,不断提高马克思主义指导实践的能力。组织力量围绕发展中的难点、焦点问题进行深入研究。要坚持贴近实际、贴近生活、贴近群众,创新内容、创新形式、创新手段,增强社会主义核心价值的说服力。

二是拓展社会主义意识形态功能,协调社会多元利益。

意识形态能够通过对社会心理、思想观念、价值取向、甚至是人际关系、行为方式的引导与统合,达到社会成员的认知趋合和心理认同。在社会转型时期,能否提出一种社会绝大多数成员均能接受的意识形态,协调多元化的社会利益,消解不同利益群体之间的矛盾,是一个重要的任务。社会主义意识形态也只有在对改革出现的新现象和新问题作出合理解释的过程中,才能赢得广泛的社会认同和支持。为此，必须积极拓展社会主义意识形态的功能和作用，使社会主义意识形态保持合理的弹性与张力，整合与协调各种价值主张和思想意识，引导社会成员妥善处理各种矛盾纠纷和利益冲突，理性而合法地表达自己的利益诉求，把人们的思想认识统一到维护政治稳定、促进经济发展、繁荣社会文化的正确轨道上来。①

三是创新网络文化传播机制和手段，增强意识形态传播的时效性。

首先，充分利用互联网这一新技术手段，遵循信息发展的规律和社会主义意识形态建设规律，建立和完善网络新闻传播制度和重大突发事件新闻报道快速反应机制。充分利用网页、论坛、聊天室甚至网上图书馆、网上博物馆等方式来创新党的意识形态传播手段，增强意识形态传播的针对性和有效性。要高度重视互联网等新型传媒对社会舆论的影响，加快建立法律规范、行政监管、行业自律、技术保障相结合的管理体制。其次，采取有效措施，加强和改进网络思想政治工作。开展网络空间的社会主义意识形态建设，要大力加强和改进网络思想政治工作。要创新观念，转变思想政治工作的方式。网络时代的思想政治工作者要认真学习现代信息技术，掌握网络传播的特征和方式，把握网民的思想动态及对思想政治教育、道德素质教育的要求，努力实现思想政治工作由单一封闭型向双向开放型转变。设计、开发有较强感染力、影响力、吸引力的思想政治教育软件。要创新形式，增强思想政治工作的活力。通过举行各种网络文化活动来开展理想信念教育、时事政策教育、形势任务教育，与网民交流思想，解答群众关注的热点、难点问题。②

四是积极推进我国的"网络民主"进程。

信息网络使得传统的金字塔型的垂直权力结构趋向扁平化，原

---

① 蓝蔚：《论和谐社会与社会主义意识形态建设》，《中共四川省委党校学报》，2009 年第 1 期。

② 张骥、方晓强：《论网络文化对我国社会主义意识形态建设的影响》，《求实》，2009 年第 1 期。

生态的舆情民意通过网络可以直达中央领导层和决策层，进一步激发和增强了人们的民主意识。当今世界，"网络政治"全球升温，信息网络正逐渐成为执政者体察民意、汇集民智的重要渠道和普通群众表达民意、参政议政的重要平台。近几年来，网络在我国的民主政治生活中发挥了积极而重要的作用。2008 年 6 月，胡锦涛总书记做客强国论坛和网友面对面交流时表示，"通过互联网了解民情、汇聚民智，是一个重要的渠道"。前不久，最高法院要求利用互联网等建立民意表达机制，广东省委书记汪洋邀请网民为广东科学发展积极建言献策，青海省委书记强卫重视互联网舆论，江西省委书记苏荣通过网络问计，特别是近几年，每年两会期间的"网上两会"和总理对网民提问的积极回应，以及公共事件中网络推动民生问题的解决等等，充分表明网络已经成为我国政治文明建设的一个重要阵地。这些网络民主政治的积极实践是民主文明不断进步的体现，标志着我国已开始进入"网络民主"时代。信息网络已经成为当今世界意识形态建设无法忽视的强大力量，我们必须以积极的态度、创新的精神，坚持积极利用、大力发展、科学管理，切实把信息网络建设好、利用好、管理好，以先进技术传播先进思想文化，为社会主义意识形态建设提供有力的思想保证和舆论支持。①

---

① 刘忠厚：《信息网络时代社会主义意识形态建设新探》，《理论学刊》，2009 年第 2 期。

第四章
当代中国经济发展对
社会主义意识形态的影响

当代中国经济发展动力来自改革开放。改革开放以来，我国国民经济快速发展，人民生活显著改善，综合国力大大增强。改革实践证明，我国经济发展得益于社会主义意识形态的指导与支撑；我国经济发展也引起了社会主义意识形态的深刻变化。正确认识当代中国经济发展对社会主义意识形态的影响，既是社会主义建设实践的内在要求，也是确保改革开放健康有序发展的客观需要。本章就从我国经济发展对当代中国特色社会主义经济观念、政治文明和核心价值观三个方面的深刻影响分别论述。

第一节　经济发展对社会主义
经济观念的影响

　　改革开放改变了我国的利益格局，也更新了人们的经济观念。调节原有利益关系的社会经济观念不能适应新的利益格局和新的经济体制，因而必须进行更新。随着我国经济长期的高速发展，作为我国社会主义意识形态重要内容的经济观念体系已经潜移默化地发生着变革，逐步告别了因循守旧、固步自封、眼界狭小、惧怕变革等旧观念，逐渐形成了适应新时代的新的经济观念。

一、经济发展对社会主义经济观念的正面效应

1. 利益观念

　　利益观念在我国历史上长期不被相容。在几千年的封建社会中我们一直把厌弃世俗物质利益的"节欲"、"禁欲"和"寡欲"奉为美德，强调"君子不言利"；几十年的"社会主义"实践，更是把利益观念排斥于社会主义意识形态之外。我国经济体制改革，建立了以公有制和按劳分配为主体、多种经济成分和多种分配方式并存的基本经济制度和分配方式。除公有制经济外，还鼓励发展个体经济、私营经济、外资经济等非公有制经济；除按劳分配外，还存在着按生产要素分配的多种分配方式。这些基本经济制度特点决定了我国经济观念必须与之相适应。符合历史发展规律的制度设计有利于正确的利益观念的形成。邓小平提出的"让一部分人和一部分地区先富起来"就明确地肯定了合理的利益观念应该提倡。社会主义市场经济的发展给人们更新观念、扩大利益欲望创造了条件，利益驱动是市场经济的最高原则，市场主体一切社会经济活动都是以追

求利益为目的，市场经济的趋利原则逐渐形成了人们的正当利益观念。人们不再谈利色变，而是大胆地追求合法利益。随着产权改革的深化，人们日益重视自身利益，产权观念日益明晰化、人格化，利益关系日益具体化、直接化。在贫富观上，由安贫乐道、平均主义变为勤劳致富，能人勤劳先富。

2. 市场观念

我国过去长期的计划经济使得人们的市场观念几乎完全消退。但是改革开放逐步增加了市场的分量，市场经济也就逐渐发展起来，而市场经济的发展又逐步促进人们市场观念的形成。市场是商品交换关系的总和。社会一切经济活动的结果（商品）都通过等价交换实现其价值。交换使利益主体各取所需，使资源趋于最优配置，使经济社会不断产生和释放出内在的发展动力，这也是市场魅力所在。当前，人们再也无法离开市场去谈论经济与生活，每个人都在与市场发生千丝万缕的联系。市场是经济活动的枢纽环节，连接着从生产到消费的全过程。市场观念也渗入到经济生活的方方面面。

市场主体观念。随着市场经济的发展、经济体系的开放、自主权的扩大，市场主体的自主独立性日益凸现。市场主体是集决策主体、行为主体、利益主体和责任主体于一身的四位一体。市场主体的生存和发展，都离不开自身的自主自立。市场竞争的严峻残酷迫使人们不相信权贵而相信自己，不甘只做好人而做能人。这就逐渐削弱了对权威的盲目依附性，逐渐改变过去那种依赖政府、依赖单位、依赖帮扶的发展思路。正是市场主体观念的深化使我国企业和公民成为现代市场经济的弄潮儿。

市场导向观念。市场经济的发展使以自然经济和小农经济为基础的自给自足观念已日渐式微，市场需求导向观念日益深入人心。市场主体的资源配置决策，既要从自身实力出发，又要兼顾市场的多层次需求，更要关注市场变化和前瞻发展性的需求，着力于市场开发和潜在市场的挖掘，不断引导和创造消费者需求，从而使现有的资源物尽其用，用尽其宜，实现利润的最大化。

创新观念。市场经济奉行平等竞争和优胜劣汰原则。在价值规律和竞争机制作用下，每个人都可以通过平等竞争发挥自己的创造力。人们拼博创新，这有助于改变传统的因循守旧、墨守陈规、不敢冒尖的心态。创新是经济发展和社会进步的先声，而每一项改革成果都是创新的精神之子。实践的发展呼唤理论的创新。改革冲破"两个凡是"的思想禁锢，恢复实事求是的思想路线，跳出把计划与市场对立起来的传统窠臼，确立发展社会主义市场经济的取向，摆脱离开生产力发展抽象争论姓"资"姓"社"的纠缠，确立"三个有利于"的标准，又根据新形势相继提出"三个代表"重要思想和科学发展观。这种向实践求真理的改革历程，激活人们创新进取的时代精神。

消费观念。生产决定消费，消费依存于生产。"没有生产，就没有消费。"① 经济发展使人们增加了货币收入，扩大了消费，进而引起消费观念向市场化的转变。我国传统的消费观是崇俭抑奢，量入为出，收支平衡，重生产、轻生活，重积累、轻消费，甚至曾经把人们追求物质生活当成资产阶级生活方式加以批判。劝导人们安贫乐道、安分守己，使人们的消费欲望总是与生产力低下和供给短缺的自然经济和计划经济相适应。它具有消弥斗志的负效应。改革开放后，人们的消费观念发生了变化，开始从追求吃、穿、住、用逐渐向健康娱乐、道德情操、审美修养等方面转移。"新三年，旧三年，缝缝补补又三年"的消费观念被打破，开始由紧缩消费转变为适度消费，这样才能提高人民的生活水平，真正实现社会主义经济发展的目的和体现社会主义制度的优越性。目前我国经济已经从卖方经济转为买方经济，过分推崇节俭的价值观制约了内需的扩大，不利于我国经济的长期发展。

---

① 张鸣：《乡土心路八十年——中国近代化过程中的农民意识的变迁》，三联书店 1997 年版，第 162—163 页。

3．竞争观念

竞争是指行为主体基于生存和发展的需要，依靠自身的实力，通过优胜劣汰机制而展开的运动过程。竞争是市场经济的内在属性。过去相当长的时期内我国实行比较纯粹的公有制和计划经济体制，就业形式、分配形式和生活方式比较单一，经济收入和生活水平无甚差别和起伏，人们的思想没有太多的波澜和挑战，共吃大锅饭、稳端铁饭碗，没有或基本不存在激烈的竞争。改革开放后，竞争机制引入社会生活，逐步激发了人们的竞争意识。铁饭碗和大锅饭逐渐被打破，利益主体多元化格局逐步形成。收入差距拉大，社会竞争日趋激烈。人们的工作态度和成果同个人切身利益紧密相关。人们不得不凭借自身的才智和实力参与并努力赢得竞争。竞争要求行为主体自身素质的提高，因而激发人们的积极性、主动性与创造性。

4．时效观念

计划经济时期我国虽然也有过"只争朝夕"、"大干快上"的时效观念，但是这主要是依靠来自自上而下的政治热情和意识形态动力，这种作用难以持久，大部分普通民众和企业甚至地方政府越来越习惯于大锅饭的安逸，习惯于等待上级的指令行事，等靠要盛行，效率与时间观念日渐淡薄。改革开放以来，我国经济逐步加大了市场机制的作用，市场自动为市场主体创设效率目标，谁达到或超过这个目标，谁就能最大限度地占有市场，在满足社会需求的同时实现自身利益最大化。反之，则会被市场淘汰。社会主义市场经济同样要求人们遵循经济规律，在竞争中优胜劣汰，从而摈弃了计划经济体制下"干多干少一个样，干好干坏一个样"的不追求效益、不重视效率的平均主义。市场主体为实现利益最大化而追求效率，逐步形成视效率为生命、视时间为金钱的时效意识。

二、经济发展对社会主义经济观念的负面影响

1．易于导致拜物教的滋生和蔓延

经济发展在满足人民生活水平提高的同时，也很自然地释放出人们的物质欲望。市场经济的利益机制驱动人们追求利益，客观上激发人们的积极性与创造性，推动经济发展和社会进步。但也消极地影响着人们的价值观，一些人把等价交换原则引入政治、社会和文化生活之中，极端推崇商品拜物教与货币拜物教。不少人把追求物质财富看作人生的主要目标，特别是把金钱作为衡量成功与否的标准，甚至信仰活动本身也在商品化，有些信仰的宣传还成为获取商业利润的手段。拜物教不能超越动物式的欲望，缺乏神圣感和精神价值。

2. 易于导致消费观念畸形

随着人们收入水平的提高，虽然消费观念发生了很多可喜的变化，但是也出现了一些不合理的现象，或为摆阔斗富，以满足自己的虚荣心，或为补偿过去贫苦的生活，出现了病态的畸形的消费行为：（1）奢侈型消费。它是指那种对有限资源进行铺张浪费的消费方式。如在生活上一味追求"豪华"和"气派"，衣要世界名牌，食要山珍海味，住要豪华宾馆，行要高级轿车。这既有损于社会财富的积累，又败坏社会风气，不管这些人在收入或财务上是否负担得起。（2）愚昧型消费。它是指那些已经过时的不合理的消费方式，如农村大办封建迷信活动、大摆宴席、大修庙堂坟墓、大办红白喜事等。有的甚至把自己的脱贫致富归因于神灵保佑，祖宗辅佐，因而大兴土木，修建祠堂祖庙。（3）粗俗的精神文化消费。与物质消费的层次性相类，精神文化消费也有发展型消费、娱乐型消费、奢侈型消费，还有健康高雅和粗俗肤浅之分。一些人的精神文化消费只是满足于无聊消遣，热衷于感官刺激，有的甚至追求低级庸俗和不健康的消费，黄赌毒屡禁不绝。这不利于一个民族的精神发育。

3. 易于导致不正当行为增加

市场经济的自发性、决策自主性及分散性极易诱发自由主义和分散主义，使人陷入拜金主义、利己主义和享乐主义的泥沼。各种资源自由配置，经济主体自主决策、自主经营、自负盈亏，这极易

诱发以自我为中心的自由主义，把社会视为实现个体目的的手段，从而导致分散主义。经济主体从个人的利益出发，背离社会主义市场经济公平竞争、自愿诚信的基本道德原则，侵犯他人利益；利用虚假广告宣传诱导消费者的心理与行为，谋取不法之利；在人命攸关的建筑工程项目中，因偷工减料而导致伤亡的事例时有发生。这些缺德违法的经济行为，既破坏市场规则和道德准则，又损害经济主体的合法利益。利益受损者因此产生不满情绪和相对剥夺感，最终有可能转向对社会的不满。

三、经济发展过程中经济观念畸变的成因分析

"改革是第二次革命"，它既是权力的再调整，又是利益的再分配。由于仍然存在传统体制的作用和体制存在的漏洞，加上改革决策常常欠缺科学性和系统性，这些因素共同导致了人们经济观念的畸变。

1. 市场经济自身无法克服的弱点是经济观念畸变的内在原因

斯密的"经济人"（利己心）假设必然在一定时期内导致一部分人把"重利轻义"作为人生信条，把功利主义作为行为准则，于是出现了"义利颠倒"、"钱权交易"、"寻租"等不良社会现象：（1）在市场经济条件下，人们开始有"自我利益"和"经济人"的观念。过去长期被压抑的利益观念随着市场经济的发展而"高能量"地补偿性地成倍释放出来，短期内难免存在失控的趋势和危险，若其自律意识不强，一旦有机可乘便会不择手段攫取财富。（2）市场经济的公平竞争决定市场经济活动的"无人格性"。人们处于"物质环境"之中，容易把"市场价值观"视为唯一真实的社会价值，而人的真实价值和生活领域中其他重要的价值观都被排斥。（3）伴随市场经济出现的竞争与分化加剧，社会利益、长远利益和整体利益常常受到忽视，这些往往造成人们许多的不正当行为。（4）市场经济"允许一部分人先富起来"，加上我国市场经济还不完善，一些经济成分远未市场化，还存在计划经济衍生的权力经济，离完善的

市场经济相差甚远，部分人往往利用这些缺陷和漏洞谋取非法利益，或者通过不正当的权力市场化手段致富。这样很多没有机会"先富"的人就很容易怀疑、嫉妒甚或艳羡先富者。

2. 改革发展政策失误及其社会不公等后果是经济观念畸变的经济原因

发展经济必须从国情出发，否则极易导致政策偏差。改革开放后，我国的社会政策决策方向是正确的，但由于改革也是"摸着石头过河"，难免在某些领域和某些环节上出现失误，对某些改革开放政策的后果估计不足，如把精神文明与物质文明建设对立起来、长期忽视教育特别是思想政治教育工作、社会公共卫生与福利制度建设滞后、三农问题严重、自然环境破坏、社会道德风气恶化等，加上西方文化思潮大肆涌入，人们观念混乱在所难免。市场经济秩序尚未健全，导致社会不公、腐败盛行等严重后果。人们在反省检讨社会存在的公理性时便会选择"向下之路"，转而去追求物质上的满足或陷入感官刺激。

3. 法律与制度建设不健全是经济观念畸变的重要制度原因

市场经济是法制经济，需要建立一整套完善的法律体系和制度体系，从而形成社会经济发展的规则，"法律面前人人平等"就是要创造公平竞争的制度环境，破坏公平竞争的违法乱纪行为应该受到制裁。但由于我国社会主义市场经济体制正在努力建设之中，相应的制度建设和法律建设还不健全，各种非市场因素的干预增加了人们的额外成本；官本位意识依旧很强，寻租泛滥，导致市场经济发展过程中不遵循市场规则和技术领域的不公平竞争等不合法行为较为普遍的存在。这些不合法也不合理的状况严重影响了人们的经济观念。

四、经济发展过程中经济观念畸变的应对策略

1. 全面认识市场经济，突破市场经济与伦理道德互不兼容的认识误区

市场经济本身就是利益经济、法制经济，但更应该是道德经济，这才是市场经济的最高境界。社会主义市场经济在坚持等价交换、尊重个体利益原则的同时，也强调国家利益、集体利益、社会利益和长远利益。社会主义道德性质必然要求经济尺度和道德尺度的高度统一，是社会的经济发展和道德进步的高度统一。经济决定道德，经济发展促进道德进步。社会主义市场经济的运作具有道德的必然性和必要性。社会主义市场经济的运行秩序要求在社会成员的道德价值范畴中实现。道德必须介入到社会主义市场经济生成和运作过程，并在其中发挥调控作用。发展市场经济就是为更好地促进经济和社会的发展，实现人的自由全面发展。市场经济需要道德的支撑，道德是市场经济的内在规定。

2. 加强经济道德的教育，提升经济道德境界

把握经济道德教育现实性与超越性。一方面引导人们树立主体性价值观念，激发个体的创造力，使社会成员确立平等互利、公平诚信的价值原则，促进社会的和谐有序发展。另一方面引导人们提高经济道德层次，形成健康人格，在适应中实现超越。经济道德教育正是"按照某种超越于现实的道德理想去塑造与培养人，促使人去追求一种理想精神境界与行为方式，以此实现对现实的否定"。①

发挥教育者和受教育者的双主体性。教育者和受教育者都表现为道德教育主体。道德教育主体不仅要尽道德义务，更要求道德认识、情感、修养向较高层次迈进。西方理论偏重于受教育者的主体作用，容易导致受教育者的放任放纵。中国传统教育侧重于教育者

---

① 鲁杰：《道德教育：一种超越》，载朱小蔓编：《道德论丛》第 1 卷，南京师范大学出版社 2000 年版，第 191 页。

的主导作用，受教育者缺乏主动性和创造性。因此要发挥教育者和受教育者的双主体性，使之双向互补。

坚持经济道德教育导向的一元化与道德实践的多样性。我国社会主义性质决定了道德教育导向的一元化。经济发展为其奠定物质基础。共同富裕与和谐社会的共同理想为其奠定社会基础。经济形式的多样化决定道德主体的多元化和意识观念的多样化。

3. 健全社会主义法制建设，增强社会主义法制观念，规范市场
   经济行为

市场经济的发展以完善的现代法制体系为保障。法制建设以规范教化为基础，通过对规范价值的认同和内化，使规范由外在规则变为内在价值准则，把规范视为社会共同体得以存在和维系、个体获得安全和保障及处理公民间相互关系的根本尺度和规则，进而形成尊崇、信赖、依靠、服从规范的行动，保障市场经济的良性运行。江泽民曾强调指出："我们的一个重要任务就是要深入普及规范常识，对全体人民进行法制教育，提高全民族的规范意识。"[①] 社会成员规范意识的强化为良好的社会秩序提供社会认同的道德基础。

4. 疏导消费观念，引导人们树立适度合理绿色的消费观念，制
   约畸形消费

提倡树立适度合理的消费观念，有计划地进行理性消费，避免有限资源的不必要浪费，形成良好的社会道德风尚。推广消费知识，引导消费者接受新消费观念；加强消费教育，提高消费者素质。提倡健康向上的精神文化消费。引导绿色消费新观念。加强制度建设，通过法律、行政手段和正确的舆论导向引导消费，制约畸形消费。

---

① 转引自孙国芳、刘建江：《市场经济建设过程中道德失范现象探析》，《理论观察》，2007 年第 2 期，第 37 页。

第二节　经济发展对社会主义
政治文明的影响

经济基础决定上层建筑。社会主义物质文明建设的发展推动了社会主义政治文明建设的进程。改革开放以来，我国民主政治意识迅速增强，民主政治制度不断完善，民主政治运行日趋优化，民主政治水平逐步提高。

一、经济发展对社会主义政治文明建设的正面效应

1. 促进经济与技术进步，为社会主义政治文明建设奠定物质基础

生产力的提高是民主政治得以确立的社会经济前提，如充裕的时间、便捷的交通、快捷的传媒、富裕的生活、雄厚的资金和优良的设施等，加快了民主化的进程。生产力发展水平与民主政治制度之间存在密切联系，虽然经济发达的国家并不一定就是民主国家，但民主政治稳定的国家却几乎都是经济较为发达的国家。[①] 经济增长通过消除贫困和改善民生减少社会冲突，因为它能为社会冲突中互惠的解决方案提供资源，使各方均有所获；它还能提供更多的剩余资源支持教育，培养有素养的市民阶层。而过去在计划经济体制下，资源配置靠行政计划，经济缺乏活力，民主政治的发展也受到制约，出现了"一言堂"、"家长制"等不良现象，民主法制形同虚设。现在，社会主义市场经济所取得的经济成就正在夯实社会主义政治文

---

① 【美】李普塞特：《政治人——政治的社会基础》，商务印书馆1993年版。

明的物质基础。

2. 增强民主法制意识，为社会主义政治文明建设奠定思想基础

改革开放强化了公民的民主意识。以法律为保障的市场经济有利于公民增强民主法制意识、政治参与意识和民主监督意识。市场经济的正常运行不仅要求统一健全的市场体系和成熟的市场机制，而且必须具备与之配套的市场规则与法律制度，以保证市场主体的机会均等与正当竞争。市场经济要求市场主体的一切经济行为和政府的经济职能都纳入法制轨道，依法办事。随着社会主义市场经济的发展和社会主义法律体系的日趋完善，人们已经越来越自觉守法，理性用法。民主与法制唇齿相依，公民依照宪法和法律维护自己的权益，监督管理公共事务。世贸组织的规则所蕴涵的民主精神必将逐步强化我国公民的法治观念、契约观念、规则意识，为社会主义政治文明建设奠定思想基础。

3. 经济市场化为社会主义政治文明建设奠定制度基础

促进民主政治基本原则的形成。民主制度的自由、平等、法治原则与市场经济的发展密不可分。现代民主的实质就是公民的独立自主和自由选择，公民独立判断自主选择政治决策者和社会管理者。"经济自由是达成政治自由的一个不可缺少的手段。"[①] 市场经济对人身自由和选择自由以及财产自由的内在规定，为政治自由提供条件。民主政治要求公民平等地享有的政治权利，参与政治生活。市场经济的身份平等原则符合民主政治的平等权利原则。民主政治要求用法律保障公民的政治权利和政治参与的自由，用法律约束政治权力的行为界限。法律是公众意志和"集体理性"的体现，它防止当权者滥用政治权力，保证政治决策符合公共利益诉求。因此，在法治方面，市场经济和政治文明是统一的。

促进民主政治社会条件的形成。第一，促进独立性公民的形成。

----

① 【美】米尔顿·弗里德曼：《资本主义与自由》，商务印书馆1986年版，第9页。

市场经济瓦解了人的依赖关系，造就了独立性的公民。在市场交易中，人们由一只看不见的手引导着推动实现并非自身期待的目标。人们追求私利的动机成为市场经济的核心动力。市场经济发展了市场交易主体的主动性、能动性，促进了市场主体独立的利益意识和自主观念的形成。政治参与是现代民主的核心内容。公民独立意识和独立利益要求是人们参与政治生活的社会前提，是民主政治得以确立的社会基础。第二，促进"有限政府"的形成。市场经济把大多数经济决策分散给相对独立的个人和企业，使他们通过经济活动摆脱了政治权力的控制，促使政治与经济的结构分化，使得经济领域成为不受政治权力支配的"私人领域"，形成了一种与政治权力制约和抗衡的社会力量，有效地防止了个人专制和集权。因为，"假使经济力量加入政治力量，权力的集中几乎是不可避免的。另一方面，假使经济力量保持在和政治力量分开的人手中，那么，它可被用为政治力量的牵制物和抗衡物。"① 市场经济下的私有产权和私人经济决策约束了政府决策人的权力及由此而来的侵犯公民权利的能力，从而约束了政府的权力，使之成为"有限政府"。

经济市场化与民主政治在运行规则上具有相互适应性。在市场经济条件下，消费者用货币表达自己对某种商品的偏好，市场用产品对消费者偏好予以响应。现代民主政治实际上是对公民偏好不断予以回应的政治制度。政治领袖想获得竞选成功或连任，就必须对公民的政策偏好予以响应。民主政治也正是通过这种机制保证公众对政治的控制的。因此民主政治的运行规则实际上是市场规则在政治生活中的体现。市场经济是民主政治的必要条件，市场经济和民主政治存在相容性一面，市场经济有利于民主政治的实现。

4. 经济全球化为社会主义政治文明建设奠定环境基础

经济与政治密不可分，经济全球化必然通过国际政治表现出来。

---

① 【美】米尔顿·弗里德曼：《资本主义与自由》，商务印书馆 1986 年版，第 17 页。

马克思在《共产党宣言》中早就指出西方文明的全球扩张是资产阶级"按照自己的面貌为自己创造出一个世界"。①

促进国家权力的社会化。国家权力的社会化是政治民主化的必然要求。世界贸易组织的宗旨是倡导经济贸易的自由化,反对行政权力过分干涉市场经济,要求成员方改革政府管理体制,调整政府与社会、企业、个人的关系,进而重新配置政治权力,建立健全制度体系。新中国成立以来,我国建立了高度集中的经济政治体制,"国家—社会"一体化,"国家本位"特征明显。虽然初步形成了一套民主政治制度,但仍然存在党政不分、政企不分、机构臃肿、效率不高等弊端。通过改革开放和积极参与经济全球化,直接促使我国调整经济结构,转变政府经济职能和改革经济管理体制。市场经济打破了国家权力一元化的局面,使国家权力有所分流,权力社会化程度逐步增强。

扩大主体的自由度与自主化。目前我国社会主义市场经济体制还在不断地完善之中,市场自由发展程度与世界贸易组织的要求还有相当的差距,市场主体的贸易自由和公民个人发展自由还受到许多传统的体制性和非体制性因素的限制:繁琐的审批程序仍束缚着市场主体的经济自由和公民活动的自由;行业垄断和市场壁垒阻碍国内外市场主体的自由进入;过度行政干预妨碍市场主体的自主经营和自我发展;户籍制度和人事管制约束公民的择业和迁徙自由。因此我们还必须继续深化改革,逐步取消这些限制,增强市场自由度和自主化,以适应经济全球化的要求。

推动政治生活公开化。政治生活公开化是实现现代民主的主要途径。世贸组织的透明度原则包括:各成员方公布所有与对外贸易有关的法律、法规、规章、协议、协定、条例、决定、政策、司法判决等及各成员国间签订的影响国际贸易的协定和条约;各成员方政府设立信息咨询点,给其他成员方的政府或政府机构、企业及公

---

① 《马克思恩格斯选集》第 1 卷,人民出版社 1995 年版,第 276 页。

民提供相关的信息服务，以及各成员方政府向世贸组织的有关机构报告其所采取的有可能对协议的各成员方产生影响的贸易措施。过去我国权力的行使具有一定的内部性、隐秘性，政策、文件等政治信息往往自上而下内部传达，政治行为有时"暗箱操作"，决策过程时常秘而不宣，公众对有些重要政治信息知之甚少。这既有悖于社会主义民主原则，也不符合全球化条件下世贸组织的透明度要求。因此我们还需要继续加快促进政治公开化，让人民充分享有知情权。

经济全球化促进社会公正。市场经济和经济全球化要求建立健全的法律体系和民主制度，否则就没有公平、公正、平等的竞争社会秩序，就必然影响经济发展，也必然导致大众法制信仰和社会理想的丧失、道德自律意识的淡化、人格品质的矮化和精神萎缩，使整个社会失去发展的精神动力。比如腐败现象就是这种结果的表现，越来越多的外国投资者和国际援助机构在进行投资和贷款时，将贪污贿赂行为列入考虑因素之内。因此，我国需要大力推进民主制度建设，促进社会形成自组织机制，健全法制，根除腐败，建设高效廉洁的社会环境，确保每个公民的基本人权，树立法制权威，净化社会环境，提升全体国民的道德素质和文明修养。

二、经济发展对社会主义政治文明建设的负面影响

1. 经济市场化对社会主义政治文明建设的消极作用

市场经济和民主是一种"完美的结合"。金钱政治、投票交易等现象越来越严重地破坏民主政治平等、"公意"的价值取向，显示市场经济不利于民主政治发展的一面。

经济不平等削弱民主政治的社会基础。市场经济以私人财产权利为基础，财产权利的不平等和在市场交换中的资源实力不同，决定了财产权利在社会成员间的不平等分配。公民政治权利的平等是民主政治的基本原则，它是以社会平等和经济平等为前提的。虽然国家通过立法形式保障公民政治权利的平等，但这只是制度性的框架，民主政治的结果则取决于公民对特定政治资源的占有状况。因

此民主从根本上讲是建立在一定的经济制度基础之上的，受制于一定的社会经济关系。人们的政治参与需要政治资源支持，政治竞选也需要物质保障，经济资源的不平等占有通过对物质手段的影响而导致政治影响力的不平等。金钱不能直接买取额外的权利份额，但它可以通过对政治参与、政治竞争物质手段的影响而改变权利的实施效果。不平等的经济地位必然导致政治权利的不平等。少数掌握巨额财富并拥有调动巨大经济资源能力的人，就能通过竞选捐款或集资、选票买卖、权钱交易等等向政治权力施加更大的影响力，从而使民主政治因失去政治权利平等而变成金钱的游戏。中国经济高速发展也带来越来越突出的贫富差距和经济权力不平等现象，也导致民主进程推进上的一些困难。

结果的不平等阻碍民主政治的持续发展。市场经济解除人身依附，实现社会资源在社会成员间更广泛的分配，使更多人有机会参与政治生活，影响公共政策，选举政治领袖。但经济的不平等导致政治权利的不平等，少数占有大量社会财富的人占据绝对优势，控制政治权力而排斥公众意志的实现，偏离民主原则，由此形成不完全的民主，这正是与当前市场经济不均衡状况相适应的表现。现有的多元化民主形态是市场经济发展的结果，而市场经济的运行又巩固了它们之间的联系，因此难以产生克服现有民主政治的缺陷、推动民主政治向更高形态发展的动力。

自利性原则损坏民主政治的公意性原则。实现社会公共利益是民主政治的基本目标。民主政治的制度安排，如权利平等、自由参与、民主选举、民主监督、一人一票、多数决定等制度原则，是为了保证政治权力的运行不偏离"公意"的目标。自利性原则是市场经济固有的属性。如果将市场经济中的个人利益原则和等价交换原则应用到政治领域，必然导致权钱交易、以权谋私，甚至把经济中的不平等转化为政治上的不平等，使有产阶级拥有更大的政治影响力，利用政治决策为私利服务，从而背离"公意"的要求。市场经济对民主政治的破坏是市场经济和民主政治的基本特性使然，依靠

市场自身无法消除。

体制的尚未健全导致腐败丛生。新旧经济体制转轨造成某种程度上的社会控制失灵。在某些政治权力的执掌者与社会的不良互动中，腐败现象较为突出。腐败的实质是以权谋私，其核心是权钱交易。自从人类社会出现政权，腐败就在不同程度上成为权力者的伴生物，尤其在体制转轨和社会转型的过渡时期，腐败更是乘虚而入，从中渔利。其破坏性后果容易导致社会民众不安从而引发社会危机。我国目前正处于由计划经济向社会主义市场经济转轨的过程中，这种制度性失序现象在所难免，腐败现象也就有了滋生土壤。

2. 经济全球化对社会主义政治文明建设的消极作用

改革开放以来，由于我国处在复杂的国际环境中，政治文明建设面临外部的威胁。经济全球化给我国社会主义民主政治发展带来了冲击。

政治动荡的风险。经济全球化推动我国民主政治的发展，要求进一步扩大民主。市场经济的发展提升公民的自主意识、平等意识、法制意识和政治参与期望。国内外的民主诉求呼应叠加使我们的民主诉求骤然增加，而我国民主制度化的有效供给相对滞后，我国民主需求的迅速增长与民主制度化供给不足之间的矛盾更为突出，容易造成政治动荡。另外，随着开放的扩大，我国经济的对外依存度提高，经济的安全系数降低。大量外资已经成为影响我国社会稳定的重要因素。世界任何地区的经济动荡都会产生全球多米诺骨牌效应，给我国造成损失。按照世贸组织的要求而进行产业的结构大调整，造成社会结构进一步分化，社会阶层流动加快，贫富差距扩大，群体冲突增多，社会犯罪增加，进而影响政治稳定。

国家主权弱化的风险。在全球化的进程中，国家的某些主权诸如经济决策权、规制权等经济方面的权限将部分让渡给世贸组织等国际机构，成为共同主权。在经贸领域，凡涉及已经签署的贸易协议，世贸组织有权对其成员进行监督、管理和组织实施，这是主权自愿让渡，不属于侵犯主权。但由于西方国家经济实力强大，先行制定了对其有利的规则，侵犯他国主权干涉别国内政。特别是西方大国往往会趁他国经济陷入困境时，在世贸组织决策时施加影响，迫使其大幅度降低关税，放弃更多的经济政治主权，甚至在政治制度方面做出让步。另外，跨国公司为实现其市场目标和利润目标，利用其经济强势干预母国和东道国的经济政策的制定和执行，甚至直接介入国家政治、外交甚至军事领域，进行院外活动、贿赂政府官员。因此，跨国公司对国家主权的削弱也不可大意。

"西化"的风险。全球化促进各国的经济文化交流，推动西方民主观念的传播。以美国为首的西方国家为了建立其主导的世界秩序，强调其民主的普适性，借助信息技术按照其观念塑造世界。他们倚仗经济强势和科技优势，生产推销文化产品，使之成为日常的社会消费品，形成空前的文化强势。西方文化品位和文化习俗正日趋全球化，所有文化都被纳入"美国文化"的影响之内。以可口可乐、麦当劳等为载体的美国文化正逐渐改变国人的生活方式，潜移默化地影响我国的政治发展。他们通过国际经济金融组织及游戏规则，打着"贸易自由化"的旗号，推行其全球治理模式。随着旅游、服务、文化等产业的开放，人员往来日趋便捷频繁，西方敌对势力会借此进行"西化"渗透，对此我们要防患于未然。

三、经济发展对社会主义政治文明建设两重性的原因分析

市场经济促进独立性公民的培育和市民社会的形成，为民主政治创造社会基础，是推动民主政治的积极因素。但是它又在一定范围内造成收入的两极分化，产生经济不平等的社会后果，进而导致政治不平等，破坏民主政治的社会基础，成为民主政治的破坏力量。

1. 形式和内容的悖离是市场经济对民主政治作用二重性的根本
   原因

市场经济形式和内容的相互分离主要表现为市场经济形式上的平等和实质上的不平等之间的矛盾。市场经济在形式上表现为等价交换、自由竞争，规定了人与人之间的身份资格的平等。但市场经

济建立在私人财产权基础上，私人财产权实质上的不平等决定了人与人之间在经济地位上的不平等，因此市场经济在实质上是不平等的。这就形成了市场经济形式和内容之间的相互分离。

一定的生产方式和交换形式是国家和政治生活的物质基础。市场经济中形式上的平等决定了政治生活中形式上的平等，促进了民主政体的建立。市场经济实质上的不平等则导致深层政治关系中的不平等。市场经济作用于政治生活的不同层面，导致民主政治形式和内容的相互分离，即在形式上规定全体社会成员的平等权利，而实质上是一部分社会成员对另一部分社会成员的统治，这与民主政治的平等要求相悖。

2. 形式上的自由平等促进了民主政体作为一种制度的形成

市场经济表现为一系列的活动原则和运行方式如等价交换、自由竞争等，市场经济的组织原则和活动方式影响着一定的社会政治活动的活动原则和组织形式，形成对政治生活的表层制度结构的影响。如市场经济中的交易自由、平等交换原则，表现为民主政治中的一人一票原则和自由选择原则，市场经济的契约原则表现为民主政治中的法制原则等等。正因为在社会表层制度领域，经济方式决定政治形式，市场经济促进了民主政体的建立。但其发展并不能自发地实现政治民主。民主政治是一种制度建构，市场经济的发展只是在客观上为民主政体的产生提出要求并提供必要的社会条件，民主政治的最终建立还是一定历史条件下人们主观追求的结果。

3. 实质上的不平等导致民主政治在具体运行过程中表现出持续的内在张力

市场经济不仅决定着社会政治的表层结构，而且还表征着一定的经济制度。基本经济制度是经济制度最本质的内容，直接决定社会政治关系的本质。保障私人财产权利是市场经济交换关系实现的前提。市场经济通过自由竞争实现社会资源有效配置。市场竞争"默认不同等的个人天赋，因而也默认不同等的工人能力是天然特

权。所以就它的内容来讲，它像一切权利一样是一种不同等的权
利。"① 从表面上看，规则和机会对每个主体都是平等的，但市场竞
争的结果却取决于每个主体的起点和不同的实力（如财产、天赋、
技能、努力程度等等）。由于差异的存在，平等的机会和平等的资格
并不能导致结果的平等，而必然导致社会资源在社会成员之间不平
等的配置，并且随着市场交换的深入，这种不平等得以累积。这种
不平等固化为一定的产权形式，导致人们经济地位的不平等。经济
不平等是政治不平等的根源。市场经济中产权占有的不平等导致政
治影响力的不平等，因此市场经济的结果是与民主政治的平等原则
相冲突的，破坏民主政治的社会基础，造成民主政治内容和形式的
相互分离。

市场经济对民主政治的双重作用是由于市场经济的外在形式和
内在实质之间的割裂造成的。它造成民主政治形式和内容之间的割
裂。在民主政治的内容和形式之间形成一种持续的张力，这种张力
发展到一定阶段，如果不能在一定外部因素如一国政府协调力量的
有效干预下得以及时化解，便会阻碍民主制度建设和民主精神的
培育。

四、经济发展对社会主义政治文明影响的应对策略

经济发展对政治文明建设具有双重影响作用。单靠市场自身的
力量无法克服。政府既要努力发挥市场经济对民主政治的积极影响，
加快政治民主的制度化建设，又要加强干预，克服市场经济对民主
政治的消极影响。

1. 努力发挥市场经济对民主政治的积极影响

推进政治参与的制度化建设。大众化的政治参与是现代民主的
重要特征。不同社会阶层的政治参与取决于两个方面：一是社会阶
层的自我认同感、自我意识及其组织程度；另一则取决于政治体制

---

① 《马克思恩格斯选集》第3卷，人民出版社1972年版，第12页。

框架所能容纳的多元利益主体的活动的程度、国家的法律和实际的政治运作过程。在市场经济条件下形成利益独立的公民，形成独立于国家权力控制之外的市民社会和各种社会组织，他们有通过政治参与实现自己利益的内在要求。因此，我国应该在大力建立社会主义市场经济体制的同时，尽可能及时建立能够容纳人们政治参与的制度化途径，加快中国特色社会主义政治体制的建设，充分吸纳社会成员和各种利益组织参与到政治生活中来。

建立开放性的政治决策机制。计划经济体制下的政治决策机制相对封闭，缺乏与外界的信息交流，不一定符合社会的实际诉求，对社会经济发展起不到应有的作用。市场经济促进了人们自我意识的觉醒，产生了各种具有独特利益诉求的市场主体，并对政府决策产生了各种要求和影响，这有利于实现政治决策的民主化。因此，我们必须加强政府决策的开放度和透明度，健全沟通制度，形成开放性的决策机制，使公民顺利参与政治生活。

加强选举制度建设。通过竞争性的政治选举确定政治领袖是现代民主政治的基本特征。在民主意识、竞争观念和参与能力有了普遍提高的情况下，我们必须加强政治选举制度建设，在保证党的领导的前提下，在某些经济、社会领域逐步建立通过竞争性选举确定领导人的制度，和公民更多的实践民主权利，自由表达意愿，实现自己的利益。

2. 努力克服市场经济对民主政治建设的消极影响

深化国有企业的产权改革，实现私人控股权的分散化。产权改革是建设市场经济的必然要求。随着我国经济体制改革的不断深入，国有企业的产权改革已经成为改革的一项重要内容。产权改革，企业实现股份制改造，部分社会成员有可能会因为拥有企业股权而成为资本所有者，产生与普通劳动者之间的经济地位差别。凭借资本产权对于劳动力产权的优势地位，资本产权的拥有者在生产过程中获得更多的社会物质资源，与普通劳动者拉大了经济收入的差距。因此在企业产权改革中，我们要尽量分散股权，发展中小股东，让尽量多的普通劳动者成为股权持有者，防止社会分化，从而尽可能保证民众的经济平等。

突出劳动力产权的优势地位，降低资本对劳动力的控制程度。市场经济条件下必然形成资本优势，在生产要素市场上，资强劳弱。在利润最大化的推动下，放任资本压低劳动成本的倾向的发展，资方与劳方的收入差距必然拉大，导致两极分化，破坏社会平等，甚至酿成社会冲突。故此，国家要在保证资本所有者合理收益的前提下，制定强制性的劳动工资标准和劳动安全标准，以保护劳动者的合法权益和地位，最大程度地增强按劳分配的主体地位，实现社会公平与和谐。

发挥政府的再分配作用，缩小社会成员间的收入差距。市场经济通过收入差距刺激人们的积极性从而创造高效率。但是收入差距导致社会不平等，使社会陷入公平和效率的悖论。因此政府要发挥再分配的功能，通过税收政策，如对高收入者征收高比例的个人所得税，征收遗产税、累进税等方式，从高收入者手中拿出一部分收入增加政府转移支付的资金来源。但这种政策要适度，正如阿瑟·奥肯所说的，要保持在"平等和效率可以妥协的范围之内"，以免影响人们的工作积极性和市场经济的效率。

加强对社会弱势群体的关注和保护。民主政治要求政治权利平等。但市场经济导致的优胜劣汰使一部分社会成员因为年老健康等原因处于竞争弱势，很难实现政治权利的平等。两极分化必然导致社会矛盾激化，甚至破坏社会稳定。因此政府要发挥社会转移支付的功能，修订社会保障政策，对弱势群体发放社会保障金；同时也要制订优惠政策，保证其就业和受教育机会。这样，社会才能在保证效率的同时最大限度地实现公平。

加强对政治决策的民主监督制度建设，防止金钱对政府决策的影响。随着私营企业、个体企业、股份制企业的发展，社会利益结构日趋复杂化和多样化，出现了多元利益主体。为了最大限度地实现自己的利益要求，他们会通过拉拢、贿赂政府官员，通过对政府

某些活动提供经济资助等方式影响政府决策。这就背离民主政治的公意原则。因此，政府要加强政府决策科学性、公正性方面的立法，增强政府决策的透明度和公开度，在政府系统内部建立一定的纠偏和监督机制，加强反腐败力度，防止这类情况的发生。

第三节　经济发展对社会主义核心价值观的影响

改革开放不仅使中国社会的经济结构、政治结构重新排列组合，而且催化深层次的价值观的嬗变。正确认识当代中国经济发展对社会主义核心价值观的影响，对于加强主流意识形态建设、巩固马克思主义在意识形态领域的指导地位、推动整个社会和谐发展有着重要意义。

一、经济发展对社会主义核心价值的正面效应

当代中国经济发展促进了思想解放，增强了与社会主义现代化建设事业相适应的思想意识。在 2000 年江泽民就指出："改革开放使中国人民的精神面貌发生了新的重大变化。爱国主义、集体主义、社会主义思想，科学文明、开拓进取、健康向上以及其他与改革开放和现代化建设相适应的思想观念、道德风尚，是当今中国人民精神世界的主流。中国人民的精神世界是充实的，丰富的，积极的。这为我们推进物质文明建设提供了强大的精神动力。"[①]

1. 经济发展为精神文明建设夯实物质基础，坚定了建设中国特色社会主义的信念

人们只有在解决生存问题的基础上才能从事哲学、文学、艺术

---

① 《文汇报》，2000 年 3 月 8 日。

等精神活动。农业社会生产力水平低，对劳动力的需求大，人们鲜有机会接受教育，更难说对社会精神文化有较大贡献。虽然统治者重视道德教化，但这是为了维护阶级统治。人们为生计所累，没有意识到现存道德的不合理性，即使少数有识之士抨击现实道德，但因缺乏相应的物质条件和民众基础而难以奏效。只有到了工业社会，生存问题得以解决，教育才开始普及，人的整体素质才得以提高。劳动生产率的提高使人们有时间和精力参与精神生产和国家事务。

改革开放解放和发展了生产力，丰富了人们的物质生活和精神生活，使社会主义本质理论深入人心。江泽民进一步深化了对社会主义的认识。"社会主义是全面发展，全面进步的社会"，"我们要在发展社会主义物质文明和精神文明的基础上，不断推进人的全面发展。""推进人的全面发展，同推进经济、文化的发展和改善人民物质文化生活，是互为前提和基础的"。① 改革开放以来，人们已感受到中国特色社会主义的生命力，总体上支持改革，拥护党的路线、方针、政策，进一步坚定社会主义的信念。

2. 社会主义市场经济与社会主义和共产主义理想信念有内在一
   致性

市场经济有利于促进生产力发展、实现社会主义目标，与马克思主义信仰是一致的。

商品经济是社会主义初级阶段不可逾越的阶段。利用市场机制优化资源配置的市场经济是当前有效发展生产力、提高人民生活水平和国家综合国力的经济体制。它与我国"三步走"的战略目标是统一的，与社会主义共同富裕的目标是统一的。经济越发展，社会越进步，人民生活水平越提高，就越接近共产主义目标，因此这种一致性是根本的。

市场经济对物质利益的重视与马克思主义信仰的现实性是一致的。市场经济重视物质利益。物质追求是人生价值目标之一。没有

---

① 《文汇报》，2000 年 3 月 8 日。

人愿意只追求精神价值而舍弃物质追求。过去的信仰者被教导说要关注精神生活，放弃现实的物质生活，专心期待来世的天堂生活。离开人的实际利益，一味强调信仰，使信仰虚幻化、虚伪化。近代以来人们的信仰趋于世俗化和现实化。这是历史的进步。以此为前提才可能有真正的精神生活和信仰。

社会主义市场经济的特征、原则与马克思主义信仰中对社会主义制度的规定是一致的。

首先，从所有制来看，共产主义社会坚持生产资料公有制原则。社会主义是共产主义的第一阶段。公有制经济的主体地位和多种所有制经济共同发展是我国社会主义初级阶段的基本经济制度。公有制是社会主义市场经济的重要特征。它提倡的集体主义，是实现全体公民主人翁地位和共同富裕的保证。多种所有制经济并存则赋予社会主义经济以竞争和活力，有利于生产力的发展，这也是对市场经济中价值规律的运用。其次，从分配制度来看，按劳分配为主体、多种分配方式并存的分配制度是社会公平分配的调控机制。按劳分配契合市场经济的等价交换原则。允许生产要素参与分配，这是生产要素所有权的经济实现，符合市场经济的要素按贡献分配的原则。

3. 经济市场化以对职业道德的规范促进社会公德的提高

绝大多数人都有双重角色，既是职场中人，又是社会中人。行业认同产生职业道德，社会认同形成社会公德。市场经济对道德修养的正面驱动始于职业道德。市场经济对人性恶的软约束引致职业道德规范的建立。当利他行为为自身带来现实利润和潜在利益时，利他意识便逐渐超出个体自身被规范化、制度化，成为职业道德准则。当抛开行业特点，职业道德便有共同规范，如敬业诚信。这些规范超越职业范围上升为社会公德。在非职业交往中，功利色彩淡化。如在朋友之间、个人与公共场所之间等的交往中，虽然没有职业交往的敏感，但个人道德修养仍会影响他人利益和社会秩序，如随地吐痰污染公共环境，交通违章危害公共安全等等。细节不小，它折射人的社会公德素养。职业道德中的"利己"和"利他"意识推广到社会领域便成为"自爱"和"爱他"。社会交往中利害冲突的机率并不太高，正常情况下人们完全可以和睦相处。随着市场经济的成熟和职业道德规范的健全，人们的公德意识必然由他律转化为自觉。道德认同也将由法律强制逐渐升华为道德自觉。

4. 经济全球化推动道德进步

经济全球化的开放性提高了道德主体的自由程度。全球化是指人类跨越民族和国家界限，超越制度和文化障碍，在全球范围内实现交流、对话、协调和沟通的过程和趋势。对各国而言，"空间已不再是一个障碍物——人们只需要短暂的一瞬就能克服它"，"在这个世界上不再存在天然的边界"。① 国家由封闭走向开放使人们得以借鉴人类文明成果，拓展人类的交往空间。对个人来说，有利于解除人与人之间依附关系。人们之间更加开放、平等、宽容，道德自由度扩大，自主选择成为道德发展的趋势，有利于增强人们的道德主体性与道德选择能力。从国际来看，各国解决问题的立足点不只是本国利益，还有人类的共同难题，比如生态问题和能源危机。这又意味着道德适用范围的扩大，表明人类道德能动性增强。

经济全球化有利于当代中国制度性道德建设。中国传统道德重视美德伦理，强调个人的修身养性，把个体间私人性关系作为核心的道德关系。这样就直接造成集体性、公共性和制度性道德的缺乏，人们缺乏遵守公共规则的愿望和习惯。经济全球化是市场经济高度发达的产物，资源配置中的关系不仅仅是个人与个人之间的关系，也包括个人与组织、个人与国家乃至国家与国家之间的关系。处理这种关系的出发点，不是人和人之间的善良情感，而是组织利益。相对于德性而言，契约协调利益更为有效，所以现代社会更为重视规则。它要求建立一种以自由、平等、信用、契约为基础的普遍的经济关系。这种关系反映在道德的层面上，包括人格自由、平等、

---

① 【英】齐格蒙特·鲍曼：《全球化——人类的后果》，商务印书馆 2001 年版。

尊重人权、遵守社会公德、公平竞争、依法守法的现代文明规范。近年来中国社会普遍对诚信、公正的呼吁，应该说与参与经济全球化程度的加深有关。随着开放的扩大，近年来国内对诚信公正的呼吁日盛，制度性道德也将备受关注。

二、经济发展对社会主义核心价值的负面影响

经济发展与道德水平并不完全正相关。改革开放带来社会情况复杂而深刻的变化，主要表现为经济成分、分配方式、利益关系和就业方式等的多样化。社会的变革也引起思想文化领域的价值偏离。在经济形势大好的情况下，信仰迷茫、道德滑波却令人堪忧。传统的价值观念受到洗礼和冲击，新的价值体系仍未深入人心，容易导致行为失范。

1. 物质生活的丰裕容易导致一些人动力丧失，精神空虚，责任感淡漠

社会主义建设是全新的事业，也是复杂的过程。正如江泽民指出，"由于历史的原因和对外开放的环境，国内外一些封建迷信、腐朽没落的东西会在一定范围内对人们的思想产生这样那样的影响……即使在物质生活丰裕、科学文化繁荣的条件下，也难免会有些人陷入精神空虚甚至颓废状态。这些消极现象是当前中国的一些现象，在人们中确实存在，在世界上的许多国家，这种现象也屡见不鲜，这是个世界性的课题。"[1] 人们的是非标准模糊、社会责任感淡漠、利他主义感冷漠、社会公德水平下降，"见义勇为"、"维护公共利益"的传统美德褪色。

2. 经济市场化对社会主义核心价值的负面影响

市场经济易于诱发个人主义、享乐主义、拜金主义和宗教迷信的思想，从而削弱共产主义的理想和信念，对马克思主义信仰造成

---

① 《文汇报》，2000 年 3 月 8 日。

一定的负面影响。

诱发个人主义思想，消解集体主义精神。经济体制转型诱发人们的价值观从集体主义向个人主义蜕变。集体主义是社会主义的重要原则。个人利益服从集体利益，局部利益服从整体利益，是它的应有之义。建国后至改革开放前，"政治统帅一切"，"先公后私"、"公而忘私"成为行为准则，集体主义观念占绝对主导地位。由于受"左"的思想影响，这种价值取向走向了反面，将个人合理的利益追求视为错误加以批判，一味强调集体利益。改革开放后，集体主义观念受到冲击。市场经济的功利性易于诱发个人主义思想，引致价值导向市场化，以自我价值的实现为本位，按市场要求塑造自己。计划经济年代的"公而忘私"、"无私奉献"被人遗弃。大而无当的"理想"、"信仰"再也激不起人们的豪情，反而使人疑虑惆怅。有些人追逐私利，甚至不惜损害集体、国家和民族的利益。

诱发宗教迷信思想，出现信仰多元化。中国当前的信仰多元化状况首先源于市场经济中的自由竞争和高度开放。市场经济的自由竞争导致信仰自由，但也造成信仰迷失。市场经济的开放性，既是空间的开放，也是精神生活的开放、心态的开放。随着西方思潮的涌入，加之信息技术走入寻常百姓家，使民众信仰日益多元化；其次，体制的转型，难免触动一些人的利益，使之产生失落感，甚至出现伤感怀旧、忧虑郁闷等心理现象。这些人在现实中受挫，容易逃向现实之外，以宗教与迷信填补内心空虚；再次，市场经济的实用主义易于滋长迷信。迷信的流行与市场经济不无关系。因为迷信讲实用，迷信者想利用超自然的手段实现世俗目标。因此实用主义与迷信有内在联系，而市场经济则助长了实用主义。

催生多元利益格局，导致价值观多元化。经济市场化导致利益多元化。改革使人们的人生观变化具有多重表现与多样选择的新特点。社会上一些与马克思主义、社会主义相悖的言论时有所闻。有的公开鼓吹"全盘西化"，在政治上主张西方的多党制和议会民主制，在经济上主张私有化，在思想文化上主张取消马克思主义的指

导地位，在价值观上主张极端个人主义；有的歪曲党和人民的奋斗历史，煽动对党和政府的不满；有的不负责任，生产色情暴力、迷信颓废的文化作品等等。而西方敌对势力也在加紧渗透，以民主、人权为幌子推销其价值观，利用宗教、民族问题挑起事端。

3. 经济全球化对当代中国道德建设的负面影响

道德相对主义的潜在威胁。中国经济纳入全球经济发展轨道使国人在接触国外物质文明的同时也感受其精神文化。国际网络信息无孔不入，西方影视作品全面渗透，都将促使当代中国道德价值多元化。古今中外的异质文化同台展现，隐匿其中的多元化道德标准使人们对同一道德评价的对象产生相异乃至相反的评价结果，使人们道德观念模糊，是非不清，对错难辨越来越出现道德相对主义倾向，具体表现为道德评价失范、价值取向迷乱，道德认知与道德行为分离等。

本民族传统的道德观念受到冲击。经济全球化带来多元文化的交融和碰撞，相对于传统的封闭狭隘是一种进步。但发达国家倚仗经济优势，把西方价值观强加给发展中国家，改变原本各具民族特色的生活方式和价值观念。强势文化的冲击使我国固有的道德规范受到质疑和削弱，甚至被拒斥和否定。近年来中国社会个人主义、物质主义、消费主义、性解放等社会思潮的流行固然有多种因素的影响，但与西方文化产品尤其是传播媒介的影响不无关系。[①] 民族复兴的精神力量和传统美德在"接轨国际"的口号下被逐渐淡忘。

道德的社会控制力受到削弱。在经济全球化时代，人与人之间、国与国之间的矛盾冲突更多地诉诸规则，人们逐步转向依赖外在的法律力量而忽略自我内在的道德力量。经济全球化意味着技术、信息等资源配置在全球自由流通，其中智力资源成为最重要的资源。全球化时代对人的评价相对重视智力，道德标准被淡化，道德在整

---

① 高长江：《全球化与中国文化发展战略》，《青海社会科学》，2000 年第 2 期，第 5 页。

个社会控制体系中的地位弱化。面对全球竞争和生存的压力，人们往往会崇尚博弈甚至是一些零和的博弈。这使人们往往只追求个人或企业的成功而不追求道德上的高尚，这种生活取向很容易导致虚无主义。[①]

4. 经济全球化对社会主义核心价值的负面影响

直接导致文化意识和价值观念西化的危险。改革开放使人们开阔了眼界，增长了见识，活跃了思想，但资产阶级的腐朽思想也乘虚而入。西方价值观随着中国与西方全方位交往的加深，随着西方国家的"分化"、"西化"战略的文化渗透，逐渐影响中国人的价值选择。由于它具有隐蔽和迷惑性，容易为一些人所认同和接受，严重干扰和破坏新价值观的构建。全球化带来"民族和传统认同感的丧失，文化多样性的渐失，东西方文明模式和价值观念的冲突，极端个人主义、拜金主义、自由主义和道德相对主义等世界性道德危机"。[②] 以美国为首的西方发达国家不仅主导着全球的政治、经济秩序，而且在思想文化上统治全球。在全球推行资本主义的意识形态和价值观念，是西方全球化的根本目标。他们通过文化商品的销售，借助互联网的信息传输，使西方文化渗透到其他国家。西方一些有害的观念，如个人中心主义、享乐主义等的侵蚀，导致人们疏离马克思主义、社会主义、集体主义和爱国主义。正如杜勒斯所说的，如果我们教会苏联的年轻人唱我们的歌曲并随之舞蹈，那么我们迟早将教会他们按照我们所需要他们采取的方法思考问题。2000 年 5 月 24 日，克林顿在美国众议院说，我们向中国出口的不仅仅是产

---

① 吴燕、刘进等：《经济全球化和信息社会给德育带来的挑战及其教育应对策略——青少年道德教育论坛讨论综述》，《思想·理论·教育》，2002 年第 2 期，第 9 页。

② 秦红岭：《全球化·普遍伦理·现代道德教育》，《社会科学》，2001 年第 11 期，第 46 页。

品，还有我们真实的价值观。① 对此，我们要保持清醒的头脑。在全球化浪潮中处于弱势的中国，必须正确处理好外来文化观念与中国传统文化美德的关系，建立先进的社会主义文化和价值体系。

对马克思主义指导地位的冲击。苏东剧变使马克思主义遭受挫折。社会主义失败论、马克思主义过时论、共产主义渺茫论喧嚣混杂，在思想文化和意识形态领域也出现了真空。西方敌对势力用"过时论"攻击马克思主义。有人宣扬马克思主义现在"只有学术价值"。有人叫嚣社会主义与资本主义"趋同"。西方敌对势力不断向我国渗透各种"理论"。但很多理论是用理想化的尺度去评判和指责现实。有的是西方发达国家对付发展中国家的理论武器，有的极端地反传统、反民族，肆意破坏社会主义意识形态建设。

引起经济结构和社会结构的变化，将导致部分人对社会主义信念产生动摇。经济全球化使国外产品和技术大量涌入冲击我国的民族产业，一些企业在竞争中处于困难状态。分配不合理、就业不稳定和竞争压力剧增所带来的苦闷、空虚和压抑，短期内可能导致一些人的思想疑惑，甚至动摇了社会主义信念。因此必须实行权利与资源平等分配，治理腐败与垄断，调整财富过分集中的经济与社会政策。

对中国共产党执政地位的冲击。西方敌对势力用"西方民主"攻击中国共产党的领导，看不到美国多党轮流执政的积弊，看不到日本等国家首脑更替频仍造成的社会动荡，千方百计贩卖"西方民主"。他们不谈腐败的全球性特点与中国发展的特定背景，说什么腐败现象是"中共一党专政的结果"，是"极权的伴生物"等等，幻想"打破经济壁垒的同时，摧毁政治铁幕"，妄图让中国共产党退出领导地位。

三、经济发展对社会主义价值影响的原因分析

---

① 刘华才、黄红发等：《全球化及其对中国特色社会主义价值观形成的影响》，《湖北社会科学》，2006 年第 10 期，第 21 页。

1. 改革开放和社会转型引起价值观的多元化

当前中国正处于社会转型时期，政治、文化等方面的深刻变化必然引起价值观的多元化。改革开放以前，国家领导体制强调"党的一元化领导"，思想强调"革命化"，领袖话语是唯一的价值标准，"革命"是唯一的价值取向，"为共产主义奋斗终生"是唯一的价值目标。改革开放以来，随着思想的解放、社会的发展、中西文化的碰撞，人们的价值观已由单一走向多元，比如，在价值标准上，有"唯书"有"唯上"有"唯实"，有"跟着感觉走"有跟着"时髦"走；有的以社会利益为标准，有的以小团体利益为标准，有的以个人利益为标准。在价值取向上，有重钱有重义；有重享乐有重事业；有重原则有重"关系"；有重理想有重现实。多元化的价值观既给人们多种选择，但也容易导致人们的无所适从。

2. 新旧价值观念的冲突导致道德失范

中国传统道德以"人性善"的乐观人伦为基础，而市场经济是以"人性恶"的悲观人伦为基础。传统道德强调为国家、为集体的整体主义观念，忽视个人利益的合理存在，这极易使这种为"大家"的思想在市场环境中变为空洞的要求。十年动乱使"极端理想主义"、"个人崇拜"和"伪理想"发挥到极致，瓦解了人道主义、人本主义精神。市场经济的环境中，原有支配人们行为的政治色彩浓厚的道德观念处于失衡失调的状态。社会转轨时期，旧的道德观念已不适用但仍有影响力，新的道德体系还未建立，道德教育滞后于经济社会发展。市场伦理讲求利益导向、公平竞争、效益优先；道德伦理崇尚奉献和利他。两个领域不同伦理原则的冲突使人们在道德价值选择时产生困惑。

3. 带来西方价值观的双重影响

国际文化交流拓展人们的视野，使人们以厚德载物精神去汲取世界各国的优秀文化。多元文化的冲击，尤其是西方国家的"和平演变"策略和"全盘西化"图谋，使一些人共产主义理想淡化、人

生信仰多元化、人生目的庸俗化。面对西方价值观的双重影响，有些人在价值观方面产生了困惑和矛盾。

四、经济发展对社会主义核心价值影响的应对策略

消除当代中国经济发展对社会主义价值的负面影响，建设社会主义核心价值体系，这是一个系统工程。它涉及社会存在和社会意识的方方面面。我们要把改革开放与构建社会主义核心价值体系的关系，统一于建设中国特色社会主义的实践之中；把"立"与"破"的关系，统一于用马克思主义中国化最新成果为指导的实践之中。

1．引导人们树立主导的价值观

人们在价值观方面的困惑的根源是价值观的多元化。要消除价值观多元化引起的价值观困惑，必须确立一套先进的主导价值观，使人们不再无所适从。这个价值观体系应该是主导性和多元性统一的价值观体系。既要合理利用传统价值资源，如：整体本位、义利统一、诚信等，又要借鉴西方价值观的合理成分，如功利主义和人道主义等的可取成分，用开放的态度批判地吸收各种外来价值观，建设既有中国特色又有全球眼光的价值观体系。这一主导价值观就是有中国特色的社会主义价值观，以马克思主义为指导思想、以为人民服务为核心、以集体主义为原则的、以"五爱"为主要内容。在倡导新时期积极进取的人生价值观同时，注重对人生价值取向的错误倾向的匡正和教育，使人们的人生价值观服务于社会主义建设。

2．引导人们树立崇高的价值追求目标

崇高的价值追求是人奋发向上的驱动力，是抵挡诱惑的防火墙。没有崇高的价值目标必然导致信念动摇、理想迷失、精神颓废、道德滑坡。这就必须把马克思主义中国化的最新成果作为人生最高价值信仰，把中国特色社会主义共同理想作为人生最高价值理想，把民族精神和时代精神作为人生最高价值精神，把社会主义荣辱观作为人生最高价值尺度，把为人民服务作为人生最高价值追求。

3. 引导人们坚持科学的价值判断标准

价值判断关系到人的价值追求、是非观念和行为方式。面对深层次的利益调整，面对众说纷纭的思想流派，没有科学的价值判断标准就会良莠不分、是非不辨。因此我们在坚持以"三个有利于"判断改革开放的同时，坚持以"是否有利于用马克思主义中国化最新成果武装全党、教育人民，是否有利于用中国特色社会主义共同理想凝聚力量，是否有利于用以爱国主义为核心的民族精神和以改革创新为核心的时代精神鼓舞斗志，是否有利于用社会主义荣辱观引领风尚"，即以社会主义核心价值体系作为科学的价值判断标准，提高价值鉴别能力。

4. 引导人们选择正确的价值实现途径

价值实现是人们的普遍追求。在实践中要理顺理论价值与实践价值的关系，理顺个人价值与社会价值的关系，理顺物质价值与精神价值的关系，理顺眼前价值与长远价值的关系，使之统一于社会主义核心价值体系之中。实现人生价值，没有捷径可走，不能投机取巧。有些人靠出卖人格国格谋取私利，那是人生价值的畸变。我们要把个人理想融于共同理想之中，弘扬以爱国主义为核心的民族精神和以改革创新为核心的时代精神，为实现中国特色社会主义共同理想而奋斗。

5. 引导人们遵从刚性的价值行为规范

面对价值追求的多元、道德观念的差异、行为方式的多样，我们要引导人们制定切实管用的人生准则和行为规范，并转化为自觉行为，努力做马克思主义中国化最新成果的坚定信仰者，中国特色社会主义共同理想的执著追求者，民族精神和时代精神的忠实传承者，社会主义荣辱观的带头实践者。

第五章
当代中国
意识形态经济化的发展源流

　　中华民族几千年历史所创造和积淀的文化，博大精深，源远流长，对中国乃至世界都产生了非常重要的影响。近代以来西方文化的传入，特别是随着经济全球化与信息化的发展，世界各国经济和文化交流日益加深，西方文化与中华文化产生激烈的碰撞和冲突。如何更加自觉地发展与我国地位相称的、与时代发展相适应的社会主义意识形态，是一个具有战略意义的重大问题。科技要自主创新，文化也要自主创新。坚持马克思主义和社会主义意识形态，要继承传统文化，去其糟粕，取其精华，不能复古倒退；要吸取世界其他民族创造的一切优秀文明成果，以我为主，为我所用，不能全盘西化。自觉地创造中国自己的、具有时代性和前瞻性的社会主义意识形态，是中华文明复兴的关键所在。

第一节　传统文化与
意识形态经济化

　　中国文化的自觉，首先要对自己的文化有自知之明，因为文化自觉的根本目的是加强文化转型的自主能力，取得适应新环境、新时代文化选择的自主地位。费孝通指出，最重要的是要充分认识自己的历史和传统，认识一种文化得以延续的根和种子。一种文化还需要创造。所谓创造就是不断"以发展的观点，结合过去同现在的条件和要求，向未来的文化展开一个新的起点"①。文化自觉应包含过去、现在和未来的方向，也就是从传统与创造的结合中看待未来。在全球化的今天，我们需要知道中华文化存在的意义，了解中华文化在世界文化中处于何种地位，能为中国的未来发展做出什么样的贡献。

一、传统文化是社会主义意识形态的重要内容

　　传统文化是一个国家和民族在长期历史发展进程中创建和传承的物质精神成果。作为历史上存在过的观念体系和知识体系，任何一个国家的传统文化均具有鲜明的地域性、民族性和时代性等特征。而意识形态是一种自觉地反映一定社会集团经济政治利益系统化、理论化的思想观念体系，是一定社会集团、阶级的政治理想、价值标准和行为规范的思想基础。中国先进文化的建设，不应忽视民族文化的继承和弘扬，社会主义意识形态观念体系的形成和发展，也

---

　　① 费孝通：《文化的传统与创造》。费孝通：《费孝通论文化与文化自觉》，群言出版社 2005 年版，第 310 页。

离不开中华民族传统文化的底蕴与铺垫。因此，审视优秀传统文化的重要内容，创新和发展社会主义意识形态，对于社会主义文化建设具有十分重要的理论意义和现实意义。

1. 中国传统文化的精神实质

中国传统文化是中华民族在长期历史发展过程中，由于特殊的自然环境、经济形式、政治结构、意识形态的作用而形成的文化积累。它不仅以程式化的经典文献、制度等客体形式存在着，而且广泛地以在长期历史过程中积淀而成的民族思维模式、知识结构、价值观念、伦理规范、行为方式、审美情趣、风尚习俗等主题形式存在着。

中国传统文化是以儒家政治伦理道德哲学为核心，包括各家哲学思想在内的一个具有整体特色的传统哲学体系。因为中国哲学产生的背景是政治需要和对伦理修养的强调，决定了中国传统文化是一种求善趋治的政治伦理型文化。中国古代哲学的特点从整体上看主要是：着眼伦理本位；关心现实政治；发挥主体意识；富于辩证思维；强调整体观念；偏重直觉思维；流于经学态度；重视人际关系。中华文明历来注重社会和谐，强调团结互助；中华文明历来注重亲仁善邻，讲求和睦相处；中华文明提倡海纳百川，有容乃大；中华文明历来注重自强不息，不断革故鼎新。国学大师张岱年主编的《中国文化概论》将以人为本、天人合一、刚健有为、贵和尚中并列为中国传统文化的四大要点。《中华文明论》则提出，以天人合一的宇宙观；仁者爱人的互主体观；阴阳交合的发展观；兼容并包的多元文化观；义利统一、以和为贵的价值观；知行统一、以德为本的时间观作为中国传统文化的六大核心理念，并加以创新，作为创造世界新型文明的重要思想资源。

中国传统文化的特质就是以人为终极关怀的人本文化，而不是像西方一样诉诸宗教信仰的神本文化。中国传统文化以人为终极关怀的价值观主要体现在：人与万物相比，以人的生命和道德理义为终极关怀；在国家和社会生活中，以民（人）为终极关怀；在对待人本身的道德理想问题上，以人格意志为终极关怀。中国传统文化对人的终极关怀的思想是最为珍贵的文化财富。①

而当代中国文化是一个多元板块，至少包括中国传统文化、从鸦片战争以来的外来文化、共产党领导下的革命文化以及当前的大众文化。四种文化形态给我们提出一个挑战，当代中国文化的内部结构是一种矛盾性的、冲突性的结构。在寻求消解它们之间的矛盾、进行文化整合时，面临着几大基本矛盾：全球主义与民族主义的文化冲突；普适主义与我们自身文化特殊性方面的矛盾；文化的理想主义与文化的功利主义的矛盾。鸦片战争之后，中国传统文化经历了"五四"、"文革"以及改革开放的冲击，受外来文化尤其是"西化"和"马化"的冲击之后，传统文化中古典的东西被严重窒息，带来文化传承过程中沉痛的教训。②

文化自觉最重要的是改变过去一味封闭地崇尚"国粹"，而致力于从当前世界文化发展的需要出发，来审视我国丰富的文化资源，特别是研究在当前的文化冲突中中国文化究竟能做何种贡献，同时，在与"他者"的对话中再重新认识自己。

2. 中国传统文化是社会主义意识形态的重要内容③

意识形态是一种自觉地反映一定社会集团经济政治利益系统化、理论化的思想观念体系，是一定社会集团、阶级的政治理想、价值标准和行为规范的思想基础。作为意识形态一般结构的重要组成部分，文化传统是意识形态观念体系形成和发展的思想源泉。文化的继承和发展，意识形态的承继与演进，反映出历史与现实之间的不

---

① 谭培文：《中国传统文化以人为终极关怀的当代价值研究》，《伦理学研究》，2007年第1期，第6页。
② 蔡利民、李成旺：《当代文化哲学建构：何以可能与路径展望——"2008全国文化哲学论坛"学术研讨会综述》，《哲学动态》，2008年第7期，第105页。
③ 本部分参考了詹小美：《传统文化与社会主义意识形态研究》，《求索》，2004年第5期，第88—90页。

可割裂性。某种意识形态一方面总是反映现实世界的物质经济关系，另一方面则往往保留着历史上形成的反映过去物质经济关系的思想观念。民族的从来都是世界的，传统的历来都是时代的。就意识形态的思想源泉而言，文化传统是特定意识形态形成和发展的前提和条件，对思想观念的形成和发展发挥着导向和整合作用。因此，意识形态的形成和发展既不能离开现实社会的物质经济关系，也不能与该社会的文化传统脱节，历史和现实必须达到某种程度的协调。意识形态不断选择、改造着特定的文化传统，文化传统也在不断变化着的意识形态中得到延续和发展。

文化传统是意识形态观念体系形成和发展的心理支撑。价值观是文化传统的核心，个人和群体行为受思想观念的激励，归根结底来源于价值观的支配。作为人类历史所创造的精神成果，文化传统通过遗传和继承决定了社会个体的语言、心理、思维等结构，进而决定了社会群体的社会意识、价值观念和心理素质，并潜移默化地积淀为意识形态观念体系的心理支撑，发挥着价值导向和精神激励的功能。

社会主义意识形态是以历史唯物主义为世界观，反映无产阶级的根本经济政治利益的、自觉的、系统化的观念体系。社会主义的文化意识形态就是在马克思主义指导下的文艺理论、艺术形式、道德风貌、行为方式、思维取向、风俗习惯等等所表现出来的政治意向性或阶级性。社会主义意识形态的构建离不开民族文化的底蕴与铺垫，社会主义意识形态继承和弘扬了中华民族优秀传统文化。

爱国主义与社会主义的统一。爱国主义是历史上形成的，以维护祖国利益为最高职责，反映历史进步趋势的思想观点和行为模式。爱国主义是世界各个民族普遍推崇的思想情感，中国历史上的爱国主义，以其忧国忧民的忧患意识和团结御侮的不屈精神为特征，为历代中国人所注重和传承。代表中国主流文化的儒家学说本身渗透了强烈的忧患意识，表现出对国家、民族、社会生存与发展的关注，以及对视天下为己任的爱国主义情感的弘扬。纵观中国历史，爱国主义如同一根红线贯穿着中华民族的发展过程，凝聚着中华民族传统文化的精华，构成了中华民族的立国之本。作为思想观点，中华爱国传统表达了爱国主义的人生观、价值观和道德观，即为祖国的利益而奋斗的精神风貌，献身祖国的价值取向，以及自觉维护祖国利益与尊严的民族气节。作为行为模式，中华爱国传统在国家和民族利益上，反对侵略，捍卫国家和民族的独立与安全，实现民族间的平等与联合；在群体与国家的关系上，反对分裂，维护国家统一，地方拥护中央，个别民族支持整体民族；在个人与祖国的关系上，个人利益服从祖国利益，必要时为祖国的统一和繁荣贡献生命。爱国主义是社会主义的基础，也是社会主义意识形态的前提；社会主义是爱国主义的升华，也是社会主义意识形态的核心。只有坚持社会主义方向，当代的爱国主义才能具有实际的内容；只有弘扬爱国主义精神，社会主义意识形态才能充满真正的理性和自觉。

群体意识与集体主义的结合。中国传统文化的群体意识孕育了中华民族整体为上的思维传统。儒家学派将天、地、人合为一体，把三者视为一个整体，形成了以三者的和谐统一为基础，以不破坏整体协调为特征的传统思维模式。道家学派则在强调人与自然、人事与天道协调的基础上，追求主观与客观、人与环境之间的平衡与和谐。在文化心理上，整体为上的群体意识使大一统的理性自觉积淀成深层的社会心理。在治国方略上，整体为上的群体意识使《中庸》所宣扬的"万物并育而不相害，道并行而不悖"的思想上升到了本体论的高度。在价值推崇上，整体为上的群体意识使个人自我价值的实现必须以个体与群体的协调为前提，从而建立起立足于群体运转之上的集体主义原则。在新的时代，集体主义仍然是社会主义道德建设的准则，它内在地包含了个人利益与集体利益的关系，蕴涵着个人与集体关系的认知和选择。集体主义体现了无产阶级和广大人民群众的整体利益，是衡量个人行为和思想品质的最高标准，也是调节个人与社会的关系、指导个人行为的最一般要求。

"民惟邦本"与"为人民服务"的相融。民惟邦本是中华文化

的基本精神之一。孔子的"仁学"以"爱人"为核心内容，所谓"大畏民志，此谓知本"，这一思想后来被概括成为"民惟邦本，本固邦宁"的民本思想。孔子还主张"泛民众"，要求统治者实行"庶民"、"富民"、"教民"政策。孟子创立的"仁政"进一步提出"民为贵，社稷次之，君为轻"的理念，表达了民众比国家、君主还要重要的思想。近代以来，先进的思想家大都继承了古代民本思想的传统，在康有为所描绘的"至仁至治"、"尽善尽美"的大同世界里，仍能看到"民惟邦本"思想的光辉。孙中山的三民主义思想，特别是民生主义更直接继承了孔子"爱民"、"利民"和"富民"主张。"民惟邦本"的思想对于社会主义的观念体系具有十分重要的意义。社会主义意识形态的根本出发点是人民的需要和利益，社会主义的最终归宿是满足人民的需要，保障人民的利益。为人民服务的思想，是现代条件下"民惟邦本"的升华与发展。为人民服务，就是要代表中国广大人民群众的根本利益，就是要使广大人民群众在社会发展进步的基础上不断获得切实的利益。在这个基础上，"民惟邦本"的人本思想与"为人民服务"的精神理念现实地相融。

二、传统文化的经济价值

1. 中国传统文化对全球化、现代化的反思和平衡

全球化时代要求以一种整体意识去关注世界、关注人类文化的发展，而中国的整体有机文化观为人类未来发展提供了宝贵的文化资源。中国传统哲学坚信人与天地万物是一个整体，天人、物我、主客、身心之间不是彼此隔绝的，而是彼此对话、相互包涵、相依相待、相成相济。现代化实践极大地拓展了人类的物质技术空间，但人类的精神空间却不断地被物欲所填充，如何保持物质技术与精神情感之间的平衡协调，日益引起世界思想家们的关注。中国传统文化在维持人的心灵与精神平衡、人格的内省与修养上，有着显见的优势。强调整体性、保持技术与精神的文化价值诉求，无疑对于

今天的世界具有启示意义。①

中国传统文化的整体有机观念对解决全球化带来的问题具有重大意义。耗散结构论的创始人普利高津就曾引用李约瑟的观点评论中国古代科技，说其一个重要的观点就是整体观。"中国传统的学术思想是首重于研究整体性和自然性，研究协调与协和，现代新科学的发展，近十年物理和数学的研究，如托姆的突变理论、重正化群、分支理论等，都更符合中国的哲学思想。"《混沌七鉴——来自易学的永恒智慧》认为："欧洲、美国、中国的社会正处于一个巨变的时代，正如过去《易经》的作者和注疏者曾长期思考过自然界和人类活动中的秩序与无序间的关系，此时此刻人们正试图洞察个体与集体的关系，寻求永恒变易中的稳定。我们的时代是一个来自方方面面的思想和感知产生出巨大能量的时代。当今世界的社会状况类似于物理系统中的非平衡态。新的相对稳定和意外结构有时会突然产生。或许，当社会朝我们未曾指望的方向发展时，混沌科学会帮助我们理解所发生的一切。"②

"天人合一"思想在处理人与自然的关系中的协调作用。"天人合一"思想主张人不能违背自然、超越自然界的承受力去改造、征服、破坏自然，而只能在顺从自然规律的条件下利用、调整自然，使之更符合人类的需要，也使自然界的万物都能生长发展。这为解决当今人与自然的关系提出非常有意义的思考路径。现在世界普遍关注生态环境的保护问题。生态伦理学和生态哲学的核心思想，即超越"人类中心主义"的西方传统观念，树立"生态整体主义"的新观念。"生态整体主义"主张地球生物圈中所有生物是一个有机整体，它们和人类一样，都拥有生存和繁衍的平等权利。生态伦理学

---

① 蔡利民、李成旺：《当代文化哲学建构：何以可能与路径展望——"2008 全国文化哲学论坛"学术研讨会综述》，《哲学动态》，2008 年第 7 期，第 105 页。

② 约翰·布里格斯、戴维·皮特著，陈忠译：《混沌七鉴——来自易学的永恒智慧》，上海科技教育出版社 2001 年版。

和生态哲学已经成为当今全人类带有普遍性的价值观念。中国传统文化包含强烈的生态意识，这种生态意识与当今世界的可持续发展观和科学发展观是相通的。

"以和为贵"的思想在处理国家、民族关系和矛盾问题上的作用。在国际社会中，文化对民族国家的行为和期望具有强烈的影响。中国文化贵和尚中，不仅重视人与自然的和谐，还特别重视人与人之间的和谐统一，提倡以和谐为最高原则来处理人与人之间、民族与民族之间、国家与国家之间的关系，并通过对持中原则的体认和实践，去实现人与人、人与社会之间的和谐与平衡，去化解人类的冲突与紧张，缓和人际关系。孔子提出"君子和而不同，小人同而不和"的主张，强调有容乃大、宽厚包容，对于解决当今不同国家与民族之间的纠纷，有着十分重要的意义。

辩证的思维方式对于可持续发展的启发意义。现存集中的权利系统只能通过普适化、均一化、互相隔离的分类方法来管理世界，破坏了事物之间广泛联系的复杂性，也破坏了真正有创意的自由发展。不可改变的规律性、普适性发展到极端，就是文化霸权主义。中国传统文化采取执两中用、一分为三的思维方式，"一分为三"的原理和由此产生的中庸之道也许能救助日益趋向暴力、恐怖、极端的世界。中国传统文化中五行相生相克的思维方式，从多种元素相生相克、广泛联系出发，重视事物的多样性，重视差别和相互关系，结果必然是崇尚多元、尊重自然。中国传统文化中"反者道之动"的思维方式强调听其自然，强调万物静观皆自得，强调无为，强调协同发展，但同时又反对停滞不变。这对于坚持可持续发展，制止当今社会盲目追求经济增长是很好的参照和缓冲。

莱布尼兹在《中国近事》的绪论中就曾说到，如果拿欧洲与中国比较，"在日常生活以及经验地应付自然的技能方面，我们是不分伯仲的"，而"在思考的缜密和理性的思辨方面，显然我们要略胜一筹"，但"在时间哲学，即在生活与人类实际方面的伦理以及治国学说方面，我们实在是相形见绌了。"①

2. 中国传统文化对现代企业文化构建的意义

企业文化是一个企业所信奉的主要价值观，是一种含义深远的价值观、神话、英雄人物标志的凝聚，是由某一特定的群体在处理自己外部适应性与内部一体化问题过程中创造、发现或开发出来，在实际工作中得到广泛的应用，并被证明是行之有效的若干假设模式，是在一定社会历史条件下企业生产经营和管理活动中所创造的具有本企业特色的精神财富和物质形态。其中，价值观是企业文化的核心。组织文化的一些属性，如团结一致、柔性化等，与企业相对投资回报率和销售回报率呈正相关。② 组织中的文化特性——参与性、一致性、适应性、使命，与组织效能显著相关。③ 组织如果注重对员工参与性、自主性和创造性的培养，会为组织带来高绩效。④

中国传统文化以求善为主导，强调人与天的合一；以道德为根本，强调寡欲中庸；在人生态度上，强调出世与入世的互补。在公司文化层面，中国传统文化强调集体主义、以和为贵、以德为本，对于现代企业文化构建产生了积极影响。

推崇集体主义，有利于培育忠诚的企业文化。个人主义与集体主义表示个人与群体间的关联程度。在个人主义社会中，个人之间的关联较低，以"我"为中心，人们认为一个人的责任就是照顾好自己，即使由于某种目标使人们聚在一起，但如果团体束缚了他们的个性，或者影响到了他们自己的利益，他们很可能离开团体，或

① 【德】莱布尼茨著，梅谦立、杨保筠译：《中国近事》，大象出版社2005 年版。

② Calori, Roland, and Sarnin, Philippe, Corporate Culture and Economic Performance: a French Study. Organization Studies, 1991, 12（1）: 49—64.

③ Denison, D. R., Mishra, A. K., Toward a Theory of Organizational Culture and Effectiveness. Organization Science, 1995, 6（2）: 204—223.

④ Kanter, R. M., *The Change Masters: Innovation for Productivity in the American Corporation.* Simon and Schuster: New York, 56—59.

者降低对团体的责任感而维护自己的相对独立，所以，对团体的忠诚度较低。而在集体主义社会里，以"我们"为中心，集体中的成员期望他们的集体来照顾他们，并且愿意以对集体的忠诚作为回报，对集体、团队的忠诚度较高，因而企业凝聚力较强。美国是一个非常注重个人主义的国家，群体凝聚力相对较低。日本是一个具有较高的集体主义的国家，群体中人际关系和谐，个人对群体高度忠诚。而中国的群体则很特别，成员间虽然信任度很低，但却很容易服从别人的意见，同时相互间缺乏竞争性，参与决策的愿望不高，而建立在情感基础上的合作关系又会使群体维持一种表面上的和谐。

崇尚和谐，有利于为企业注入和谐的文化基因。中国传统文化特别推崇天人和谐的思想。在对待天人关系上，中国传统文化把人生处世的理想目标确立为"天人和谐"，其积极意义是明显的。儒家治国和管理思想的核心是"和为贵"。和谐观重视人与人、人与自然的和谐平衡，追求管理系统的和谐、稳定，在人与自然的关系上强调"天人合一"，在社会管理方面推崇"天人一家"，在对人的管理方面强调"情理合一"，从而在管理的不同阶段和层次上达到相互交融合一。中庸之道对企业文化的正面影响体现于其反对过与不及、不走极端、重视和谐、"和为贵"的人际关系准则等。借助中庸之道培养"追求合理利润"、"内求团结、外求发展"、"协作博弈"等企业经营风格、风险观念乃至竞争策略等，构筑企业文化，在实践中被证实为成功之道。

以德为本，促使企业管理者追求修己安人。中国传统的治学理论认为，要想有益于社会，要想治理企业，企业管理者必须首先从自身修炼开始，修身齐家治天下。一个团队有没有向心力、凝聚力、战斗力，关键取决于领导；一个领导有没有吸引力、号召力、影响力，关键取决于其人格魅力。任何一个企业管理者，要想有所作为，必须修身和正心，这涉及到"仁"、"德"、"智"等各方面的修养。孔子认为管理的本质是"修己安人"。"修己安人"包含根本性的个人修炼、自律以及和谐的管理方法。它要求管理者按照道德规范自觉约束自己，成为道德表率，通过言传和身教，借有形的教育和无形的感化影响被管理者，从而达到管理上"安人"的目的。"修己安人"的中国管理传统具有重要的现实意义。因为仅仅依靠外在规范约束人的行为，只能达到有限的效果，而要使个体从心理上、观念上认同管理的要求，必须借助道德的力量、榜样的力量。"正人必先正己"。管理者能做道德表率，着眼于全局，抑制、约束个人的"私"，创造人人自觉为企业努力工作的管理氛围，才是理想的管理方式。

三、传统文化对经济发展的消极影响

1. 中国传统文化对发展社会主义市场经济的消极影响

思想道德观念作为意识形态的一部分，必须与经济基础相适应，适应市场经济的社会主义思想道德是深刻体现市场精神、反映市场运作规律的道德。市场经济具有平等、竞争、法治等特点，市场经济要求社会主义基本道德原则是以人为本、平等互利、公正公平、诚实守信、积极进取、同情关爱、和谐和睦。

市场经济要求参与市场经济活动的主体必须具有独立利益，在价值规律面前人人平等，没有高低贵贱之分，这种自主性和平等性，必然打破传统的封建等级和特权观念，形成人的独立意识，有利于我国社会主义民主政治建设。

市场经济要求人们树立和增强权利观念、利益观念、竞争观念、效率观念、平等观念、自由观念、自主观念和民主观念，使人们的思想由封闭走向开放，由僵化走向活跃，从而为人的自由发展提供可能。

中国传统文化是建立在以家庭为基本单位的农业小生产和以家族血缘关系为交往基本领域基础上的观念体系，是服务于大一统皇权专制的政治体制的官方思想。其内在本质和外在功能，与市场经济的一般共性是不协调的。因为市场经济的基本前提是个人成为社会经济活动的主体，具有自主性，而血缘关系的原始性和小农经济

的分散性提供给个人的活动范围是极其狭小和有限的。

每一种经济体制都在意识形态领域留下深深的思想烙印，每一种新经济体制的形成与发展，又必然会带来人们思想观念的革新。我国曾经实行的计划经济体制，实际上是以自然经济关系为基础的，带有封建的、宗法的、封闭的性质。这种意识形态的基本特点，首先是注重宗法式的人伦秩序，强调人际关系的和谐和稳定；其次是突出人们的整体观念，忽视个人的自我完善；再次是人治观念和特权意识占主导地位。这些观念虽然曾经起过一定的历史作用，但是作为一种意识形态，它对不断变革着的经济关系来说，却日益显示出其消极、保守的特点。

社会主义市场经济既要打破旧的经济体制的束缚，又要克服资本主义市场经济的弊病和市场经济本身的局限性所带来的消极因素，还要批判性地吸取产生于这些经济体制基础上的价值理念，逐渐校正其陈腐和扭曲的价值体系，从而形成社会主义的核心价值观体系，构建新的社会主义意识形态。

2. 中国传统文化对构建现代企业文化的消极影响[①]

中国传统文化过分强调集体主义，压抑个人创新精神，不利于组织创新文化的塑造。企业文化中最重要的一点就是尊重员工的主体地位，塑造个性化的企业及企业管理者。而中国传统文化过分强调群体的作用，强调整体对个体的制约力量，忽视了群体中每个个体作为最积极的行为主体所能发挥的巨大作用。这种思想意识的长期影响，使人们难以坚持个人看法，管理者不敢大胆实施自己的改革方案，不愿显示个人力量，对企业发展十分不利。美国是市场经济高度发达的国家，之所以能够率先迎来知识经济，因为美国人很容易接受自主、自我改造、乃至自我革新的精神，并把这种精神带到商业领域。与此形成对照的是，与自然经济相适应的中国传统文

---

① 本部分参考了屈燕妮：《中国传统文化对现代企业文化建构的影响》，《企业经济》，2008 年第 2 期，第 58—61 页。

化的封闭、墨守成规、论资排辈、追求平衡、中庸等等，明显地抑制人们的创造性。中国文化对企业家创新精神正面影响就小于西方文化。与中国文化不同，西方文化更强调个人主义，更富进取心，直接导致了其风险偏好、机会识别和动态创新意识都较强，而企业家网络联系较弱。

中国传统文化中的"和合"演变为"中庸"，讲究一团和气的企业文化会妨碍企业业绩增长。"和谐、统一"始终是儒家思想的精髓。与西方强调差异化的文化不同，统一可以给企业带来稳定的文化氛围。但是它也为折中主义、明哲保身的处世哲学提供了土壤，限制了员工的创新与发展。而西方文化强调个性张扬，提倡并鼓励员工的创新，尊重员工个性。

中国传统的冲突管理强调"以和为贵"、"克己安人"，在处理冲突时往往采取非对抗式的策略，讲求宽容和回避，以增进和谐，这种和谐价值观有利于减少人际摩擦和冲突，然而也会给组织带来负面影响。过分压制冲突会使组织停滞不前，导致决策效率低下，最终降低组织的经营绩效。并且"以和为贵"的传统价值理念在企业文化中有时会演变为不注重制度安排，而是强调非制度性人情理念，导致在经营中很少考虑与契约制度相关的价值理念，而是重视朋友义气之类的价值理念及血缘家族关系理念。人们之间和睦相处本是中国传统文化所倡导的一种优良品质，然而，在中国和睦交往的程度往往与成员维护相互之间的"关系"、"人情"有着千丝万缕的联系。在工作中成员间很少会就他人达不到考核标准或要求的工作业绩提出批评意见，即使要求对工作方案提出不同意见，大家也倾向于保持沉默。这导致管理中的低效率和工作中的低产出。

中国传统文化的权力差距大，压抑员工参与性、自主性与创造性的培养。由于受"三纲五常"和"忠孝礼仪"等儒家文化影响，我国是一个权力差距较大、平等程度偏低的国家。在企业内部，最高管理层随意处罚员工，职代会流于形式，压制民主，忽视或否认员工的智慧，使员工的民主决策、民主管理、民主监督等权益得不

到实施，限制员工的积极性和创造性，使企业失去活力和凝聚力。而企业的员工也较容易接受集权领导和官僚结构，愿意接受权威，并心安理得听从权威的领导。权力距离、等级观念及服从意识共同导致上级对下级的专制及下级对上级的盲从。员工缺乏积极性，参与决策的愿望不高，相互间缺乏竞争性。企业内部缺乏民主气氛和民主决策程序，自然无法集思广益，群策群力，这与强调团队精神的现代企业文化不相符。

第二节　世界文化与意识形态经济化

以个人主义为核心价值观的近代西方文化，崇尚科学和理性，开创了机械化、工业化的现代化道路；追求个人利益、自由契约，开创了竞争的现代市场经济；宣扬民主、平等，开创了现代西方民主政治。但西方文明的福祉正好包藏了它的祸根：个人主义带来个人与群体内部的紧张及人们道德生活的危机；科学主义和经济本位主义造成了生态环境恶化和人文精神的失落；对市场精神的过度崇拜导致新的不平等和异化。人类生活正经历着前所未有的巨大转变，空前巨大的科学技术发展要求人类精神发生一次心灵内在性的巨大提升，期待一个多极均衡、多元共存的全球化，一个基于生活质量而非个人财富无限积累的可持续性文明。

一、西方文化的核心价值观：个人主义

近代西方文明在时间上主要是指 14 世纪至 20 世纪初期的历史，在空间上主要是指以欧洲为中心的西方国家，包括美国、俄国、日本、澳大利亚等国家。西方文化的核心价值观是个人主义。

现代个人主义理论的谱系可以追溯到西方文明的源头：古希腊—罗马文明和希伯来—基督教文明。个人主义作为"一种哲学上

的信仰，其本身就涉及了一种价值体系、一种有关人性的理论，以及对某种宗教信仰、政治信念、社会经济体制等在内的一般态度和倾向。其价值体系可以概括为三个基本命题：（1）一切价值都以人为中心，即一切价值都是人所体验到的（但并不必然为人所创造）；（2）个人本身就是目的，具有最高价值，社会存在只是达到个人目的的手段；（3）一切个人在世界上都是平等的，任何人都不能被当作他人谋求利益的手段。根据这种观点，社会只是个人的集合体，每个人都是自我约束、自我包容且理论上自足的实体。"① 可见，个人主义作为西方文化的核心价值观，它有着一套完整的价值体系和制度机制。②

首先，个人主义作为一种把握人与世界的关系以及存在状态的方法论而言，认为"我们惟有通过理解那些指向其他人并受其预期行为所指导的个人行动，方能达至对社会现象的理解"③。

其次，个人主义作为一种社会理想，强调政府是建立在公民统一的基础上的，政府只是个人利益的代表，政府的目的在于使个人需要得到满足，使个人利益得以实现，并明确反对政府干涉或反对个人的利益和需要，侵犯或废除个人的权利。

再次，个人主义作为一种经济制度，就是对经济自由的信任。"作为一种学说，个人主义在个人及其心理倾向中寻找社会经济组织的必然依据，相信个人的行为就足以提供社会经济组织的原则，力求通过个人，尽可能让个人得到自由地自我发展的一切机会来实现社会进步……因此，作为一种制度，个人主义乃是自由贸易的制度，

---

① The New Encyclopedia Britannica，Vol. 6. Chicago：Encyclopedia Britannica Inc，1993：295.

② 杨明、张伟：《个人主义：西方文化的核心价值观》，《哲学研究》，2007 年第 4 期，第 38—44 页。

③ 【英】F·A·冯·哈耶克：《个人主义与经济秩序》，三联书店 2003 年版，第 12 页。

是竞争的制度，是私有财产的制度。"① 个人主义者坚信：最符合一个人利益的就是让他有最大限度的自由和责任去选择他的目标和达到这一目标的手段，并将其付诸于实际的行动。通过个人自由地参与到市场之中，尝试并发现他所能做到事情来确定个人的利益所在，并通过市场这只"看不见的手"来协调因个人利益竞争而导致彼此之间产生的各式各样的冲突。这使得个人在实现自身即时性利益的同时，能在更大范围之内实现那些超出他们自身利益的方面做出贡献，同时也能够防止任何个人或群体的利益和观点凌驾于他人的利益和观点之上。

最后，个人主义作为一种伦理价值观念，意味着"道德、道德价值和道德原则的源泉、道德评价标准的创造者是个人：个人成了道德（也包含了其他）价值的最高仲裁者，在最基本的意义上，个人成了最终的道德权威。"②

由此可见，个人主义就像一条永不枯竭的幽暗长河，已渗透到西方国家及其文明的各个角落，并潜移默化地熏陶着一代又一代的后人，进而变成人们一种心灵的习性。正如尼斯贝尔所言："如果有一种能够把神学、哲学和每门社会科学（这种科学在 19 世纪后期的美国开始发展）统一起来的单一观念的话，这种观念就是个人主义。"③

二、西方文化的经济价值

1. 西方文化的理性主义推动现代化

"现代性"概念具有多种含义。"在韦伯看来，现代性与他所说

---

① H. M. Robertson, *Aspects of the Rise of Economic Individualism*. Cambridge：Cambridge University Press, 1933：34.

② 【英】史蒂文·卢克斯：《个人主义》，江苏人民出版社 2001 年版第 2、74、94 页。

③ 【美】R·尼斯贝特：《个人主义》，《哲学译丛》，1991 年第 2 期，第 68 页。

的西方理性主义之间有着内在联系，这种联系并非偶然——随着现代经验科学、自律的艺术和原则性的道德理论和法律理论的出现，便形成了不同的文化价值领域"。① 现代的时代意识在其文化精神上的表征就是"现代性"。现代性的另一重要含义"是紧随着启蒙运动后出现的社会秩序。现代世界以前所未有的进取动力、对传统的背离、拒斥以及全球性后果为标志——现代性的进取动力，与进步的信念、人类理性有能力产生自由的信念密切相关"。② 现代性是与具有理性色彩的制度构建相关联的。"现代性"还是"后现代性"的参照物，"后现代性"是对"现代性"的文化觉悟，并对现代性的合法性提供更加深刻、更加广袤的质疑。"后现代性不是一个新的时代，而是对现代性自称拥有的一些特征的重写。首先是对现代性将其合法性建立在通过科学技术解放整个人类的事业基础上的宣言的重写"。③ 总之，现代性是在"后现代性"的话语下对现代社会文化精神的观照，也是与传统相对立的价值观念、社会架构特征的概括。无论是在马克斯·韦伯、哈贝马斯还是在大卫·莱昂、利奥塔看来，"现代"或"现时代"都是科学与技术主导的时代，而"现代性"在很大程度上又是对科学与技术及以概念形而上为核心的哲学反思的文化精神的把握。

　　马克斯·韦伯在观念文化境域下探究了与西方现代性相对应的资本主义精神，并通过对新教与资本主义现代文明之间关系的考察，认为新教伦理的理性主义是资本主义精神的渊源。"新教伦理中所蕴涵的讲求信用、勤劳、节俭等美德是促成欧洲近代资本主义兴起的

---

① 【德】哈贝马斯著，曹卫东译：《现代性的哲学话语》，译林出版社2004年版，第1页。

② 【加】大卫·莱昂著，郭为桂译：《后现代性》，吉林人民出版社2004年版，第36页。

③ 包亚明著，谈赢洲译：《后现代性与公正游戏——利奥塔访谈书信录》，上海人民出版社1999年版，第165页。

内在的文化因素"①。"我们现代生活中最具决定命运的力量——资本主义，它的特性是理性主义"②。"西方在近代还发展了一种极其不同的资本主义形式，这种资本主义在其他地方还从未出现过，这就是：（在形式上的）自由劳动之理性的资本主义组织方式"③。"最重要的是，所有这些人都节制有度，讲究信用，精明强干，全心全意地投身于事业中，并且固守严格的资产阶级观点和原则"④。"资本主义精神的发展可以理解为理性主义整体发展的一部分"⑤。新教伦理的理性主义铸造了资本主义精神的理性主义，这也是资本主义同古希腊理性主义科学、技术的对接与互动。同时，新教伦理的理性主义使近代科学与技术的产生和发展得到古希腊形而上的理性的推动力。这种理性主义不仅是观念文化，而且也在经济和社会中作用于科学与技术。

新教伦理的理性主义集中表现在一种职业以及在这种职业中献身于劳动的观念。这一观念"一直是、并且至今仍然是我们资本主义文化的最有特征的因素之一"⑥。在韦伯看来，上帝的神意已毫无例外地替每个人安排了一个职业，人必须各事其事，辛勤劳作。"在构成近代资本主义精神乃至整个近代文化精神的诸基本要素之中，以职业概念为基础的理性行为恰是这一要素"⑦。科学与技术在近代

---

① 邵汉明：《中国文化研究二十年》，人民出版社 2002 年版，第 463 页。

② 【德】马克斯·韦伯著，于晓译：《新教伦理与资本主义精神》，三联书店 1987 年版，第 67 页。

③ 【德】马克斯·韦伯著，于晓译：《新教伦理与资本主义精神》，三联书店 1987 年版，第 11 页。

④ 【德】马克斯·韦伯著，于晓译：《新教伦理与资本主义精神》，三联书店 1987 年版，第 50 页。

⑤ 【德】马克斯·韦伯著，于晓译：《新教伦理与资本主义精神》，三联书店 1987 年版，第 56 页。

⑥ 【德】马克斯·韦伯著，于晓译：《新教伦理与资本主义精神》，三联书店 1987 年版，第 57 页。

⑦ 【德】马克斯·韦伯著，于晓译：《新教伦理与资本主义精神》，三联书店 1987 年版，第 141 页。

的发展，很大程度上已变成了社会体制；而作为社会体制，职业化、专业化又是不可或缺的。新教伦理的职业观念对于近代科学与技术的支持也源于此。正是理性主义的职业观使得它们同科学与技术的社会体制构成一种血肉相连的关系，为科学与技术的存在和发展提供了强有力的动力。

西方现代社会是世俗化的社会。新教伦理致力于祛神魅、凸显社会成为世俗社会的本真。宗教改革运动是弘扬世俗精神才得以实现，宗教发展中的这种伟大历史过程——把魔力从世界中排除出去，在世俗化过程中得到了它的逻辑结局。这个过程从古希伯来预言家们开始，尔后与希腊人的科学思想相融合，把所有以魔法手段来追求拯救的做法都当作迷信和罪恶加以摒弃。新教通过从根本制度上即从心理到行为的祛神魅来实现社会世俗化。彻底剔除世界上魔力的行动，使除了推行世俗禁欲主义之外，再不可能有别的心理活动方式。①

社会的世俗化只是为构成社会制度的现代性作铺垫，社会生活中的理性化或合理化则成就了社会制度的现代性，而理性主义的社会制度为科学与技术提供了强有力的支持。韦伯在考查理性主义、科学技术、社会法律制度的关系时，已经意识到科学知识的技术应用对改善人民大众生活条件至关重要，并且也受到经济考虑的鼓励，这些因素对科学技术在西方的应用甚为有利。对科学技术的鼓励是从西方社会结构的特征中衍生出来的。"因为，近代的理性资本主义不仅需要生产的技术手段，而且需要一个可靠的法律制度和按照形式的规章办事的行政机关"②。这样的法律制度和行政机关，只有在西方文化背景下才处于一种相对合法和形式上完善的状态，从而有利于资本主义的经济活动。

---

① 【德】马克斯·韦伯著，于晓译：《新教伦理与资本主义精神》，三联书店1987年版，第115—116页。
② 【德】马克斯·韦伯著，于晓译：《新教伦理与资本主义精神》，三联书店1987年版，第14页。

现代社会制度中的理性主义不仅表现为工具理性、价值理性，而且把理性本身作为社会的主导价值。巴伯在《科学与社会秩序》中明确指出，所谓"合理性"价值，意指对于遍及社会之广阔领域的这种实践给予道德上、情感上、"建制化的"支持。现代人认为，理性规则比世俗和礼仪更重要。与科学相比，这种合理性价值更多地构成我们社会的基础，尽管它当然是在科学之中得到最令人难忘的体现。① 人们的经济活动只能以其现在的形式得到维护，因为这种价值在民众之中广为散播。经济领域行为的道德规范，即工业效率与所有事务中井然秩序的合理性，是来自经济活动外部的标志。西方文化、哲学和宗教以其"外在超越"的追求，造成了人世即社会以外另有彼岸世界这种两相并存的境域。

2. 西方文化的自由、契约、法治精神催生市场经济发展

作为人类的一种经济形态，现代市场经济起源于欧洲。它发轫于 15、16 世纪地中海一带近代主权国家、民族国家（佛罗伦萨、热那亚、葡萄牙、西班牙）的大规模海外通商和殖民扩张；成长于 17、18 世纪以来欧洲技术革命以及技术革命推动下的第一次产业革命；发达于 19 世纪以来第二次技术革命、产业革命以及全球市场的开拓；在 20 世纪尤其是第二次世界大战后第三次技术革命、产业革命以来获得了成熟。尽管人类 20 世纪在地球上曾演绎了一段自由主义与社会主义、市场经济与计划经济的争论，但发轫、发达、成熟于欧美的市场经济，最后还是席卷了整个世界。关于全球化市场经济的魔力，马克思、恩格斯早在 1848 年《共产党宣言》中就有非常生动而深刻的叙述。

市场经济尤其是发达市场经济之所以在西方发展、发达起来，并不是因为经济参与者如清教徒一样的"禁欲"，而是人们对财富的天然热衷和追求。恩格斯在《路德维希·费尔巴哈和德国古典哲学

① 【美】巴伯著，顾昕译：《科学与社会秩序》，三联书店 1992 年版，第73—74 页。

的终结》中引用黑格尔的话说："有人以为，当他说人本性是善的这句话时，是说出了一种很伟大的思想；但是他忘记了，当人们说人本性是恶的这句话时，是说出了一种更伟大得多的思想。"① "在黑格尔那里，恶是历史发展的动力的表现形式……正是人的恶劣的情欲——贪欲和权势欲成为历史发展的杠杆，关于这方面，例如封建制度的和资产阶级的历史就是一个独一无二的持续不断的证明。"② 恩格斯在《家庭、私有制和国家的起源》中有一个更为直接的论断："鄙俗的贪欲是文明时代从它存在的第一日起直至今日起推动作用的灵魂；财富，财富，第三还是财富，——不是社会的财富，而是这个微不足道的单个的个人的财富，这就是文明时代唯一的、具有决定意义的目的。"③ 马克思在《资本论》第一卷第二十四章"所谓原始积累"中讲道："如果按照奥日埃的说法，货币来到世间，在一边脸上带着天生的血迹，那么，资本来到世间，从头到脚，每个毛孔都滴着血和肮脏的东西。"④ "《评论家季刊》说：资本害怕没有利润或利润太少，就像自然界害怕真空一样。一旦有适当的利润，资本就胆大起来。如果有10%的利润，它就保证到处被使用；有20%的利润，它就活跃起来；有50%的利润，它就铤而走险；为了100%的利润，它就敢践踏一切人间法律；有300%的利润，它就敢犯任何罪行，甚至冒着绞首的危险。如果动乱和纷争能带来利润，他就会鼓动动乱和纷争。走私和贩卖奴隶就是证明。"⑤ 马克思认为："人们奋斗所争取的一切，都同他们的利益有关。"⑥ "每一个社会的经济关系首先是作为利益表现出来的。"⑦ "法律应该以社会为基础。

---

① 《马克思恩格斯选集》第 4 卷，人民出版社 1995 年版，第 237、177 页。
② 《马克思恩格斯选集》第 4 卷，人民出版社 1995 年版，第 237 页。
③ 《马克思恩格斯选集》第 4 卷，人民出版社 1995 年版，第 177 页。
④ 《马克思恩格斯全集》第 44 卷，人民出版社 2001 年版，第 871 页。
⑤ 《马克思恩格斯全集》第 44 卷，人民出版社 2001 年版，第 871 页。
⑥ 《马克思恩格斯全集》第 1 卷，人民出版社 1995 年版，第 187 页。
⑦ 《马克思恩格斯全集》第 18 卷，人民出版社 1964 年版，第 307 页。

法律应该是社会共同的、由一定物质生产方式所产生的利益和需要的表现。"①

恰恰是利益或利益的追求引领了市场经济的发展或市场经济的行为。自由、契约、法治这三个范畴，是从市场伦理的维度去理解市场经济乃至西方文明的核心所在。西方市场经济无论在西方内部的发展还是向全球的推进，都是自由前提下人们对各自利益的天然追求，以及在利益追求过程中相应的自由契约及法制框架的支持。而与社会经济的发展相呼应，15乃至16世纪以来欧美社会思潮的发展，无一不是与社会经济相伴随的对自由、契约、法治的追求：文艺复兴、英国宪章运动、法国启蒙运动、美国独立运动，莫不是如此。所以，16世纪以来，利益领域内市场经济、民主政治和公民社会以及相应的价值观念（如自由、平等、人权、理性、法治），已经如恩格斯所说的是那么牢固而不可动摇了。

三、西方文化对经济发展的消极影响

1. 科学主义和经济本位导致发展危机

现代人类面临发展危机，危机的症结和根源在于西方工业文明的发展观。现代西方发展观的危机在发展伦理学研究者刘福森的著作中以三个触目惊心的标题——上帝之死、自然之死、人之死得以揭示。② 现代西方发展观的历史，肇始于近代西方科学与理性精神的兴起。科学与理性精神是宗教信仰精神的直接反对，它所开创的机械化方式、工业化道路，不但征服了原初的自然，颠倒了神造的乾坤，建构了人化的世界，而且取代了上帝的霸主地位。科学和理性成为人们心目中最高的价值标准和评判尺度，在此种尺度的引领和评判下，人类迅速离弃了原初的自然家园。当人们通过改变自然建

---

① 《马克思恩格斯全集》第6卷，人民出版社1961年版，第292页。
② 刘福森：《西方文明的危机与发展伦理学》，江西教育出版社2005年版。

构人间天堂的时候，真正的自然便不复存在，原初的自然被杀死，存在的只是人化的自然了。当人类在科学的引领下逐渐远离了自然性的生存家园时，人类的肉体之躯的自然性同时也在退化，表现为人类生存能力的下降，逐渐不适应自然性的生存环境，只能在由先进科学技术装备下的现代住宅中生活。

崇尚科学和理性是现代西方发展观的理论硬核，科学的尺度是现代西方发展观的最高尺度，西方发展观的一切症结和危机无不关涉到"科学万能"的信念。在现代西方发展观看来，科学具有最高的价值，"符合科学的就是好的、应当的，不符合科学的就是不好的、不应当的。"① 因而是一种科学主义的思维。科学主义思维是主客二元对立的对象性思维，它所导致的直接后果是人与自然万物的对立。这种思维方式从观念层面斩断了人与自然万物的共生性联系，诱发和膨胀了人类征服自然、改造自然、占有自然的野心和欲望，因而是一切生态问题、环境问题、发展不可持续问题的总根源。

科学主义思维支配下的西方发展观所导致的间接后果和深层影响是人文精神的失落和消解。科学精神和人文精神就是由科学视野和人文视野形成的精神产物，因而是两种具有对立性质的精神：科学精神以外部事物为尺度，而人文精神则是以人为中心。科学精神和人文精神作为人类两种不同性质的精神，具有不同的功能。科学和理性只关心"如何做"以及"如何做得更快"，而不关心这样做"是否值得"、是否"应当做"这个价值观——人文的问题。而现代西方文明的科学主义的文化霸权则企图把科学原则凌驾于一切精神之上，用科学原则解释一切、评价一切：符合科学的就是好的；不符合科学的就是不好的。相形之下，人文精神失去了立足之地，不得不退守于现代社会的狭小夹缝中苟延残喘。②

---

① 刘福森：《西方文明的危机与发展伦理学》，江西教育出版社 2005 年版，第 190 页。

② 刘福森：《西方文明的危机与发展伦理学》，江西教育出版社 2005 年版，第 189—190 页。

经济本位主义，是现代西方发展观的基本特征。现代西方发展模式秉持"资源无限"的错误假定，进行"过剩性生产"和"挥霍性消费"，追求经济"无限增长"，最终必然会加速资源的枯竭，激化人与人、人与自然的冲突。从长远来看，经济本位主义的发展模式必然导致资源枯竭；从现实来看，经济本位主义的发展模式必然造成经济和财富的全局意义与局部意义的对立和冲突。

美国发展伦理学家德尼·古莱曾经指出，伦理学家必须对发展决策者选择的手段中隐藏的价值观内容（积极的和消极的）进行现象学的"剥离"。真正意义上的可持续发展，不同于以科学万能为理论支撑和以经济本位为价值追求的持续发展，而是具有人本立场和道德理念的发展。因此，要实现真正的可持续发展，除了对发展确立反省意识外，还要对发展确立道德规则和伦理意识。发展并非是天然合理的，决定了"能做的"，并非一定是"应当做"的，这一规则要求在发展问题上确立"限度意识"，只能进行那些"应当的"发展，而不能进行那些"不应当"的发展。科学发展观要树立类意识、有限主体意识和未来意识，明确社会发展的伦理尺度和道德界限。

2. 对市场精神的过度崇拜导致极端利己主义

市场经济不仅是一种经济组织方式，也是一种凭借具体经济形式而存在的伦理体系。在个人主义核心价值的基础上，资本主义市场经济形成了一套伦理体系。资本主义市场经济伦理体系包括市场精神、自由伦理和新教伦理三大方面。市场精神就是运用市场价值规律这只"看不见的手"所具有的规则效应，形成社会竞争的道德机制。自由伦理就是强调个人的至上性，主张个性自由是人的天赋权利，人是自己幸福的创造者，鼓励人们追求世俗情趣；主张平等观念，认为一个人有没有价值，就看他为社会创造了多大价值，鼓励开拓进取、探索和冒险。新教伦理就是认为人的尘世生活具有通往神圣境界的宗教意义，主张谋财致富要有神圣的目的；主张人要有时间观念、信用观念、节俭观念、劳动观念等。西方社会学家认为，市场精神和自由伦理是资本家精神最根本的品格构成，资本家将这些精神转化为行动，从而创造了新的经济生活和经济组织，导致资本主义的产生和发展。新教伦理是资产阶级文化的社会伦理中最具代表性的东西，而且在某种意义上，它是资产阶级文化的根本基础。不能否认，市场精神、自由伦理和新教伦理共同促成了资本主义市场经济合理谋利与尊重道德的生活态度，促成了资本主义市场经济秩序化、理性化的经济运行机制，推动了人类历史的进步和发展，其中的一些理念和精神是需要我们学习的。

但是，对市场的过度信任可能导致拜金主义和人的异化。源于自由伦理的自由主义过分强调市场的自由竞争，人们对其已给予足够的批判，在实践中资本主义国家也给予了不同程度的修正。特别是按照资本主义伦理体系建构的西方国家和社会，其国家内部以"不侵犯他人自由和权利"的底线伦理为最高规范，并设计了相应的政治法律制度作为保障，因而其民族国家内部尚能保持相对的和谐稳定。但在国际事务中，其民族利己主义的诉求并没有相应的规范和制度制约，因此给人类社会带来了痛苦甚至灾难。一些西方国家掠夺别国资源，破坏别国环境，干预他国内政，制造金融危机，席卷他国财富，颠覆他国政府等等。因为在这些国家眼中，异族它国只是一个掠夺占有的对象，只适用于"丛林规则"而不适用于"宪政民主"。对内讲求"自由"、"平等"、"人权"、"民主"，对外则实行侵略扩张，这是西方一些现代民族国家的本质。这一国家本质与基督教关于教内世界倡导博爱，对异教世界则主张征服的理念完全一致。所以，新教伦理中既有积极成分，也有社会达尔文主义、种族优越主义等消极观念的源头。

所有这些问题的出现都是源于"利益"，而"利益"导向的价值观是源于个人主义、市场精神等价值和伦理体系的。这种以利益诉求为最高目标的核心价值不可能演绎出一套美好的社会规范和理想的政治法律制度，也不可能建构出一个良性现代民族国家。归根到底，社会道德除了有经济根源还有人性根源，社会不能简化为市

场，市场目标与社会目标有联系也有区别。市场精神和经济伦理不能不加限制地进入所有社会领域，每个社会领域都有自己的特点，有自己独特的道德规则，不能简单地以市场精神或经济伦理取而代之。

市场经济就犹如一把"双刃剑"，具有鲜明的两面性，它促进经济发展和人民生活水平提高，把竞争意识、效率意识、民主法制意识和开拓创新精神等先进观念带给社会，也把拜金主义、消费主义和极端个人主义等负面效应推衍开来。市场经济本身也不能保障公平正义的实现，引发诸多社会问题。所有这些对社会主义市场经济的良性发展产生很大的冲击。

3. 个人主义带来严重的精神危机

随着西方社会发展过程中自身矛盾的不断展现、宗教内部约束力的式微以及文化批判的展开，特别是经历了两次世界大战和大萧条的冲击，曾经饱受颂扬的个人主义陷入困境之中。造成这种困境的一个最为突出的社会事实在于："当代社会处于进入社会化组织王国的分歧点上。一方面是一个所有目标皆为既定并且不可能受到理性仔细审查的社会化组织王国；另一方面是一个以价值的判断和争论为其核心因素的人格王国，但其中的问题又不可能得到合理的社会解决。"①

德国政论家罗伯特·库尔茨认为自由主义不仅源自专制主义的最高峰，而且它也随时可以再以专制主义的形象出现。资本主义"一方面以'自由'和独立的个性为前提条件，另一方面又创造出名为'龙行海怪'的镇压性质的辖制怪兽；一方面提出责任自负和所谓自主的主体之间缔结条约（劳动合同、交易合同）的原则，另一方面又将无主体、自动运行、装备了自行调节的价格机制的社会资本机器确定为前提条件；一方面承诺'看不见的手'具有造福人

---

① 【美】A·麦金太尔：《德性之后》，中国社会科学出版社1997年版，第45页。

类、促进繁荣的作用，另一方面又造成世界范围内人为的（不再因自然条件的限制而产生的）和史无前例的大众贫困。"①

较之个人与群体内部的这种张力，个人主义带来的一个更为严重的后果乃是人们道德生活上的危机。人们从不可通约的前提中推演出自己的道德准则，并以合理的逻辑论证来确保其正当性，事实与价值的分离，普遍价值的缺失，情感主义的盛行……这一切都直接导致人们道德生活的碎片化和道德准则的相对化。"在现实世界中他们除了把现实世界看作是与个人意志相冲突的地方外，看不到任何其他东西；他们每个人都有一套自己的态度和偏好，在这种人看来，社会完全是各个个人满足自身欲望的竞技场，现实不过是各个个人追求享受的一系列机会，个人的最终敌手就是厌烦。"②

近代以来，西方文化始终处于强势文化的地位，今天西方的文化自觉首先表现在审视自己文化发展的弱点和危机上。早在 20 世纪初，奥斯瓦尔德·斯宾格勒在《西方的没落——世界历史的透视》一书中已相当全面地开始对西方文化进行反思和批判。21 世纪这种反思和批判更为深刻。法国著名思想家埃德加·莫兰指出，西方文明的福祉正好包藏了它的祸根：它的个人主义包含了自我中心的闭锁与孤独；它的盲目经济发展给人类带来了道德和心理的迟钝，造成各领域的隔绝，限制了人们的智慧能力，使人们在复杂问题面前束手无策，对根本和全局的问题视而不见；科学促进了社会进步，同时也带来了对环境、文化的破坏，造成了新的不平等，以新式奴役取代了老式奴役，特别是城市的污染和科学的盲目，给人们带来了严重危害，将人们引向核灭亡与生态死亡。③ 波兰社会学家齐格蒙

① 【德】罗伯特·库尔茨：《资本主义黑皮书——自由市场经济的终曲（上）》，社会科学文献出版社 2003 年版，第 77 页。
② 【美】A·麦金太尔：《德性之后》，中国社会科学出版社 1997 年版，第 33 页。
③ 【法】埃德加·莫兰：《超越全球化发展：社会世界还是帝国世界》，乐黛云：《迎接新的文化转型时期》，上海文化出版社 2005 年版。

特·鲍曼在《现代性与大屠杀》中更是强调，西方高度文明与高度野蛮其实是相通的和难以区分的；现代性是现代文明的结果，而现代文明的高度发展超越了人所能调控的范围，导向高度的野蛮。

人类生活正经历着前所未有的巨大转变。空前巨大的科学技术发展要求人类精神发生一次心灵内在性的巨大提升，它期待一个多极均衡、多元共存的全球化，一个基于生活质量而非个人无限财富积累的可持续性文明。[①]

第三节　社会主义意识形态发展的挑战与机遇

一、社会主义意识形态发展面临的挑战

1. 中国正式制度不断变迁与非正式制度滞后的冲突

市场经济是自主、自由、平等、竞争、信用和契约的经济，是法治的经济，这些是市场经济的基本理念、基本原则和基本要求。"市场经济是一种经济结构，同时又是一套完整的价值系统，甚至是一种意识形态。"[②] 而我国曾经实行的计划经济体制，实际上是以自然经济关系为基础的，带有封建的、宗法的、封闭的性质。这种意识形态的基本特点，首先是注重宗法式的人伦秩序，强调人际关系的和谐和稳定；其次是突出人们的整体观念，忽视个人的自我完善；再次是人治观念和特权意识占主导地位。

---

① 乐黛云：《中国传统文化的一些特点及对世界的可能贡献》，《浙江大学学报》，2007 年第 4 期，第 14 页。

② 童世骏：《意识形态新论》，上海人民出版社 2006 年版，第 256 页。

当前，我国不断变迁的正式制度与严重滞后的非正式制度之间的冲突越来越激烈，已经成为影响经济社会发展的一个"瓶颈"。突出表现在：一是道德秩序缺失。处于完善过程中的市场经济充满不确定性，为机会主义的滋生和扩散提供了广阔的空间，一部分人往往不惜损害他人与社会的利益来追求自身利益最大化，假冒伪劣商品泛滥、个人与企业寻租普遍、官员腐败、生态环境恶化等现象，严重干扰了市场经济的正常运行。二是价值信仰迷失。马克思主义信仰在我国革命年代和和平建设时期发挥了巨大的作用。随着市场经济的逐步深入，西方市场经济中一些与社会主义性质和要求相背离的价值观念侵入，动摇了部分人的马克思主义信仰，出现了价值信仰的迷失。三是传统文化和计划经济体制遗留影响的束缚。中华民族传统文化是内敛型文化，与市场经济不相适应的"家"观念、官本位思想、平均主义思想，经过计划经济体制的强化，已经形成很深的路径依赖，市场经济越走向深入，它们对市场经济发展的反向牵制力就越大。因此，社会主义市场经济体制要进一步完善，就必须解决非正式制度变迁滞后的问题。

"在不同的占有形式上，在社会生存条件上，耸立着由各种不同的、表现独特的情感、幻想、思想方式和人生观构成的整个上层建筑。"① 生产关系决定意识形态的产生，生产关系的发展决定意识形态或迟或早也要发展变化。

中国社会转型带来的变化，即社会阶层的变动、利益诉求的多样化、新生话语的丰富、传媒时代的到来，为社会主义意识形态的社会转化孕育着必然因素，并为社会主义意识形态的社会转化提供了可能。社会主义意识形态在社会转化的过程中，需要具备"社会化"和"大众化"的特质，不断彰显社会主义意识形态的包容性、开放性和普适性。社会主义意识形态的社会转化路径包括推动当代中国马克思主义的大众化、关注社会日常生活、把握社会心理、掌

---

① 《马克思恩格斯选集》第 1 卷，人民出版社 1995 年版，第 611 页。

握话语资源、提升传媒影响力等。①

以马克思主义为指导思想、以中国特色社会主义为共同理想、以爱国主义为核心的民族精神和以改革创新为核心的时代精神、以社会主义荣辱观为基本内容的社会主义核心价值体系，就是在改革开放进一步深入、各种矛盾凸显的现实背景下，在敏锐洞悉社会发展现状、科学把握社会发展规律基础上提出的重大战略思想。它把社会主义性质和市场经济要求有机结合起来，为人们提供了一套完整的价值观念体系，是社会主义意识形态的本质体现。新制度经济学认为，价值信念、伦理规范、道德观念、风俗习性、意识形态等因素构成了一套完整的非正式制度系统，在这种系统中，意识形态居于核心和统领的地位。社会主义核心价值体系实质上就是一种包含了从宏观价值信仰层面到具体伦理规范层面的非正式制度安排。

2. 西方强势文化对社会主义意识形态的侵蚀

世界各国占统治地位的意识形态批判异己的力量总是超越国界的。当代世界资本主义的政治代表妄图在世界上消除社会主义思想体系，使社会主义意识形态西化，以其强大的政治、经济、军事力量为后盾，在意识形态领域不断向社会主义意识形态进攻。"文化成了一种舞台，上面有多种多样的政治和意识形态势力彼此交锋。文化绝非什么心平气和、彬彬有礼、息事宁人的所在；毋宁把文化看作战场，里面有多种力量崭露头角，针锋相对。"②

特别是伴随着全球化进程的逐步深入，作为西方霸权主义文化表达的西方文化，一改冷战时期的官方行为、硬性渗透、目标直露、手段强暴且同战争边缘政策挂钩的狂妄态度，其渗透方式呈现出许多新的态势。一是以各种传播媒介和现代信息化方式向全世界倾销

---

① 王亚南：《论社会主义意识形态的社会转化》，《思想理论教育》，2008年第5期，第33页。

② 【美】萨义德：《文化与帝国主义》，《马克思主义与现实》，1999年第4期。

其意识形态和文化产品；二是以所谓"对话"、"交流"、"援助"、"慈善"的方式，巧妙地将其意识形态灌输给第三世界；三是通过各种诱人的广告进行"文化入侵"，将西方的消费观念、生活方式和价值取向扩散给第三世界；四是发达国家向发展中国家输出资本和技术的同时，也输出跨国公司的规则、惯例和观念，包括价值观念和社会制度等意识形态。

20 世纪 50 年代，西方就出现过一股"意识形态终结"的社会思潮，主要是由当代美国学者丹尼尔·贝尔的著作《意识形态的终结》所引发的。20 世纪 80 年代，布热津斯基发表了《实力与原则——1977—1981 年国家安全顾问回忆录》，前美国总统尼克松发表了《1999，不战而胜》。特别是世界格局由两极对峙转向多极化以后，意识形态和社会思潮发生了明显的变化。其间，"淡化意识形态"成为一种流行思潮。在美国学者弗兰西斯·福山的《历史的终结》和塞缪尔·亨廷顿的《文明的冲突》等一系列论著中，可以清楚地看到西方社会尤其是美国的冷战思维的轨迹。"意识形态终结论"、"不战而胜论"、"历史终结论"和"文明冲突论"等等，既是以美国为代表的西方国家的冷战思维在不同条件下的不同表现，也是其意识形态的重要组成部分。

3. 现代信息技术发展对社会主义意识形态控制力的消解

现代科学技术正潜移默化地演变为一种文化形态，冲击着人类积淀的传统。作为信息技术支撑的数字化和网络化的广泛使用，改变了信息传播和接收方式，使信息传播可以跨越民族、种族、国家的界限。同时，我们不仅可以享受网络资源，而且还可以利用网络来发布自己的思想和观点，真正体现了控制论创始人维纳的名言："信息是社会的黏合剂。"

一方面，作为覆盖全世界信息空间的因特网，成为主流文化和非主流文化的集散地，为多元文化的碰撞、交流、理解提供了现实基础。我们正在创造的世界，是一个任何人都可以进入的世界，它没有特权，没有因为种族、经济权利、军事力量或出身而形成偏见，

在这个世界中，任何人不管在什么地方都可以表达他们的信仰。①

另一方面，在网络上信息无国界的传播对弱势文化提出了挑战。发达国家和民族通过信息传播，宣传和弘扬本国文化，不遗余力地对他国进行文化渗透，从而造成文化同质现象。这种"文化侵略"的信息传播被称之为"文化帝国主义"。正如美国哥伦比亚大学教授罗斯科普夫在《是对文化帝国主义的赞美吗?》一文中所指出的：促使世界由不同民族间存在的分歧朝着共同利益方向发展，美国要确保这一语言为英语；如果世界趋于共同的电信、安全与平等方针，则应向美国方向靠拢；如果世界通过电视、收音机与音乐联系，这些都要由美国来制作；如果要形成共同价值观的话，当然仍是美国最为适宜。这些都是美国的经济与政治利益的需要。

随着科学技术的迅猛发展，当代西方强国对全球化的主导不单单存在于物质层面，而且也体现在社会制度和思想文化层面。特别是近年来，随着信息革命的推广，电子媒介、国际互联网等技术的应用，西方传媒可以更轻而易举地进入每一个国家。网络上的文化入侵直接表现为语言文字的竞争。英语在国际交流中的主导地位推动着西方文化的传播，这是一种话语的霸权、文化环境与成果的霸权。它具有客观的强制性，从而容易使人就范。在深层次上，网络正在成为展示世界主要国家和形形色色的主义、思潮及价值观念宣传、交流、碰撞的主要平台。西方发达国家正是凭借信息技术和网络建设的优势将其意识形态、价值理念强加于人，使受众不可抗拒地对西方文化产生亲近感、信任感，最后认同、依赖这种文化理念，同时对自己的民族自尊心、自豪感产生动摇，进而影响到一个国家的国际形象及其内外政策的制订。

4. 全球化对社会主义意识形态的弱化

当代全球化的根本动力是市场经济的全球扩展，信息技术革命是全球化形成的技术基础，而政治、经济、文化交往的一体化则是

---

① 摘译自 http：／／www．eff．org／—barlow。

全球化的主要特征。全球化对世界文化格局的影响主要表现在三个方面：第一，全球交往改变了世界民族文化的生存土壤，加速了世界民族文化的融合和同质化；第二，全球交往改变了民族文化的存在形态，导致民族文化功能的转变：教化功能逐渐弱化并向审美功能转变，民族文化的中心从阶级意识形态向国家意识形态转变，民族文化的自我认同功能将得到进一步加强；第三，全球交往改变了世界民族文化的相互关系，重塑了世界文化格局，造成一元与多元的辩证共存。

当今世界发展总体走向的一大特点，是全球化与本土化、一体化与多极化之间进行着博弈。对于与这一趋势相关的世界文化发展会呈现什么样的态势，主要有文化冲突论、文化共存论、文化既冲突又共存论等三种观点。美国学者塞缪尔·亨廷顿主张文化冲突论，其代表作为《文明的冲突与世界秩序的重建》；德国学者哈拉尔德·米勒则与亨廷顿针锋相对，主张文化共存论，其代表作为《文明的共存——对塞缪尔·亨廷顿"文明冲突论"的批判》；英国学者理查德·D·刘易斯则主张文化既冲突又共存论，其代表作为《文化的冲突与共融》。联合国教科文组织综合世界大多数国家的意见，强调世界文化的多样性，其2000年的世界文化报告为《文化的多样性、冲突与多元共存》。今后世界文化的发展将形成全球化与本土化两极互动的局面。世界文化将呈现出整体性与多样性的统一、共同性与差异性的统一、排斥性与包容性的统一、民族性与世界性的统一等特点，整个世界文化将形成一个一体多元、和而不同、相异相生的大格局。

当前，文化问题已经成为人们关注的热点，文化对经济、政治的影响越来越深刻，各国都在加紧对文化战略的研究。由西方中心论走向非西方文化觉醒，由文化冲突走向文化共生，由霸权主义文化走向多元化，由消费文化走向民族文化，由战争文化走向和平文化，将是当今西方主流文化思想的发展趋势。

对于人类即将进入的"第二轴心期时代"，莱布尼兹的文化哲学

具有重要的启迪价值。在莱布尼兹看来，世界文化是多样性的状态，文化的他者有着不可替代的价值，知识与科学是文化统一的有力杠杆，中国文化是世界上最伟大的文化之一，它是欧洲文化的对手而非克星。因此，应当宽容平等地对待其他文化，文化各方不应是哪一方压倒另一方而结束，而是通过各种力量的合理分配实现统一。人类文化的融合是一个必然的过程，前定和谐、多样性统一和最终完满是文化融合的基本环节。全球一体化更需要维护文化的多样性。人类应学会像莱布尼兹那样对待他者文化，正在和平崛起的中国也应对莱布尼兹的文化理想做出自己的回应。

二、社会主义意识形态的适应性变革①

1. 从以阶级斗争为纲转变为以经济建设为中心

长期以来，由于受"两个阵营"理论的影响，我们习惯于孤立地从政治和意识形态角度观察、分析、判断国际形势。特别是 1957 年以后，由于对当时国际国内形势做了错误的判断，党的指导思想偏离了正确轨道，在"以阶级斗争为纲"的思想指导下，把意识形态看作阶级意识的完全自觉表达，党的思想意识逐渐走向教条化、封闭化，"左"倾错误开始泛滥。对马克思主义教条化理解的倾向越来越严重，最后导致背离了马克思主义，使马克思主义中国化进入理论误区。在历经"文化大革命"的震荡后，邓小平勇敢地挑起了历史的重担，在全国掀起关于真理标准问题的大讨论，实现了解放思想、拨乱反正。在随后的十一届三中全会上，果断地终止"以阶级斗争为纲"的口号，确定"以经济建设为中心，坚持四项基本原则，坚持改革开放"的基本路线，工作重心从以阶级斗争为纲转向以经济建设为中心。从此，社会主义现代化建设成为最大的政治，实事求是成为社会主义意识形态自觉的精神主流。工作重心的转移，

———————

① 本部分参考了汪国培：《全球化与社会主义意识形态关系探析》，《南京师范大学学报》（社会科学版），2005 年第 2 期，第 38—43 页。

从根本上纠正了把意识形态扩大化的错误倾向。特别是面对1989年的政治风波和苏东剧变的复杂形势，邓小平用敏锐的眼光全面观察分析形势，提出既要力保社会稳定，又要抓住世界和平与发展的机遇，立足世界格局多极化的有利时机，加快改革开放步伐，集中精力把经济建设搞上去。明确只有坚持以经济建设为中心，不断提高综合国力，改善人民的物质文化生活，才能最终赢得人心，赢得稳定，赢得国际地位，才能克服"西化"、"分化"的图谋，社会主义制度才能立于不败之地。因此，从党实现"以阶级斗争为纲"到以经济建设为中心的转变可以清楚地看到，只有坚持理论与实践的统一，不断进行理论创新，才能永葆社会主义意识形态的活力，推动现代化各项事业的全面发展与进步。

2. 从相互对立、相互排斥转变为"和而不同"、求同存异

随着全球化的发展，世界各国、各大政治集团加强了政治交流，形成了一种为了经济利益而加强政治交流的趋势。不同社会制度之间，只能在共处中竞争，与不同政治制度相适应的意识形态，也必须在互相比较、互相竞争中存在和发展。因此，冷战结束后邓小平就提出"考虑国与国之间的关系主要应该从国家自身的战略利益出发"、"而不去计较社会制度和意识形态的差别"的新思路；1991年江泽民提出"国与国之间的关系应该受到国家利益而不是意识形态左右"的处理国际关系的新原则。2002年10月江泽民在访问美国发表演讲时，引用《论语》"君子和而不同"的思想指出："中美之间、国家之间应和谐而又不千篇一律，不同而又不相互冲突；和谐以共生共长，不同以相辅相成。"江泽民又指出："国家之间、民族之间、地区之间，存在这样那样的不同和差别是正常的，也可以说是必然的。我们主张，世界各种文明、社会制度和发展模式应相互交流和相互借鉴，在和平竞争中取长补短，在求同存异中共同发展。"两代领导核心都把国家利益问题提到了国家战略的高度。这是中国在冷战结束后，在关于国家利益和意识形态关系问题上的思维方式和政策范式的根本转变，体现和反映了符合中国广大人民利益

的根本利益观。

3. 从注重制度关怀转变到坚持以人为本

以人为本就是把人作为价值的核心和社会的本位，把满足人的生存和发展作为最大的价值追求。在这个意义上讲，人文关怀是社会主义意识形态固有的价值取向，是社会主义的根本性质决定的。但由于种种原因，社会主义意识形态的早期形式普遍的特征都是侧重于对制度的关注而忽视对人的关怀，社会主义仅仅被简单地理解为制度的附属物。改革开放以来，特别是面对当今世界发展多元化趋势，社会主义意识形态在人文关怀方面有了很大的进步。邓小平提出社会主义的目的就是要全国人民共同富裕，不是两极分化。衡量社会主义改革开放和现代化建设得失的"三个有利于"标准，归根到底就是"人民利益标准"。江泽民则从社会主义事业兴旺发达和民族振兴的高度，指出我们党要始终代表先进生产力的发展要求，代表中国先进文化的前进方向，代表中国最广大人民群众的根本利益。在党的十六届四中全会上，以胡锦涛为总书记的中央领导集体更是坚持以科学发展观为指导，把"构建和谐社会"这一马克思主义关于建设社会主义新社会的内在要求，摆到加强党的执政能力的战略高度。"三个代表"重要思想和科学发展观的新理念，都要求党必须坚持把人民的根本利益作为自己的出发点和归宿，认真考虑和满足最大多数人的利益要求。"三个代表"重要思想和科学发展观作为社会主义意识形态建设的指导思想，因其极强的包容性而产生强大的民族凝聚力，有力地凝聚了党心、民心，为社会主义意识形态建设发挥着重要的社会整合作用。

三、建设社会主义主流意识形态①

1. 强化马克思主义主流意识形态

加强社会主义意识形态建设，必须正视信仰危机，强化马克思主义主流意识形态。信仰危机是多元文化冲突的结果，是西方敌对势力"西化"和"分化"图谋的产物，同时也是社会主义意识形态建设在某些环节上出现问题的反映。面对深刻变化的国际国内形势和意识形态工作面临的复杂情况，只有始终保持政治上的清醒和坚定，始终坚持马克思主义的指导地位，加强主流思想文化的宣传与教育，强化马克思主义、毛泽东思想和中国特色社会主义理论体系在我国意识形态建设中的主导地位。

自改革开放和参与全球化进程以来，中国共产党根据时代特征、发展变化的实际情况和历史条件，坚持马克思主义基本原理同中国具体实际相结合，加强执政党的意识形态建设，推进马克思主义中国化。面对全球化挑战和新科技革命的时代潮流，马克思主义与中国改革和建设实践相结合，相继产生了邓小平理论、"三个代表"重要思想和科学发展观等重要理论成果，逐步形成中国特色的社会主义理论体系。邓小平理论开创了中国改革开放的先河，使我们走上中国特色社会主义的新道路，初步回答了什么是社会主义和怎样建设社会主义的历史课题。"三个代表"重要思想科学地回答了建设什么样的执政党和怎样建设执政党的时代课题。科学发展观则在新世纪和新阶段创造性地回答了实现什么样的发展和怎样发展的时代课题。近30年的实践表明，在改革开放和全球化态势下党执政意识形态不断发展，邓小平理论、"三个代表"重要思想和科学发展观等就是其重要标志。它们都具有世界眼光和全球化战略思维，是社会主义意识形态的崭新创造。在新的历史阶段，不断推进中国共产党意

---

① 本部分参考了王永贵：《论全球化背景下我国主流意识形态建设的实践形式》，《社会主义研究》，2007年第6期，第31—33页。

识形态的发展和创新，使社会主义意识形态不断增添新的时代内容，从而不断提高中国共产党的执政能力和执政水平是当代中国意识形态建设的核心。

2．树立社会主义核心价值体系

社会主义核心价值体系是社会主义意识形态的本质体现，也是我国主流意识形态的灵魂与核心所在，对我国意识形态建设具有高度的统领性。推进社会主义现代化建设需要充分发挥意识形态的功能，规范人们的道德行为，调动社会成员的工作热情，从而确保整个社会的高效有序运行。坚持马克思主义指导思想，坚持中国特色社会主义共同理想，坚持以爱国主义为核心的民族精神和以改革创新为核心的时代精神，坚持社会主义荣辱观是社会主义核心价值体系的基本内容。前两个坚持是社会主义核心价值体系建设的前提和保障；后两个坚持则是社会主义核心价值体系建设的基础和动力。社会主义核心价值体系是社会主义主流意识形态的灵魂，构建和谐社会必须在全社会树立核心价值体系，它是我国意识形态建设的根本。

3．构建社会主义和谐社会

社会和谐集中体现了中国特色社会主义的根本性质和基本特征，反映了社会主义社会与资本主义社会及以前的社会形态的根本区别。它是对社会主义本质属性的精辟概括，深化了关于社会主义本质的认识。强调社会和谐既明确了社会主义社会的基本特征，又认识到了社会主义的质的规定性。社会主义社会是和谐社会的科学判断与社会主义意识形态建设具有价值取向及目标的一致性，使全体人民更加认同中国特色社会主义的发展道路，认同社会的主流意识形态，进而增强意识形态建设工作的吸引力、感召力和说服力。

意识形态建设不能脱离社会大多数成员的一般意向水平而片面地强调高层次，应从日常生活意识形态入手，着力培养与市场经济和现代公民社会相适应的意识形态，促使社会成员形成符合市场经济和现代公民社会健康发展要求的行为规范。因此，要使社会主义意识形态转变为人民群众的自主自觉的意识，需要把执政党意识形态的价值追求转化为政策、再转化为群众的自觉行动的过程。只有把意识形态的价值追求转化为可操作性的政策，最大程度地满足人民物质和精神方面的利益需求，这种意识形态才能得到全社会的普遍认同。

4. 创新社会主义意识形态教育的内容和方法

当前，思想宣传工作同因社会开放程度加大对其提出的新的更高要求相比，总体上依然呈现滞后性和被动性，表现出一系列的不适应。要保持社会主义意识形态对人们的凝聚力，就必须在马克思主义的指导下，保持科学性、包容性、多元性和开放性。科学性就是要根据时代发展和社会进步，实现意识形态内容的创新，把市场经济的积极作用发挥到最大程度，把消极影响降低到最低程度。包容性就是在经济多元化造成各种非主流意识形态出现的情况下，从社会主义初级阶段的国情出发，在坚持马克思主义引领的同时，及时把其中一些积极因素吸收到主流意识形态中来。多元性就是在各种文明、各种人文精神、各阶层群众的价值理念之间，寻求和而不同、取长补短、和谐共处。开放性就是要随着实践的发展，将意识形态中某些失去合理性的观点适时更新，把进步的、对主流意识形态有帮助的各种零散观念整合进来。因为市场经济下多种意识形态的出现并非完全是对主流意识形态的威胁，除了那些敌对的意识形态之外，有些非主流意识形态对主流意识形态是一种补充。

现代信息技术在改变人们的生活方式、思维方式、交往方式的同时，也创立了新的文化和经济形式，从而产生了新的现代化传播形态，深刻地改变着意识形态建设的方式。信息传播正面临着一场深刻革命。互联网的应用使信息传播的范围、速度、效果都显著提高。世界各国争相运用现代化信息技术加强和改进对外传播手段。我们必须适应这一趋势，加强信息传播手段的更新和改造，积极掌握和运用现代传播手段。必须主动研究网络传播的特点和艺术，主动研究因特网传播和其他媒体传播的整合，使各种媒体相互配合，

各展所长，达到一个共同的目标。特别要注意研究因特网未来发展的趋势和动向，充分吸收其先进技术，改善社会主义意识形态的网络传播。针对因特网上中文信息资源极度匮乏、尤其是马克思主义信息所占比例极少的现状，要抓紧马克思主义阵地的信息源建设，培养具有马克思主义的价值观、道德观、判断力和责任感的网络传播队伍，准确地表达和传播马克思主义理论，真正使马克思主义先进理论和文化价值观念占领网络阵地。

5. 坚持全球化下文化建设的兼容性和民族性

在社会主义意识形态建设过程中，既不应以全球化进程为由消除我们的民族特色，也不应以坚持民族特色为由阻挡全球化潮流。在全球化语境的多元文化冲突中，要坚持兼容并蓄，以"海纳百川"的气魄和开放的心态，对外来文化中的合理成分进行理性的批判与吸收。不是简单的拒斥或崇拜，或者是机械地移植、嫁接异质思想文化，而是要有分析、有选择地博采异质思想文化之长，在思想文化整合中进行综合创新，在兼容中打造自己的特色，真正创造以马克思主义为指导的、有中国特色的、社会主义主流文化。对待外国文化，毛泽东曾指出：中国应大量吸收外国的进步文化，作为集资文化食粮的原料，但另一方面也要反对一切以外国为中心，做留声机，机械地生吞活剥地把外国的东西搬到中国来，不研究中国的特点；正确的态度应该是一切外国的东西，如同我们对于食物一样，必须经过自己的口腔咀嚼和胃肠运动，送进唾液胃液肠液，把它分解为精华和糟粕两部分，然后排泄其糟粕，吸收其精华，才能对我们的身体有益，决不能生吞活剥地毫无批判地吸收。"我国文化的发展，不能离开人类文明的共同发展，要坚持以我为主、为我所用的原则，开展多种形式的对外交流，博采各国文化之长，向世界展示中国文化建设的成就，坚决抵制各种腐朽思想文化的侵蚀。"[①]

---

① 《中国共产党第十五次全国代表大会文件汇编》，人民出版社 1997 年版，第 37 页。

　　同时，要坚持文化的民族特色。越是民族的，就越是世界的。文化首先是民族的、区域的，同时也是人类的、全球的。中国传统文化博大精深，传统文化中的精华对后世的影响深刻而且深远。中国传统文化是构建中国特色社会主义价值观念的文化基础，也是构建新道德的思想渊源。在社会主义意识形态建设中，一定要坚持文化建设的兼容性和民族性，正确区分传统文化中的精华和糟粕，在赋予传统文化以时代意义、处理好传统文化与现代化关系的基础上，帮助人们建立文化自信，从而进一步增强民族认同感和民族凝聚力。

　　当代中国先进文化是把批判性地汲取外国文化的优秀部分与本国传统文化的优秀部分有机结合起来的文化。当代中国先进文化的民族性应是对一切先进文化具有兼收并蓄功能的民族性。当代中国先进文化建设要实现这种有机结合，就必须防止两种错误倾向，即"西方中心论"和狭隘的民族文化观。既要反对文化霸权主义和文化殖民主义，又不能陷入狭隘的民族主义。中国先进文化应具有科学性、时代性、民族性、开放性、群众性、创新性。

　　无论在人类历史上还是在当今世界，人类文明都是多元共存的格局，而不是一元独存的格局。一方面是不同地区、不同民族、不同宗教的文化差异，另一方面是传统文化和现代文化的差异。因此，应该尊重文明和文化的多元性、多样性，提倡文明和文化的开放性、包容性。对于其他地区、其他民族的文明和文化，应该采取尊重的态度，要尊重他人、谅解他人，进一步还要欣赏他人、学习他人，并以此来提升自我。同时，在不同地区、不同民族的文明和文化中，往往有体现全人类普遍价值的内容。这部分内容在世界范围内广为传播和交流，必将大大有助于不同地区、不同民族之间文明和文化的沟通和互相认同，有助于推进多元文明之间的和谐和共同繁荣，对于实现"美美与共，天下大同"的人类美好理想产生深远影响。

第六章
当代中国
意识形态经济化的发展形势

到 2030 年，中国经济规模可能超过美国，成为世界最大经济体。经济基础发展变化，必然导致上层建筑包括社会、教育、政治体制、思想、意识形态等都会跟着发展变化。中国经济发展中，当代中国社会主义意识形态的作用越来越凸显，我们称为意识形态经济化，其核心即运用中国意识形态功能实现经济发展目标，扩大与强化意识形态的经济功能，并以此促进意识形态在政治、文化、外交等方面的作用发挥。本章通过重点论述意识形态经济化的主要表现形式即文化市场、教育与科技等方面的发展来探讨我国经济发展与主流意识形态之间的相互影响。

第一节　当代中国意识形态
经济化的发展表现

改革开放 30 年，中国经济持续高速增长，GDP 年递增率平均在 9% 以上，这得益于劳动力、资本、外商投资等有形要素的投入，也得益于当代中国社会主义意识形态这样无形要素的作用。随着中国经济的继续发展，有形要素的投入将不同程度上遭遇到发展瓶颈，因此，意识形态等无形要素对经济增长的作用将会越来越重要。

一、当代中国意识形态经济化的发展形势

1. 当代中国文化产业发展现状

十七大报告提出，以提高国家文化软实力为目的，推动社会主义文化大发展大繁荣。中国文化产业主要包括图书出版、文艺演出、电影、广播电视、报刊、音像、娱乐业、广告业等众多主体产业，各个主体产业的发展现状和相关产业政策及发展要求大致如下：

（1）图书出版产业

改革开放的 30 年也是中国图书出版产业迅速发展的 30 年。在这期间，中国图书出版产业的总量迅速增长。衡量中国图书出版产业规模的三个最重要的实物指标种数、总印张、总印数都增长迅速。2006 年与 1978 年相比，这三个指标分别增长了 1561%、170% 和 378%,[①] 如此之高的增长速度在国际出版史上都是罕见的。中国的出版业今后将继续呈快速发展态势，这是毋庸置疑的。

进入 21 世纪，在全球化、信息化浪潮的背景下，全球图书出版

---

① 陈昕：《中国出版产业论稿》，复旦大学出版社 2006 年版。

产业出现了许多新的变化，面临着深刻的转型，这势必会对中国图书出版产业的发展方向产生重要的影响，中国图书出版产业面临新的发展机遇与挑战，全国开放、统一、竞争有序的出版市场正在形成当中，并形成了多种经济成分主体间的竞争，形成了国有出版企业与私营经济成分企业之间的竞争、同业务类型出版企业之间的竞争、省际之间的竞争，国内企业与国外企业间的竞争格局，图书出版发行业的竞争也会越来越激烈。随着人们物质生活水平的提高，精神层面的追求也随之提高，对图书的需求量将会越来越大，图书出版发行业的良性竞争使得该行业有着广阔的发展空间，它也必将朝着健康的方向发展。

（2）文艺演出产业

据 2006 年数据显示，全年全国共有 2866 个艺术表演团体，共出演 49 万场，国内观众达到 4.6 亿人次，演出收入 59 亿元。[①] 文艺演出业发展应立足民族文化，大力开发中华民族优秀文化遗产，同时借鉴吸收外来文化、特别是现代新型科技手段，对传统剧种剧目进行开拓性的创新，瞄准国内外市场多出精品，在弘扬民族文化、推进我国文化产业国际化方面发挥重要作用。加快文艺演出中介代理服务机构的建设，强化演出流通环节，扩大演出市场，促进全国性和区域性演出网络的形成，重点形成环渤海湾、长江三角洲和珠江三角洲等三大区域性演出网络。"十五"期间基本形成文艺演出产业化运行框架，保证文艺演出业的收入以年均 20% 左右的速度持续发展。[②] 鼓励和支持社会力量投资兴办演出单位和举办演出活动。

（3）音像产业

据 2006 年数据显示，至 2006 年 12 月，全国录像录音带复制企业共 201 家，年生产量达到 18 亿盒；只读光盘复制企业共 111 家，已投产只读光盘生产线 540 条，年生产能力 31 亿张。我国音像出版

---

① 资料来源：《中国文化文物统计年鉴》2007 年版。
② 资料来源：《文化产业发展第十个五年计划纲要》2002 年版。

单位已达到 390 家，出版音像制品 3.2 万多种，发行金额近 35 亿元。①

到 2010 年，我国将基本建立起成熟的音像市场体系。大力推进音像业向规模化、现代化、综合化、集约化方向发展，积极鼓励音像业利用现代高新技术特别是信息技术手段运用于编辑、制作、出版、发行、销售等环节。通过推进建立现代企业制度，使音像企业成为产权明晰、政企分开的法人实体和市场竞争主体。增强音像单位的开发和创新能力，加强市场营销，扩大原创音像节目的有效供给和销售。②

（4）网络传媒产业

网络传媒产业在中国的发展分为两个阶段：第一阶段为 1995—1999 年。这是网络传媒产业的初级阶段，网络传媒刚步入中国传媒领域，其间电视、广播、报纸和杂志等纷纷上网，以电子和网络版为基本形态。门户网站开始涉足网络传播，对传统媒体的新闻进行选编，并凭借其作为门户网站的大流量，奠定了门户网站在网络新闻传播中的领先位置。第二阶段为 2000 年至今。从中央到地方的各级重点新闻网站陆续建立，网络媒体已经发展成为中国重要的传媒形态，网络媒体正稳定走向成熟。

（5）广播电影电视产业

2006 数据显示，这一年故事片生产量超过 300 部，达到 330 部，生产美术片 13 部，科教片 36 部，纪录片 13 部。③ 2004 年共有 10 家上市公司涉足广播电视领域：歌华有线、广电网络、中信国安、聚友网络、电广传媒、东方明珠、博瑞传播、中视传媒、青岛华光和强生控股。广播电影电视产业通过鼓励各级各地电影发行单位之间进行兼并、联合。推进电影发行放映单位内部机制改革，减少发行

---

① 资料来源：《中国文化文物统计年鉴》2007 年版。
② 资料来源：《文化产业发展第十个五年计划纲要》2002 年版。
③ 张济和等：《电影产业焕发生机 衍生产品开发跃新阶》，《经济日报》2007 年 1 月 25 日。

层次，增加发行渠道，降低发行成本，提高电影拷贝流通效率。调整制片、发行、放映环节利益分配比例，按照扩张两端、精简中介、让利基层的总体要求，促使利益分配向制片和放映环节倾斜。积极推行院线制，逐步建立以院线制为主的供片机制。① 积极鼓励和引导社会力量开拓影视市场，进一步深化电影发行、放映行业机制改革，提高电影的发行和放映的技术含量，不断扩大电影发行放映行业的市场竞争能力。按照社会主义市场经济体制要求，改革现行影视制作、发行、放映的管理模式，保证影视生产经营在坚持正确导向的前提下，能够根据文化市场供求情况和艺术生产特点，自主创意和创作，自觉进行企业组织和生产技术创新。

（6）艺术品经营产业

近年来，民间艺术品投资进一步增加，国外许多艺术机构大量涌入中国，古玩会、博览会有不断升温的趋势，文物拍卖高潮迭起。陆续出台了健全艺术品市场的法制体系和法规，如《艺术品经营管理办法》、《文化经纪人管理办法》等法规的出台。建立健全艺术品经纪人资格考试认证制度，逐步确立艺术品经营专业人才的执业资格制度，使执业资格证书制度与培训制度、就业制度相衔接，全面提高艺术品经营者的素质。向世界推出中国优秀艺术家、艺术品和艺术经营单位，推动中国艺术品企业参与国际市场竞争。加强艺术品市场的国际交流，举办国际画廊博览会，争取在 2015 年内使中国成为亚洲艺术品市场的中心之一。

（7）文化旅游业产业

2006 年全国接待入境游人数达 1.25 亿人次，分别比 2004 年和 2005 年增长 13% 和 11%。旅游外汇收入达 339.5 亿美元，分别比 2004 年和 2005 年增长 32% 和 16%，居世界第七位。② 我国世界旅游大国地位得以确立，形成了世界上规模最大的国内旅游市场。出境

---

① 国家社会司：《2003—2010 年文化市场发展纲要》，2007 年 6 月 1 日。
② 资料来源：《旅游统计年鉴》2007 年版。

旅游也是强劲增长，已成为亚洲第一大客源输出国。2006 年中国公民出境旅游人数达 3452.4 万人次，同比增长 42.7%，其中 80% 以上是自费出境旅游。① 而未来人民币进一步升值之后，我国出境游的增长将更加可观。据预测，到 2010 年，中国公民出境旅游人数将超过 5000 万人次，中国出境旅游市场的规模、速度和前景将为世界各国所关注。②

2. 当代中国教育发展现状

改革开放以来，我国高等教育一直在推进体制改革。从 1985 年 5 月 27 日的《中共中央关于教育体制改革的决定》到近年来党中央和教育部关于教育改革的一系列文件，对高等教育体制改革的各项内容都做了具体规定，某些内容甚至还排出了时间表。1993 年《中国教育改革和发展纲要》的发表，为高等教育改革指明了道路，"在政府与学校的关系上，要按照政事分开的原则，通过立法，明确高等学校的权利与义务，使高等学校真正成为面向社会自主办学的实体。建立起主动适应经济建设和社会发展需要的自我发展、自我约束的运行机制"。1995 年颁布的《教育法》中，国家鼓励社会团体、其他社会组织及公民个人依法举办学校及其他教育机构。1999 年，我国政府启动了普通高校扩大招生规模政策。2001 年，我国各类高校在校生规模达到 1300 万人，仅次于美国跃居世界第二。高等教育毛入学率达到 13.3%。2002 年，《中华人民共和国民办教育促进法》千呼万唤始出来。制度的突破给高等教育开辟了一片新天地。③

中国教育是从精英教育过渡到大众化教育的，综合许多国家包括我们自己的经验来看，从精英教育向大众化教育的转变产生和提出了一系列新的矛盾和问题。从 20 世纪 90 年代起，我国开始推行

---

① 资料来源：《旅游统计年鉴》2007 年版。
② 资料来源：《旅游统计年鉴》2007 年版。
③ 贺武华：《教育制度变迁与我国高等教育发展》，《开放教育研究》，2003 年第 1 期。

高等教育大众化战略，也就是扩招模式，具体表现在：合并、升级、兴办了一大批高等职业技术院校，函授、自考、电大、网络大学等成人高等教育得到长足发展，民办教育发展迅猛。1999 年夏至 2001 年，我国在扩招这一政策上的突破使我国普通高等学校在校生总规模三年间几乎翻一番。另一方面，我国高等教育毛入学率也一再刷新：1997 年全国高等教育毛入学率为 9.1%，1998 年为 9.8%，1999 年为 10.5%，2000 年为 11.3%。2001 年，我国政府在《公共教育事业发展第十个五年计划》中，将原定 2010 实现高等教育规模和入学率的目标进一步提前到 2005 年实现，2001 年，全国高等学校毛入学率为 13.3%，到 2002 年，各级各类高等教育在学人数达 1600 万，高等教育毛入学率达 15%。高等教育大众化目标的实现比"十五"计划提前了 3 年。[①] 入学人数的增加，意味着入学"门槛"的降低，以及入学者目标志向和水平的差别增大。因此，如何保证和提高大众化教育的质量，就成为一个关键问题。

3. 当代中国科技发展现状

1978 年 3 月 18 日，在全国科学大会上，邓小平所作的开幕词指出，四个现代化的关键是科学技术现代化，要大力发展我国的科技教育事业。他着重阐述了科学技术是生产力这一马克思主义观点。1985 年 3 月 7 日，他在全国科技工作会议上，又进一步肯定了"科学技术是生产力"的论述。1988 年 9 月，他说："马克思说过，科学技术是生产力，事实证明这话讲得对。依我看，科学技术是第一生产力。"1992 年春，他在视察南方的谈话中又说："经济发展得快一点，必须依靠科技和教育。我说科学技术是第一生产力。"[②]"科学技术是第一生产力"是邓小平从历史唯物主义认识论的高度出发，

---

① 评论员文章：《将"质量工程"进行到底》，《中国高等教育研究》，2003 年第 9 期。

② 《在武昌、深圳、珠海、上海等地的谈话要点》（1992 年 1 月 18 日至 2 月 21 日），《邓小平文选》第 3 卷，第 377 页。

从当代世界科技发展的状况出发，得出的科学结论。科学技术一旦被有效地应用到生产过程中，就会形成现实的生产力，就会促进劳动效率的提高，加快经济的增长。世界各国政府特别是发达国家对高新技术产业化高度重视，同时也表明政府在高新技术产业化需求创造和市场创新方面具有不可替代的作用。政府对科学技术管理能力是优化高新技术产业化的重要条件，也是促进高新技术产业可持续发展的一个不可低估的重要力量。

中国近30年经济的快速发展主要依靠高投资，但随着经济进一步发展，科学技术成为经济发展的瓶颈。中国与发达国家相比，科学技术设施和资源都是不足的。在世界各国的科技队伍中，中国从事R&D活动的科技人员数量比例远低于美国、日本、英国等发达国家，也低于新加坡、韩国等新兴工业化国家，只略高于越南、墨西哥。科技人才是吸引跨国公司R&D投资的重要因素，只有从事R&D的科学家的数量和质量得到普遍提升的条件下，跨国公司在中国的R&D投资才会持续提高。因此中国应加大对从事R&D科学家的培养，建立起尊重知识、崇尚科学的良好环境。

我国对科技制度的改革势在必行。塑造企业行为主体、政府支持的科技制度模式。一方面，必须发挥政府支持的作用来推进科学技术活动。把加快科学技术活动作为政府的一个重要职能。发挥科学技术对经济增长、充分就业、抑制通货膨胀和促进国际收支平衡等方面的作用，这对于中国经济的持续、健康、快速发展起到至关重要的作用。另一方面，企业是推动科学技术产业化活动发展的主要动力所在。客观地讲，在科学技术的起步阶段，借助行政手段的干预作用能弥补制度创新不足和滞后的缺陷。而在高科技产业化进入到成长阶段后，单凭行政手段所能实现的制度创新功能就十分有限，这时需要发挥企业自主创新的能力。"加快建设国家创新体系，支持基础研究、前沿技术研究、社会公益性技术研究。加快建立以企业为主体、市场为导向、产学研相结合的技术创新体系，引导和支持创新要素向企业集聚，促进科技成果向现实生产力转化。深化

科技管理体制改革，优化科技资源配置，完善鼓励技术创新和科技成果产业化的法制保障、政策体系、激励机制、市场环境。实施知识产权战略。充分利用国际科技资源，进一步营造鼓励创新的环境，努力造就世界一流科学家和科技领军人才，注重培养一线的创新人才，使全社会创新智慧竞相迸发，各方面创新人才大量涌现"。①

二、当代中国意识形态经济化发展的特点

在中国经济发展中，当代中国特色社会主义意识形态什么作用？中国特色社会主义市场经济需要怎样的意识形态与之适应？当代中国特色社会主义意识形态在我国经济发展中的特点、功能、方向是什么？这些问题都日益引起大家的关注。我国建立社会主义市场经济体制不仅是单纯的经济体制的变革活动，也是一个从经济到政治与意识形态的整体性的社会变革运动，而意识形态与经济互动作用又是这个变革运动的最高表现。当代中国特色社会主义意识形态在我国经济发展中呈现出三个基本特点。

第一，政府主导特点。20 世纪 80 年代初期以来，对于中国从高度意识形态化的政治逐步向现代化政治的平稳过渡，对于摆脱保守的教条主义，对于克服经济发展中的种种障碍，中国政府都起到了主导性作用，并在保持现存政治秩序的历史连续性的基础上，渐进地进行着变革与发展。过去的经济理论曾认为，社会主义制度同市场经济是水火不相容的，两者能否结合，被称之为"世界性与世纪性难题"。正是这种理论长期禁锢了人们的头脑，使我们在计划经济的历史局限暴露出来以后，仍然在拒绝人类文明的成果——有宏观调控的市场经济。邓小平提出的社会主义市场经济理论是马克思主义基本原理与中国特色社会主义实践相结合的最新成果。1992 年春天，邓小平在视察南方谈话中更深刻指出："计划多一点还是市场多

---

① 胡锦涛：《高举中国特色社会主义伟大旗帜　为夺取全面建设小康社会新胜利而奋斗》，人民出版社 2007 年版。

一点，不是社会主义与资本主义的本质区别。计划经济不等于社会主义，资本主义也有计划；市场经济不等于资本主义，社会主义也有市场。计划和市场都是经济手段。"① 邓小平的一系列谈话，逐步解除了人们的思想疑虑，我国以不可阻挡之势掀起了对社会主义市场经济探索的新高潮。

第二，国家意识形态与社会意识形态相结合的特点。经济发展导致经济结构多元化，而对这种多元社会结构中的多元利益群体的整合，又必须采取民主协商与妥协的方式，国家意识形态不断吸纳社会意识形态的有益的成分，以保持政治稳定的持续性，为经济增长与发展赢得时间。改革和发展中难免会出现许多矛盾，只有保持经济增长的持续性，政府才有足够的时间解决前期遗留的矛盾，有些矛盾才会在经济发展中自动化解，从而完成从计划经济向市场经济的过渡。正是由于国家意识形态不断吸收社会意识形态而得到完善和发展，才为吸引国内外资本的高投入提供了有利条件，才跳出了发展中国家一般难以摆脱的"贫困的陷阱"。而经济的快速发展和人们生活水平的提高，反过来又增加了国家主流意识形态的权威性和吸引力。

第三，具有民族性的特点。伴随着中国经济高速增长，社会主义意识形态自身也经历着一个不断创新与发展的过程，但这并不意味着我国社会主义意识形态民族性的丧失。在与西方文化的冲突和碰撞中我们要在确立自己特色的基础上建立具有时代和民族特点的中国主流意识形态，这既与马克思主义意识形态中国化相联系，也与中国人的意识形态民族性理念相联系。这个已经逐步形成并在不断完善的国家主流意识形态就是当代中国特色社会主义意识形态。这一价值理念的中国民族特色是我们今天创造适合中国市场经济发展的新意识形态的基础和起点。民族的从来是世界的，传统的永远是时代的。黑格尔独具慧眼，认为民族传统不仅仅是个管家婆，只

---

① 《邓小平文选》第 3 卷，人民出版社 1993 年版，第 373 页。

是把她所接受过来的忠实地保存着，然后毫不改变地保持并传给后代，民族传统应该是"生命的洋溢的，有如一道洪流，离开它的源头愈远，它就膨胀得愈大"①。西方各种思潮与理论涌入，一些思想火花可以借鉴，但这必须是通过与中国主流意识形态在经济社会发展中进行比较、借鉴才能够显示出来，同时，我们也是在这样的比较中才能显现我国特色社会主义意识形态的真理光辉，才能增强我们面对各种其他西方意识形态冲击时的免疫力。

三、当代中国意识形态经济化发展的功能

诺斯从经济层面出发，着重研究了意识形态的经济功能。诺斯认为制度是一个社会的游戏规则，或更规范地说，它们是为决定人们的相互关系而人为设定的一些制约，包括"正规约束"（例如规章和法律）和"非正规约束"（例如习惯、行为准则、伦理规范），以及这些约束的"实施特性"。诺斯认为对经济增长起决定性作用的，是制度因素而非技术因素——"有效率的经济组织是经济增长的关键，一个有效率的经济组织在西欧的发展，正是西方兴起的原因所在。"② 总之，诺斯是以个人之间的市场交易行为为背景，从意识形态这一个层面来理解制度的。与诺斯不同，在马克思的意识形态理论中，他着重于上层建筑反作用于经济基础的研究，带有很强的批判性，与阶级性紧密相联系。在中国 30 年的改革开放历史进程中，意识形态成为经济增长的一个内生因素，并且将在更长的历史时期发挥着更加重要的作用。我们开始从意识形态与经济发展结合的方式考虑和研究问题，更加注重经济因素，更加注重意识形态的经济功能研究。

当前中国意识形态的内在矛盾表现在意识形态中的计划观念与

---

① 张丰乾：《哲学史的层累与哲学史的特性》，《哲学动态》，2001 年第 4 期。

② 【美】道格拉斯·诺斯、罗伯特·托马斯：《西方世界的兴起》，华夏出版社 1989 年中译本。

市场观念的冲突和意识形态中的民族国家概念与全球化观念之间的冲突。从意识形态的内在结构分析，这两个矛盾实质上体现的是对意识形态的功能认识不清。中国意识形态在经济发展中的作用和功能表现在：

1. 扫除制约经济发展中的制度束缚。由于摆脱了意识形态的束缚，改革之初，国内围绕"两个凡是论"与"实践检验论"展开了激烈的争论。1978 年召开的党的十一届三中全会批判了"两个凡是"的错误方针，充分肯定必须完整、准确地掌握毛泽东的科学体系，高度评价了关于实践是检验真理的唯一标准的讨论，重新确立了我党实事求是的思想路线，做出了把工作的重心转移到社会主义现代化建设上来的战略决策。正如邓小平所说："一九七八年我们党的十一届三中全会对过去作了系统的总结，提出了一系列新的方针政策。中心点是从以阶级斗争为纲转到以发展生产力为中心，从封闭转到开放，从固守成规转到各方面的改革。"[①] 这三个"转到"是对有中国特色社会主义理论的第一次初步概括。从而为中国经济发展扫清了制度上的束缚。

2. 促进经济效率，减少交易成本，为经济发展创造节约机制。诺思强调，意识形态可以减少交易成本。意识形态都是作为一定的阶级和利益集团的意识形态存在的，并为该阶级和利益集团成员共有的。因为它是团体成员共同拥有的认知体系，所以它有助于团体成员彼此达成认识上的一致与行动上的统一。[②] 通过建立起一种指导行为的世界观，而使决策过程简单明了，使执行过程费用减少。诺思认为，意识形态能够克服"搭便车"行为，减少人们在经济活动或政治活动中的投机行为。

3. 对经济发展起到协调和整合作用。作为社会规范的一种重要

---

① 《邓小平文选》第 3 卷，人民出版社 1993 年版，第 269 页。

② 王永贵：《全球化态势下意识形态功能分析》，《社会科学研究》，2005 年第 14 期。

而有力的手段，意识形态对于维护经济秩序是至关重要的：有利于人们在存在不确定性风险的环境下，形成稳定的预期和特定的认知模式，从而有利于指导个人和组织行为，支配着所有社会成员的行为，规范着他们经济行为方式的选择，激励和促进不同领域的资源分配的作用。

4. 意识形态具有经济导向性和动员性功能。一个国家的主流意识形态能够使人们更加关注国家的经济目标和经济政策。社会主义意识形态作为一面旗帜，能够对人们经济观念、经济行为进行符合目标的引导并对偏离目标的思想、行为进行教育与纠正。意识形态作为系统的理论体系和突出的价值体系，能成为一种巨大的物质力量，激发和动员整体社会成员战胜各种经济风险和经济危机的信心和决心。

第二节　当代中国文化产业的发展

意识形态是文化的核心，文化是意识形态的表现，文化产品是意识形态的载体，文化产业是经济发展的增长点，文化市场是通过市场的交换来传播与发展意识形态。党的十五大提出，要在全社会形成共同的理想和精神支柱，广泛开展社会主义道德教育、民主和法制教育、纪律教育，引导人们树立正确的世界观、人生观和价值观，使人们成为有理想、有道德、有文化、有纪律的新型公民，这都离不开具有教化、激励和导向功能的文化。从这个意义上说，文化产品和文化设施承载着文化精神和文化传统，是一笔巨大的精神财富。

一、全球文化市场的发展格局

在新的国际环境下，全球文化市场发展格局呈现出新的发展特点，世界文化市场发展的地域特点呈现出融合的趋势。世界文化产业资源进一步整合，新兴文化产业市场不断崛起。各国文化产业依托技术进步，实行规模化经营。西方发达国家的文化市场经过多年的发展和完善，各自形成了一套有特色的运作模式和运作机制。同时，伴随着经济全球化的迅猛发展，不论发达国家还是发展中国家，各国间文化市场正呈现出一种融合和整合的趋势，全球化的文化市场正在逐步发展形成，这是一个不以人的意志为转移的发展趋势。当前全球文化市场的发展格局主要表现：

第一，从全球范围看，全球文化市场形成了美加、欧盟、日本主导的"三极"鼎立格局。这些地区的文化产业所创造出的经济效益、产值、产业规模以及产生的意识形态影响是其他地区无法比拟的，在相当时期内仍将占据主体地位。

半个多世纪前发端于美国的文化产业，已成为世界经济的朝阳产业。在许多发达国家，文化产业已经创造出了可观的经济效益，创造了许多工业化时代所意想不到的奇迹。发达国家文化产业是在市场经济体制下生产和成长起来的，都是按照市场经济的规律进行经营和运作的，因此其非常重视企业的生产经营，非常注重成本利润的核算和对经济效益的追求。据统计资料显示，美国、加拿大、英国、日本等发达国家的文化产业已经成为各自国民经济的支柱产业。在这些国家，人们的文化消费占其收入的30%左右。[①] 在美国400家最富有的公司中，有72家是文化企业，如时代华纳、迪斯尼等。英国文化产业的平均发展速度是经济增长速度的两倍，按人均人口计算，英国的日报销售量是西方国家中最高的，有3/4的人，人均读1份日报；1/3的人，人均读1份晚报。2002年日本文化品的市场销售额约为100亿美元，接近汽车业的产值，而其波及效果甚至高达200亿美元，成为日本国民经济的第二大产业。日本式动画作品目前正席卷全球，不仅占据了东亚和东南亚市场，而且大

---

① 王仲尧：《文化市场与管理》，黑龙江人民出版社2002年版，第6页。

举进军美国和欧洲。据统计，美国动画作品市场上，日本所占的份额达 43.5 亿美元，相当于日本每年向美出口钢铁的 3.2 倍。日本的游戏软件也畅销世界，东京至少有上千家软件公司和几万名设计人员在夜以继日地开发制造软件产品，所取得的经济收益也非常可观。加拿大的文化产业规模超过农业、交通、通讯及信息产业。加拿大文化产业的收入，占国民收入的 40%；加拿大政府十分重视在信息内容上强调加拿大文化和特色。该国设立了"文化产业发展基础项目"，协助厂商将文化产品数字化。为方便加拿大的文化产品和文化尽快上网，统筹全国的数字化工作。

　　发达国家在技术水平、经济实力上处于主导地位，世界文化市场仍以发达国家之间的交叉贸易为主，"三极"地区的国家自身文化产业的国际化程度明显高于其他国家。在过去 20 多年中，文化商品的国际贸易额呈几何级数增长，但是文化产业贸易大都集中在这些国家之间。日本、美国、德国和英国是世界上最大的出口国，占当年全部出口额的 55.4%；进口也高度集中于美国、德国、英国和法国，占总进口额的 47%。[①] 文化产品的进出口贸易主要集中于少数几个发达国家的原因与这些国家的文化亲近度有关。也就是说，如果两个国家的偏好越相似，需求结构越相似，文化背景越相似，即两个国家的需求结构中重叠部分越大，那么，这两个国家之间的贸易量也就越大。

　　第二，新兴文化产业市场的崛起。

　　随着发展中国家文化市场的迅速发展，一些新兴文化市场巨大的市场需求和发展中国家丰富的文化资源正越来越被发达国家所吸引。又由于许多发达国家的文化产品相继进入成熟阶段以及自身文化市场的相对有限性，使得发达国家的文化产品向新兴文化市场分散。发展中国家通过资本、产权、人才、信息、技术等文化生产要

---

　　① 李怀亮：《论国际文化贸易的现状、问题及对策》，《首都师范大学学报》，2003 年第 2 期。

素加强新兴文化市场建设。

第三，以技术进步为依托，实行规模化经营。

技术进步正在对世界文化市场产生巨大的影响，如互联网、卫星传输节目系统、DVD技术等。许多产业研究者们认为：互联网在10年内将成为向家庭输送电影娱乐与音乐录制的主要方法。数字化、网络化将使世界文化市场的面貌发生更深刻的变化，使文化产业从单一媒体向多媒体转变，文化产业集媒体、技术、信息于一体，电影、电视、广播、报刊、图书、音乐、体育等各行业之间优势互补、资源共享。技术进步已经成为拉动经济增长的推动器，它已在世界文化市场——从产品内容到形式、从生产方式到传播方式——得以广泛应用，极大地促进文化产品生产的发展和创新。

20世纪80年代，所有美国的主要传播媒体就已经被50家大公司所控制，美国规模化经营已经形成，其中，纽约时报公司、华盛顿邮报公司等20家公司控制了一半以上的日报销售，杂志的销售也被仅有的几家大公司所控制；美国广播公司、哥伦比亚广播公司、全国广播公司三家联网，覆盖了全国90%以上的观众；华纳公司等几家生产的唱片、磁带占据全国总量的80%。[①]

进入到20世纪90年代，跨国公司的战略调整和业务重组导致国际范围内大规模兼并和重组浪潮，进行规模化经营，打造文化产业的巨无霸成为一些国际的文化产业集团竞争策略。目前国际上有索尼公司、时代华纳公司、沃尔特·迪斯尼公司等九大媒体巨头支配着全球文化市场。在1999年全球500强排名中，索尼公司位列第31位，年收入为531.56亿美元。沃尔特·迪斯尼公司位列第151位，年收入为229.76亿美元。时代华纳公司位列第282位，年收入145.82亿美元。在九大媒体巨头的引导下，全球50家媒体娱乐公司

---

① 李向民：《文化产业：信息时代的文化革命》，《科教文汇》，2005年第4期。

占据了当今世界上 95% 的文化市场。①

从整个世界文化市场看，以美国为首的西方强势文化依靠其资本、技术和市场优势在国际文化舞台上处于霸权地位，往往能获得竞争优势，挤占和垄断本国市场，中国相对的弱势文化则只能处于被动的冲击之下。在世界文化市场上实际上是一种不平等的文化对话。

二、中国文化产业发展定位

十五大报告指出："面对经济、科技全球化的趋势，我们要以更加积极的姿态走向世界，完善全方位、多层次、宽领域的对外开放格局，发展开放型经济，增强国际竞争力，促进经济结构优化和国民经济素质提高。"当前，我国已进入全面建设小康社会加快推进社会主义现代化的新阶段，人民群众在物质生活需求基本满足后，对精神文化产品与服务的需求呈现出快速增长的势头和多层次、多样化的特点。目前我国文化产业在国民经济中的比重还很小，就业人数仅占服务业就业人数的 1.5% 左右。② 此外，文化产业在第三产业中产业波及效果也不高。文化产业对国民经济发展的推动水平小于全部产业的平均水平。文化产业在我国尚处于起步阶段，其所创造的经济价值在国民经济总值中比重很小，我国的外贸出口在世界市场上已居第 3 位，如我国的图书出口 1996 年仅为 1700 万美元，仅占世界图书市场 0.1% 的份额。③ 这从一个侧面反映了我国文化产业的落后状况。因此，应该结合中国国情给文化产业一个准确的定位。

文化产业作为未来发展最为迅猛、利润最为可观的产业，是中

---

① 邹广文：《文化产业：1990 年代以来的影响力与新特点》，《学习时报》，2006 年 4 月 5 日。

② 马守忠：《我国文化产业的定位与发展》，《商场现代化》，2007 年第 12 期。

③ 张鹏：《加入 WTO 后我国文化建设面临的机遇、挑战及对策》，《探索》，2000 年 4 月。

国在 21 世纪国民经济全面持续发展的基础之一。中国是发展中国家，中国综合国力的强盛离不开文化产业的发展。文化产业对加快第三产业的调整、促进国民经济的发展都起着十分重要的作用。根据国家现代化建设的总体战略部署，"十一五"时期是全面建设小康社会的关键时期，将全面落实科学发展观，坚持用发展和改革的办法解决前进中的问题。必须保持经济平稳较快发展，必须加快转变经济增长方式，切实把经济社会发展转入全面协调可持续发展的轨道。我国文化产业发展面临的宏观环境将会发生极其重大的变化，为文化产业的发展带来新的机会。

我国经济发展的总体水平进一步提高，将为文化产业的崛起提供一个良好的基础。在加快转变经济增长方式过程中，文化产业将成为一个新的经济增长点。同时，我国文化产业的发展也面对激烈的国际竞争。从总体上看，我国文化市场也将逐步扩大对外开放，外国文化企业或投资者将越来越多地介入我国文化产业，不断争夺我国的文化产品市场，而且争夺我们的人才。加入 WTO 后，我国文化产业面临日益严峻的国际竞争。我国文化产业与外国相比，在总体实力、技术创新、经营管理方面存在差距，总体实力落后。文化产业在拉动国民经济、产业结构调整与升级、增加就业、提高国家产业整体竞争力等方面起到了显著的作用。文化产业将成为各国拉动国民经济中的重要力量，对 GDP 贡献率在逐年提高，文化产业在国民经济中起到的地位举足轻重，文化产业在国民经济中的重要地位日益被各国政府所重视。

三、发展中国的新型文化产业

在加快文化事业发展的同时，将文化产业发展成为支柱产业，加快培育以创新为核心的新型文化产业，逐步实现有国际化特色的国家文化精神，使中国成为具有文化特色的国际知名国家。发展新型文化产业要以电子信息产业为依托，以研发平台为支撑，以集群化、品牌化为方向，全面提升优势传统产业竞争力。加快运用高新

技术和先进适用技术改造传统产业，建设优势传统产业集聚基地，形成产业发展的集群优势，使得"覆盖全社会的公共文化服务体系基本建立，文化产业占国民经济比重明显提高、国际竞争力显著增强，适应人民需要的文化产品更加丰富"。[①]

第一，进一步加强文化体制改革，推动科学合理、灵活高效的文化产业管理体制和文化产品生产经营机制的产生，打破目前分割和脱节的局面。体制改革将促进文化产业相关领域行政管理机构的重组和职能转变，有利于文化产品供给，丰富文化产品品种，改善文化产品的质量，从而为文化产业发展创造良好的环境。可以预见，随着体制障碍的突破和垄断格局的打破，文化产业的市场和行业准入将进一步扩大，有利于调动更多的投资主体和社会力量参与文化产业的发展。不断探索和推进以体制创新、制度创新为主要内容的生产经营机制转换，鼓励发展混合所有制、股份制和股份合作制。积极创造条件，形成地区或行业的骨干文化企业。组建竞争力较强、规模化经营、效益良好的文化企业集团。作为世界上国民储蓄率最高的国家之一，我国的社会资金总量还将进一步增长，随着金融市场的完善和鼓励民间投资政策力度的加大，文化产业可望吸引越来越多的投资者参与。

第二，提高技术水平，用高新技术改造传统文化产业，提高竞争力，从而加快文化产业的发展。随着文化市场准入范围进一步扩大，中国文化产业也悄然起步，但中国文化产业存在资金不足，技术落后，企业规模小等问题，很难与发达国家的文化产业抗衡。政府对其应加强保护，政府必须有限度地限制国外同类产品的竞争，保护本国幼稚文化产业的发展。但这种保护不能无限期地延续下去，政府在一定期限内采取保护措施，使中国文化产业得以有生存和发展的空间，中国文化产业自身也应不断地加强竞争力，一旦发展到

---

① 胡锦涛：《高举中国特色社会主义伟大旗帜　为夺取全面建设小康社会新胜利而奋斗》，人民出版社 2007 年版。

中国文化产业已经具备国际竞争力，政府应尽早消除保护，使中国文化产业充分享受世界文化市场所带来的利益。

第三，推进文化产业结构升级，优化文化产业布局。发展文化产业，必须合理配置资源，调整产业结构，解决好文化产业发展过程中的一些结构性、全局性、长期性和根本性的问题。国家要加强对文化产业的宏观调控与合理布局，确立入世以后优先发展的主导性产业。抓住产业调整升级这一发展的中心环节，优化和集中资源配置，加快形成健全的产业链和产业群，提高文化产业结构的自主创新水平。优化文化产业布局和发展文化产业相结合，加快发展壮大特色文化产业。立足现有基础，发挥比较优势，构建多元化的文化产业发展格局。

第四，形成优势互补，实现效益最大化。当前，文化产业集中度差，缺乏规模经营；重复建设过多，单位过滥，必须优化产业结构，集中力量，加强重点，提高国有文化资产的整体质量；不断优化国有文化资产的配置，提高国有文化经济的效益；着眼于经济全球化和知识经济的发展趋势，打破地区、行业和部门壁垒，使文化产品结构和文化单位结构适应市场需求，形成优势互补，实现效益最大化。在文化产业内部，要避免重复建设，避免无序竞争，根据市场机制，采取联合兼并等形式，尽快组建一批跨行政区划的大报业集团、演出集团、图书出版集团、影视音像集团等，优化文化资源配置，提高集团规模经济效益。

第五，大力培养文化产业发展急需的人才，优化人才资源配置。随着文化产业的发展，许多文化单位开始经营企业，但结果大部分投资收不回来，不少单位做了赔钱买卖。究其原因，主要是文化单位缺乏优秀的经营管理人才。我国高等教育的文化艺术管理专业几乎是空白，上海交通大学 1993 年曾设立国内首个"文化艺术事业管

理"本科专业，每年招收一个班，只有 30 名学生，但这只是个别现象。① 国家有关部门要专门开设文化经营管理培训班，加紧对文化经营管理人才的培养和使用，除了在实践中有意识地从圈内选拔培养外，还应该从基础教育抓起，建立完善的文化经理人培养体系。

文化产业是意识形态经济化发展的主要载体，意识形态是文化产业的方向保证，两者呈现出互动关系。社会主义意识形态致力于全民所有的观念，实践中又要维持比较高的生产效率。正如科尔耐在 1992 年指出，社会主义意识形态的基本原则是致力于国家所有，不仅仅是因为它的工具价值，而且是因为它的内在价值。为确保社会主义的生产率高于资本主义所有制的生产率，而全民所有的观念又不至于受到挑战，以文化产业发展为核心的意识形态为经济发展提供了动机和动力。在经济全球化背景下，作为一个处在转型中的社会主义大国，意识形态在经济发展中会起到越来越重要的作用。公有制占主体地位的价值观是现行主流意识形态的内在反映，任何否定公有制的主体地位的观点，在理论上是站不住的，在实践上是有害的。② 公有制的主体地位主要表现为国有经济控制国民经济命脉，涉及国家安全的行业如文化产业更是需要国家控制，这是我国主流意识形态的性质与作用所决定的。

总体而言，国有经济总体比重可以逐渐降低，特别是某些制造业甚至可以全行业私有化，但涉及国家安全的行业，国有经济应保持相对较高的比重。而且中国的"渐进式"改革是由点到面、新旧体制兼容的转型改革，这种模式必然会造成区域间、行业间发展的差异，不同行业的市场化进程不一致，当实体经济领域开始转型时，文化产业基本没有涉及，直到 20 世纪 90 年代才开始市场化步伐，我们认为，文化产业的发展与社会主义意识形态的发展是相互匹

---

① 蔡健等：《江苏省文化产业发展战略构想》，《金陵职业大学学报》，2003 年第 3 期。

② 本书编写组编：《毛泽东思想和中国特色社会主义理论体系概论》，高等教育出版社 2008 年版，第 166 页。

配的。

第三节　中国意识形态经济化的
价值与原则

　　经济发展与我国占主流地位的社会主义意识形态之间存在互动关系，特别是后者对前者有促进与支撑作用。在经济全球化背景下，当代中国社会主义意识形态在我国经济发展中的作用日益突显出来，在社会主义市场经济条件下，一切有利于文化发展的手段和机制都可以和应该大胆运用。意识形态经济化发展和整体经济发展存在着不和谐和不平衡，因此，需要加强意识形态经济化的发展，加强文化、科技、教育等产业发展力度，这样既可以通过这些产业发展普及推广我国社会主义意识形态，增强其生命力，又可以促进我国整体经济发展水平。这两者之间是相互对应的、内在的、辩证统一的有机体，不能机械地割裂开来。需要努力寻找两者的一个平衡点，建立意识形态领域自身机制的价值标准和原则。

一、文化经济化含义

1. 文化的商品性

　　商品属性和社会意识形态性是文化商品的双重属性。商品属性首先表现在文化商品也是一种劳动产品，是人类脑力和体力的凝结，文化商品是文化产品的特殊社会形式，是指文化产品消费者在交换过程中所得到的文化娱乐服务的总和。文化商品不是从来就有的，只是在商品生产高度发展的条件下文化产品才具有商品的形式。在相当长的历史岁月中，文化产品不用于交换，不是商品。文化产品的创造活动只是一种特权，附属于特权阶级的特定社会集团，文化

创造是特权阶级闲暇的一种方式。文化创造者并不售卖自己的文化产品来获得报酬，文化产品没有交换价值。在社会主义市场经济条件下，文化产品开始进入到市场，用于交换，因此文化产品也应遵守市场规则，文化商品受到价格机制、供求机制、竞争机制等市场机制的制约，等价交换原则、利润最大化原则也必须在文化生产、流通和消费的全过程中起作用。文化商品同一切商品一样，具有使用价值和价值，使用价值即文化商品能够满足人们一定文化需要的效用，文化商品的使用价值不可低估。文化商品的生产和经营活动，与教育、卫生、饮食、商业、科研等行业一样，都是向社会提供服务的行业。正如马克思所说："服务这个名词，一般地说，不过是指这种劳动所提供的特殊使用价值，就像其他一切商品也提供自己的特殊使用价值一样；但是，这种劳动的特殊使用价值在这里取得了'服务'这个特殊名词。"[1] 马克思在谈到某些文化艺术产品与一般物质产品的不同特点时曾经说过："一个歌唱家为我提供的服务，满足了我的审美需要；但是我所享受的，只是同歌唱家本身分不开的活动，他的劳动即歌唱一停止，我的享受也就结束；我所享受的是活动本身，是它引起我的听觉的反应。"[2] 文化商品的价值就是生产文化商品过程中都耗费人的体力和脑力，是一般人类劳动的凝结。同其他物质商品一样，文化商品的生产过程中同样消耗了一定量的社会必要劳动，而且这种劳动的复杂程度之高、劳动消耗之大，非寻常物质产品可比，因此其价值量也就难以估量。文化商品具有商品属性，最主要的原因：一是由于社会化大生产的存在和发展。社会化大生产打破了原始状态的自给自足的产品生产结构形式，社会分工越来越细，交换越来越频繁，文化商品生产者只有通过一定的方式与社会交换自己的劳动产品，才能换回自己需要的生活资料。

---

①　马克思：《〈政治经济学批判〉导言》，《马克思恩格斯选集》第 2 卷，人民出版社 1995 年版。

②　《马克思恩格斯全集》第 26 卷第 1 分册，人民出版社 2005 年版，第 436 页。

二是由于不同所有制形式的存在和发展，以公有制为主体、多种所有制经济共同发展，是我国社会主义初级阶段的一项基本经济制度。

2. 文化的意识形态性

文化商品同时又具有社会意识形态性。文化商品所反映出的思想性、艺术性和审美观，表现出它作为社会意识形态的本质特征，具有社会意识形态性。马克思、恩格斯在《德意志意识形态》一书中指出："统治阶级的思想在每一时代都是占统治地位的思想。这就是说，一个阶级是社会上占统治地位的物质力量，同时也是社会上占统治地位的精神力量。"① 文化是一种社会意识形态，属于上层建筑范畴，一定的文化是一定的社会经济和现实生活的反映，并服务于一定社会的经济基础。在阶级社会中，文化产品是一定阶级的意志和情感的反映，并为其阶级利益服务，它是通过具体生动的艺术形象来展现社会生活和反映客观真理的。作为一种观念形态的东西，必然要传达某种思想、某种精神、某种价值取向、某种意识形态，否则就不构成文化的内容。文化产品又不完全等同于普通消费物质产品，两者的不同之处在于需求层次不一样，消费物质产品是人类生存的必需，而消费文化产品是享受和自由发展的需要，是一种高层次的需求。文化产品可以是各个时代不同人们的消费对象，人们可以根据自己的爱好自由地选择某一时代某人创造的文化产品加以消费，但许多文化产品不会在消费中立即消失。一件最精美的衣服穿旧了、破了，或一顿可口的美餐品尝完了，其价值也就被消耗尽了，而文化产品如一部优秀的小说、电影或戏剧却可以获得永久的生命力。这些文化产品对于人类精神发展所起的作用是多方面的，它的教育作用寓于潜移默化的影响之中。文化商品具有不可估量的社会效益，它不仅能满足某个人或某些人的消费需要，而且能满足人类世世代代的需要，对于整个人类都有价值，属于全人类共同的

---

① 马克思、恩格斯：《德意志意识形态》，《马克思恩格斯选集》第 1 卷，人民出版社 1995 年版。

精神财富。

在社会主义市场经济条件下，文化的意识形态性使文化产品具有社会引导的功能。唱响社会主义主旋律，进一步提高引导文化产品的社会引导能力。当今全球化社会，社会主义意识形态不仅要靠组织力量来推行，还要更多地通过文化产品来影响社会舆论和调动群众情绪。好的文化产品可以使我们加强团结，鼓足干劲，不断增强吸引力、感染力。文化产品要不断增强政治意识、大局意识和社会责任感，遵循文化市场的发展规律，契合受众心理，使文化作品具有亲和力，让广大群众爱读爱听爱看，使文化产品真正做到正确引导社会舆论，满足人民群众期盼社会稳定、和谐的愿望。这样，我们才能得到人民群众的拥护，社会主义才能充满活力。

3. 文化经济化

文化经济化是文化作为一种产业、作为一种商品在经济发展中的作用，文化经济化是文化商品的双重属性的有机统一。在社会主义市场经济条件下，文化的商品属性和意识形态性对促进一国经济发展有着积极的作用。正是文化产品的特殊性使文化产业不同于其他一般的物质生产部门，一方面，它担负着宣传科学理论、传播先进文化、坚持正确导向、塑造美好心灵的社会责任和历史使命，任何时候都具有社会效益；另一方面，又具有经济效益，必须坚持市场取向，按照市场规律办事，尽可能地以最小的投入去创造最大的经济价值。各文化单位之间是独立的或相对独立的经济利益实体。特别是随着文化体制改革的不断深化，逐步打破了国家统包统养文化事业的传统模式，出现了国家、集体、个体、合资等文化事业发展的新格局。随着我国改革开放的逐步深化，文化艺术事业有了迅猛的发展，出现了包括演出市场、文化娱乐市场、书刊市场、电影市场、音像市场、文化旅游市场、文物市场、业余艺术培训市场等分支在内的各类文化市场，文化商品在市场经济竞争中日益活跃起来，其发展之势不可阻挡。中国作为一个发展中国家，正在经历一个从计划经济向市场经济转轨时期，经济与文化的全球一体化说明文化因素在经济发展中的作用也日趋显著。因此文化经济化表现为文化商品双重属性的相互作用和社会效益与经济效益内在统一，是文化商品的属性及重要特性相互联系、相互矛盾的必然选择。

二、中国意识形态经济化的价值标准

1. 意识形态经济化与意识形态金钱化

人的需求是有层次的，依次由较低层次到较高层次。当社会物质、经济达到一定程度后，欲望会向更高层次发展，文化、科技、教育对人的需求来说就是这种更高的层次。在社会发展的过程中，在中国进入到工业加速化阶段，文化、科技、教育的发展相对经济发展严重滞后，文化资源的严重缺失。主要表现在：（1）人们没有判断价值的标准，社会出现"唯金钱论"，"政绩工程"，市场上的"缺德交易"，"假冒伪劣"产品，出现权钱交易、权学交易等现象。（2）人们精神文化缺乏，人们没有幸福感，人的价值追求失衡所导致的心躁迷惘、精神压力大，导致精神紧张和痛苦，精神崩溃，以至于疾病率和自杀率上升。

意识形态金钱化就是脱离社会主义核心价值体系，在文化领域、教育领域、科技领域盲目引进西方的市场经济手段，导致人与人的关系金钱化，使拜金主义和享乐主义在社会上盛行，造成人性的扭曲和异化，使得文化畸形发展。意识形态经济化并不等同于意识形态金钱化。十七大报告指出，我国文化建设虽然取得了很大成就，但同经济快速发展相比、同全面建设小康社会的新要求相比还不相适应，特别是随着人民群众物质生活水平不断提高，消费重心由物质产品领域向精神产品领域转移的步伐会进一步加快，全社会求知求乐求美的愿望更加强烈。只有兴起文化建设新高潮，提供多层次、多方面、多样性的精神文化产品，才能更好满足人民群众的精神文化需求。加强意识形态经济化建设，抵制意识形态金钱化。

从改革开放，发展商品经济和市场经济来看，其主流、主导的一面是好的，但意识形态金钱化负面效应如不加以有效遏制，而是

任其自发作用，也会危害甚至葬送改革开放的成果和整个社会主义现代化建设事业。市场经济在我国开始运作，确实曾使人们面对着各种诱惑，要做出道德的选择。不少人只能"跟着感觉走"，这实际上是没有选择，人们便陷入了"道德真空"，结果反而使人们变得手足无措：物欲宣泄、金钱膜拜、玩世不恭、躲避崇高、良心遮蔽、伦理悬置。这一方面说明在社会转型时期，原有的道德准则似乎不适用；另一方面，新的道德准则尚未建立。有的人面对着道德精神的失落，表示"拒绝投降"，但更多的人则认为这样还不够，我们更需要一次"精神的突围"，反对意识形态金钱化，很显然，这是积极的态度。

2. 意识形态经济化的多样性

中国意识形态经济化的多样性和坚持马克思主义意识形态的主导性要紧密结合起来。中国意识形态经济化具有多样性；社会主义意识形态作为社会主义上层建筑的一部分，它是对社会主义经济基础的反映。社会主义经济基础代表的是广大人民群众的根本利益。就这一要求来说，中国意识形态经济化从性质上看不可能是"多样性的"，而只能是一元的，即与人民群众的根本利益保持一致。中国意识形态经济化的多样性其真正含义应该是指同一性质之下内容的丰富多样性，它体现和反映了广大人民群众多方面的物质和精神需求。

马克思主义的实质和历史使命就是反映、代表、维护和发展广大人民群众的根本利益。只有坚持马克思主义一元化的指导地位，才能保证中国意识形态经济化的建设和发展不偏离广大人民群众的根本利益，也才能真正多方面地满足广大人民群众丰富多样的物质和精神需求。"多样性"保证了人民群众多方面需求的满足，"一元化"又保证了人民群众根本利益的体现，因此，"多样性"和"一元化"是统一而不可分割的。中国的改革开放也伴随着西方发达国家优势教育和强势文化的进入，西方的价值观念、思想意识和宗教信仰大量进入我国，这势必对我国的传统文化和价值取向，对青少年的思想和心理产生强烈的影响，对中国主流意识形态产生冲击，我国的意识形态教育面临严峻的考验和挑战。有意无意表达出他们的世界观和政治理念以及他们的行为方式对国内学生产生的影响或冲突；西方文化对于我们来说，是一种冲击波，挑战着我们的视觉、听觉等感官和思想，如果用更形象的方式说，就是西方文化正在对我们进行殖民，对我们的感官和思想意识进行殖民。西方发达国家借助于科技和信息技术而产生的强势地位对民族文化形成打压态势，对我国的意识形态主旋律形成了干扰，弱化了民族道德素质。

3. 中国特色的意识形态经济化

随着全球化的进程，价值观的多元化，国家意识形态与社会意识形态会发生脱节，因此国家意识形态会不断吸引社会意识形态中一些有益的因素，通过占"统治地位"意识形态的这种张力，使国家意识形态与社会意识形态的上行和下移达到一种均衡状态，这也体现出中国意识形态理论是开放的体系。"继承和发展马克思主义意识形态的基本理论，是社会主义意识形态体系形成和发展所必须遵循的基本规律。"① 以毛泽东、邓小平、江泽民为代表的中国共产党人开创和发展了中国社会主义意识形态理论，继承和发展了马克思主义意识形态理论。邓小平说："一个党，一个国家，一个民族，如果一切从本本出发，思想僵化，迷信盛行，那它就不能前进，它的生机就停止了，就会亡党亡国。"② 十七大报告阐述了中国特色社会主义理论体系、科学发展观、构建社会主义和谐社会等一系列重大战略思想，是马克思主义中国化进程中的最新理论成果。这一系列理论成果为在全球化背景下进一步丰富和发展了马克思主义意识形态理论。

中国特色社会主义伟大旗帜，是当代中国发展进步的旗帜，是

---

① 郑永廷等著：《社会主义意识形态发展研究》，人民出版社 2002 年版，第 135 页。

② 《邓小平文选》第 3 卷。

全党全国各族人民团结奋斗的旗帜，中国特色意识形态经济化建设要始终坚持中国特色社会主义理论体系，用科学发展观统领文化建设，不断深化对为什么建设意识形态经济化建设的思考，研究解决意识形态经济化面临的新情况新问题，把科学发展观贯彻到意识形态经济化建设的各个方面、落实到各个环节，使意识形态经济化建设更加符合时代的新要求、适应人民群众的新期待。要把中国特色社会主义伟大实践作为丰厚土壤和源头活水，感受实践的脉动，倾听群众的心声，在人民群众的创造中进行创造。中国意识形态经济化具有中国特色。

当前，要进一步加强对新形势下意识形态经济化建设问题的深入研究，丰富和完善中国意识形态经济化发展规划，使发展的目标更明确、思路更清晰、措施更得力。加强中国意识形态经济化建设，提高文化软实力，必须加大政策扶持力度。中国意识形态经济化建设指导思想，是要以马克思列宁主义、毛泽东思想和建设有中国特色社会主义理论为指导。我们要继承我国各民族历史上的一切优秀思想道德和文化成果，要着重发扬五四运动以来党领导人民革命和建设社会主义过程中在精神和文化方面的创造；要吸取世界各个国家和民族的一切优秀的思想和文化成果。

三、中国意识形态经济化的原则

1. 意识形态经济化要以保障国家安全为前提

邓小平认为："考虑国与国之间的关系主要应该从国家自身的战略利益出发，而不去计较社会制度和意识形态的差别"[1]，这是一个新思路；江泽民提出了"国与国之间的关系应该受到国家利益而不是意识形态左右"的中国处理国际关系新原则。[2] 当今世界，国家安全的内涵和外延都发生了重大变化，国家安全，不再是单指军事

----

① 《邓小平文选》第 3 卷，第 96 页。
② 《人民日报》1999 年 4 月 2 日第 6 版。

安全，还包括经济安全、科技安全、信息安全、文化安全等诸多方面。文化安全是国家安全中最重要的方面之一，而意识形态又是文化安全中最核心的部分，只不过文化的边缘比意识形态更为宽泛、外延更为开阔。意识形态作为文化的核心、文化诸形式和内容的表达指南，是与观念和思想体系的价值规定相关的社会意识。国家意识形态作为一种阶级意识的文化，作为社会的特殊文化系统，只能是占统治地位的阶级、政党的精神文化体系，从这个意义上讲，意识形态经济化要以保障国家安全为前提。

随着市场准入的放宽，大量外来文化产品的涌入，不仅会给中国文化产业带来巨大冲击，而且更为重要的是，某些发达国家把"文化大棒"看做是推行其价值观念和意识形态的重要工具。它们认为，要维持自己世界领导地位，仅靠经济和军事力量远远不够，还必须大规模地实施文化输出，通过文化和思想方面的感染力吸引别国，劝说他人仿效它们的价值观和社会制度。如果政府管理和引导不当，将会带来的是中国文化产业的萎缩和文化价值观念和意识形态方面的冲突，中国的文化产业如不能解决好利益损失和价值冲突的矛盾，将会使国家安全的大厦倾倒。

2. 意识形态经济化要有利于经济发展

在计划经济时代，大部分文化商品供给具有计划性，文化企业不能自主经营，不能自主供给。从而限制了文化商品企业面对消费者能够提供的文化商品数量，而经营者又不能左右或者主宰消费者的消费意愿，在供给刚性的条件下经营者的自主经营权被无形剥夺，市场配置文化资源的基础地位也已瓦解，这给文化商品经营者造成双重限制：一方面是供给者的投入回报预期不乐观，影响投入规模，限制生产力提高；另一方面是经营者的经济效益差，经营规模小，品种结构相对单一，没有品牌优势，文化商品难以出口，进而经营者的市场空间将越来越小，正常经营将难以维持。国际经验证明，随着 GDP 发展水平的提高，消费者对文化产品的需求越来越精细化，消费者不接受一些粗制滥造的文化产品，而更倾向于选择一些

文化产品中的精品进行消费，因此对文化产品的供给提出了很高的要求，要形成有效供给。这里所谓的有效供给是相对于消费者对文化产品的需求而言，所以"战略性短缺"不仅是数量上的短缺，而且也是质量上的短缺。从目前情况看，文化产品的供给和需求是不均衡的，文化产品的供给相对于文化产品的需求是不足够的。中国加入 WTO 后，市场经济制度进一步完善，文化商品企业的自主开发能力得到加强，民营企业和外资企业以及私人企业也都开始进入我国文化市场，这些都为改善我国文化企业的供给提供了有利的条件。

我国的改革与发展处于关键时期，改革在广度上已涉及经济、政治、文化等所有领域，在深度上已触及人们具体的经济利益，发展方面已由单纯追求 GDP 上升到追求人文 GDP、环保 GDP，实现人口、资源、环境统筹协调发展。国际经验表明，当一个国家人均 GDP 进入 1000—3000 美元的时期，既是黄金发展期，也是矛盾凸显期，处理得好，能够顺利发展，经济能够很快上一个新台阶，处理不好，经济将停滞不前或倒退。目前我国已进入人均 GDP 达到 1000 多美元阶段，为了避免可能出现的经济社会问题，巩固改革发展的成果，推动经济可持续发展，应积极维护社会稳定，促进社会和谐，调整社会关系，最大限度地激发社会各阶层、各群体、各组织的创造活力，化解各类矛盾和问题，努力实现我国经济与社会的协调发展。必须深刻认识文化软实力在综合国力竞争中的重要作用。十七大报告指出："当今时代，文化越来越成为民族凝聚力和创造力的重要源泉、越来越成为综合国力竞争的重要因素。"[1] 随着经济文化化、文化经济化、经济文化一体化时代的到来，很多发达国家都把文化产业作为支柱产业来扶持和打造、作为软实力来培育和提升，文化输出已经成为其输出价值观、意识形态和影响力的重要手段。美国文化产业的生产总值占经济总量的 1/4、成为其第一大产业，日本的卡通片、游戏业风靡全球，英国艺术产业规模已与其汽车工业

---

[1] 《中国共产党十七大报告》（单行本），人民出版社 2007 年版。

不相上下。我国作为一个发展中国家，要提高综合实力和国际竞争力，就必须兴起文化建设新高潮。

3. 弘扬中国特色的社会主义主流意识形态

胡锦涛同志多次强调指出，意识形态领域历来是敌对势力同我们激烈争夺的重要阵地，如果这个阵地出了问题，就可能导致社会动乱甚至丧失政权。敌对势力要搞乱一个社会、颠覆一个政权，往往总是先从意识形态领域打开突破口，先从搞乱人们的思想下手。加强和改进我国主流意识形态建设工作是保持党的先进性和不断提高党的执政能力的核心内容。以科学发展观为指导建设社会主义和谐社会的时代背景——确立全面建设小康社会的目标与战略，提出文化发展的新理论，确立人的全面发展目标。

党的十七大报告提出，要增强社会主义意识形态的吸引力和凝聚力，这是具有重大战略意义的。在新世纪新阶段，我们要通过增强社会主义意识形态的吸引力和凝聚力，提高主流意识形态对各种思想观念和社会思潮的整合能力，以此来团结和凝聚全体人民为实现党的理想和人民的利益而奋斗，为建设中国特色社会主义提供强大精神动力和思想保证。增强社会主义意识形态的吸引力和凝聚力，十七大报告在深刻分析新世纪新阶段我国发展的阶段性特征时强调文化更加繁荣，同时人民精神文化需求日趋旺盛，人们思想活动的独立性、选择性、多变性、差异性明显增强，这些对弘扬中国社会主义主流意识形态提出了更高要求。大力推进中国社会主义主流意识形态建设，引领人们确立新的文化发展观和文化价值观，有助于促进经济发展方式转变，形成节约能源资源和保护生态环境的产业结构、增长方式、消费模式。十七大报告提出要"在中国特色社会主义的伟大实践中进行文化创造，让人民共享文化发展成果"[①]。进行文化创造，必须坚持社会主义先进文化的前进方向，只有坚持先进文化的前进方向，才能继承和发展中华优秀文化传统，吸收世界

① 《中国共产党十七大报告》（单行本），人民出版社 2007 年版。

各国有益文化成果，有力抵御各种腐朽落后文化的侵蚀，正确引领各种文化思潮和文化追求，不断创造面向现代化、面向世界、面向未来的，民族的科学的大众的先进文化。进行文化创造必须抓住首要任务。社会主义核心价值体系是社会主义意识形态的本质体现，必须紧紧抓住建设社会主义核心价值体系这个首要任务。用高质量的精神文化产品生动形象地倡导社会主义核心价值体系，用体现社会主义核心价值体系的文化产品引领各种文化思潮和文化追求，为全面建设小康社会、推进社会主义现代化提供有力的思想保证、强大的精神支撑、坚实的道德基础、良好的社会风尚。

4. 把握中国意识形态经济化的正确方向

随着全球经济一体化和我国加入世界贸易组织，外国文化产品要进入我国文化市场，这是无法阻挡的潮流。外国文化资本和文化产品、文化服务的进入，从积极意义上，将丰富人们多元化的文化生活，对提高人们的生活质量是有作用的。但也应该看到，一些宣扬西方的个人主义、道德伦理观、人生观和价值观念的文化产品的进入，而且也会对其所表达的思想内涵潜移默化地予以认同，以致少数消费者会在思想上形成外国文化比本国文化更能体现人的个性和自我精神的认识，因此我们必须要把握中国意识形态经济化的正确方向，对此我们要保持清醒的认识。

中国意识形态经济化并不是要否定和抛弃马克思主义，而必须是对马克思主义进行创新与发展。并不是以当代西方的自由主义或传统儒学作为当代中国的主流意识形态；并不是把社会主义与市场经济割裂开来、对立起来，中国意识形态经济化要求坚持社会主义市场经济，要求继续坚持马克思主义的意识形态。中国意识形态经济化的方向不能偏离社会主义方向。列宁指出："一切民族都将走到社会主义，这是不可避免的，但是一切民族的走法都不完全一样，每个民族都有自己的特点。"[①] 在中华文明上下五千年的历史长河

---

① 《列宁全集》第 23 卷，人民出版社 1972 年版，第 64—65 页。

中，改革开放、经济起飞、国家统一、文化复兴的这几十年可谓短短的一瞬间。回首这几十年，展望新世纪，我们面临的时代主题与肩负的历史使命就是：把马克思主义普遍真理与中国现代化建设实践相结合，走中国特色社会主义道路，实现中华文明的现代复兴。几十年的基本经验，集中到一点，就是在毛泽东、邓小平、江泽民、胡锦涛四代领导集体带领下，把马克思主义基本原理与时代特点、中国国情相结合，以解放思想、实事求是的创新精神，开拓中国特色社会主义的新道路。正如美国学者施拉姆所说："许多事情说明，当今邓小平的中国和20年前毛泽东的中国有了不同，但是有一件事一点儿也没有改变：即为寻找一条现代化的道路而向西方学习，特别是向马克思主义学习，同时又保留中国的特色，他们都以此为目标。毛泽东谈到过开辟一条'走向社会主义的中国道路'；邓小平则宁愿说建设'具有中国特色的社会主义'。这两项事业的推理方法在某些方面有极大的不同，但每个计划都涉及运用马克思主义来指导中国革命，同时要使之适应中国的具体情况，适应中国人民的文化传统。"[①] 作为后来者胡锦涛无疑也是这条道路的继承者与创新者。以胡锦涛为代表的第四代领导集体提出的科学发展观、建设和谐社会的理论。这些理论是在中国改革开放已经取得相当的成绩，中国人的生活水平普遍提高的基础上提出的。固然，在全球化进程中中国肯定会出现各种社会问题，从计划经济到市场经济的转变，传统文化与现代化的矛盾、区域经济发展的不平衡，这些矛盾和问题交织一起，加速了社会利益群体的分化，使中国的社会变革呈现出一个十分复杂的格局。而这一切都需要加强当代社会主义意识形态建设和发展的力度。当然，中国意识形态的创造不能也不可能完全否定和抛弃先前的传统，而必须是对先前传统的创新和发展。

---

① 【美】斯图尔特·R·施拉姆著，田松年、杨德等译：《毛泽东的思想》，中国人民大学出版社2005年版，第227页。

第七章
当代中国经济安全与意识形态

　　本章主要介绍当代中国经济安全与经济意识形态化，明确中国经济安全与经济意识形态化的关系，分析经济意识形态化，辩证分析经济意识形态化对中国经济安全的影响。我们既要看到经济意识形态化对中国经济安全的积极影响，也要清醒认识到经济意识形态化对中国经济安全的消极影响，同时注意分析当代中国经济安全与意识形态经济化问题。为了更好发挥意识形态对中国经济安全的积极影响，应当明确新时期意识形态构建指导原则，加强意识形态的构建，继续推进意识形态建设方法创新，这样才能提高社会成员的凝聚力与向心力，增强人们干事创业的积极性，从而坚定人们对中国特色社会主义的信念和对社会未来发展的信心。在当前全球金融危机的形势下，树立信心，扩大内需，防止经济急剧下滑。

　　为了确保国家经济安全，建构新时期社会主义意识形态，应该坚持马克思主义的指导地位，高举邓小平理论的伟大旗帜，全面贯彻十七大精神，并使之深入人心，成为人们日常行动的指南。

第一节　经济安全与经济
意识形态化

本节主要介绍当代中国经济安全与经济意识形态化，分析经济意识形态化，明确中国经济安全与经济意识形态化的关系，辩证分析经济意识形态化对中国经济安全的影响。我们既要看到经济意识形态化对中国经济安全的积极影响，也要清醒认识到经济意识形态化对中国经济安全的消极影响。

一、经济意识形态化

经济意识形态化说的是经济的发展离不开意识形态。意识形态作为一种社会制度内在的、深层的、潜在的存在，在无形中会长期地、不断地、几乎无处不在地影响着经济的各个方面，以至于经济的整个发展都充满着意识形态的东西。当然，不同的意识形态条件指导下经济发展的特点也是各不相同的。这就是为什么在不同的制度条件下，经济的形态和模式呈现出多种多样形式的原因。但是，意识形态的东西作为一种潜在的状态存在，总是在无形之中左右着经济的发展和方向，这也是为什么意识形态的影响在有些时候又显得没有那么明显的作用。然而，我们仍需清楚地看到，任何的经济决策背后都打上了深深的意识形态烙印。

经济意识形态化主要表现在以下几个方面：

1. 经济发展决策的指导思想意识形态化

这主要是指在设计和制定经济制度和计划时，制度的设计者总是在一定的意识指导思想下和带着一定的标准来构建制度的，而这就无法摆脱意识形态的左右和影响。这种影响的存在方式既可以是

以明示的方式表现出来，也可以是潜在地、暗含地存在于制度的内部设计之中。这也是因为"与经济发展相容的意识形态，可以指导和促进国家经济政策的合理化，使经济政策发挥自己应有的作用。而'反生产力'的意识形态对国家经济必然造成巨大的危害。"① 同时，"一种意识形态能够对经济起到什么样的影响，不仅仅取决于它自身的特征。意识形态是一种思想的体系，它与现实总要存在着差距。因此，经济决策者在制定政策过程中如何平衡意识形态与现实的关系，就显得非常关键。"②

2. 经济发展的过程及其整个过程都要意识形态化

也就是说，意识形态对经济的影响绝不仅仅限于制度的设计和计划层面。只有将带有意识形态化的制度设计实际地、确实地贯彻到实践的运行之中，才有可能真正地发挥意识形态在经济领域的作用。这也是意识形态的本质本身的要求。"意识形态的制度性功能本是意识形态固有的，无需投资来连接或'激活'。"③

3. 经济的结果意识形态化

这是前两者所共同希望达到的目标。也是意识形态对社会和经济发生作用的最终目标和存在价值。做到了这一点，会给社会带来很大的收益。这就是所谓的"社会收益"。其表现在以下几个方面："第一，国家节省了一部分信息费用、协调费用和强制解决冲突的费用，或者说在总的管理费用中出现了一个扣除额。第二，企业不仅能节省监督费用，还可能获得一种能够增进凝聚力的企业精神，这是能带来很大收益的无形资产。第三，社会获得了一个'柔性控制'的秩序和与法治匹配的文化环境，在此平台上，特定的民族精神会

---

① 王文寅：《意识形态的经济分析纲要》，《山西高等学校社会科学学报》，2003 年第 12 期。

② 何炜：《意识形态与当代中国经济发展》，《云南行政学院学报》，2000 年第 2 期。

③ 何炜：《意识形态与当代中国经济发展》，《云南行政学院学报》，2000 年第 2 期。

得到增强。"经济的意识形态化同时也会给个人带来较大的好处。这就是所谓的"个人收益",这主要也表现在以下几方面:"一是来自人力资本的收益,即社会和单位对个人忠于职守和积极奉献的回报,这也许是加薪和晋职,也许是表彰和知名。二是来自秩序和环境带给每个人的安全感、舒适感和由于对未来有一定预期而产生的生活信心。"①

意识形态的经济功能和作用表现在以下几个方面。第一,与经济发展相容的意识形态,可以指导和促进国家经济政策的合理化,使经济政策发挥自己应有的作用。而"反生产力"的意识形态对国家经济必然造成巨大的危害。第二,意识形态可借助国家的力量,促成有效的制度环境的形成,为经济发展提供良好的制度"平台",以节约制度安排和制度运行的费用。第三,就像贝克尔、林毅夫等人指出的那样,意识形态是一种人力资本,它的存量越大,则人对现存制度安排就越认可,个人搭便车和其他机会主义的倾向就越小。第四,成功的意识形态可促使人们的价值观念、习俗文化发生更加趋向经济发展需要的变化。韦伯关于新教伦理与资本主义精神的论述,实际上是一个意识形态——价值习惯——经济发展良性互动的例子。而在现今的中国,人们所崇尚的竞争、效率、信用等观念是社会主义市场经济的理论和实践发展的结果。意识形态是制度创新的思想基础和理论前提。诺斯认为:"社会价值观念的变更——即意识形态的改变——是制度变革的主要因素。"它通过价值观、态度、习惯等影响人们对制度行为以及正式制度安排的理解、认同和支持。某种意义上,它甚至比法律等正式制度安排更为重要。因为法律等正式制度的运行是以该制度下的人具有相应的"文化"水平为前提的,需要有在诚实、正直、公平、正义等方面有良好道德的人去操作。如果行为人的道德素质和文化水准低于一般底线,相应的正式

---

① 何炜:《意识形态与当代中国经济发展》,《云南行政学院学报》,2000年第2期。

制度就难以发挥其应有的作用，市场法制的约束力和作用就极其有限。在这种情况下，法律制度虽然可以依靠国家的强制力来推行，但由于缺乏意识形态的相应支持，法律的维护和保护成本会大为增加。意识形态在制度变迁过程中的作用主要是降低制度运行成本和变迁成本，并解决"免费乘车"问题。诺斯论述道："任何一个成功的意识形态必须克服免费搭车问题，其基本目标在于给予各种群体以活力，使他们不再按有关成本与收益的简单的享乐主义和个人主义来行事，而是采取相反的行为，从而节约交易费用。"

　　具体地，意识形态和文化观念的主要制度性作用有：1）它以世界观的形式出现，可以简化决策过程。好的意识形态能够降低社会运行费用。虽然意识形态和文化因素等形成的路径依赖现象可能带来制度锁定，但也可能带来交易成本的节约。2）一致而成功的意识形态可以替代规范性规则和服从程序，能在很大程度上决定着制度创新的方向和进程，减少强制执行的法律及其他的制度的费用。3）当人们的经验与意识形态不一致时，使用新的意识形态可以节约认识世界和处理相互关系的费用。总之，意识形态和文化观念既可以促进制度创新也可能阻碍制度创新，既可以降低也可能提高制度创新成本。社会文化基础上形成的风俗习惯、意识形态、价值观念与制度创新的反差越大，创新的阻力越大。无论维持和推翻现有秩序，离开成功的意识形态都是不可能的。同时，意识形态对人的行为影响与利益对人的行为影响的效果一样明显，在某些条件下可能是决定性的。当个人深信一个制度是反动的、非正义的时候，为试图改变这种制度结构，有可能忽视对于个人利益的计较。当个人深信习俗、规则和法律是正义的时候，也会服从他们。意识形态和文化传统对我国经济改革和经济发展的影响和意义非常重大。樊纲认为，华人文化不重视理性化的正式制度安排，而更注重人际关系等非正式制度安排，因此华人企业多为家族式企业。同时也正是中华传统文化的这种"重内容不重形式"、"重非正式关系而不重视正式制度"的内涵使中国的渐进式改革取得了相对成功。但他认为华人经济如果要取得进一步的长期发展，还必须依靠"法治精神"来实现自我完善。樊纲的分析表明文化传统等意识形态范畴对制度变迁路径的重大影响。王询也注意到文化传统对经济组织形式变迁的影响。他认为，东亚国家由于在文化传统方面的特殊性使企业和市场之间的界限较为模糊，企业和市场之间的空间往往较大，更容易发展出各种中间形式，而这种中间形式在中国的特殊背景下往往成为节省交易费用的有效组织形式。

二、经济安全与经济意识形态化的关系

由于历史原因，计划与社会主义、市场与资本主义的"原配"曾长期被人们所认同。其实，无论计划模式还是市场模式，都是资源的配置方式，并不以意识形态的差异而分野，且经济规律发挥作用的基点总是社会经济生活具体的历史的特殊的阶段和层面[1]，因此可以推断，经济发展在意识形态化的过程中是辩证统一的。无论是资本主义还是社会主义，其经济的意识形态化过程就好比资源的配置方式不会因意识形态的差异而分野一样，是相互促进、相互影响的，在同一的经济全球化背景之下，有快有慢地实现经济意识形态化，尽管在不同制度下、环境下的具体特点理所当然会有所不同。

早在 20 世纪 60 年代后期，美国就有学者关注国家经济安全，70 年代日本就开始研究日本的生存空间和经济安全问题，日本的经济计划厅就明确提出来确保国家经济安全作为日本的基本国策之一，成立了国家经济安全特别保障领导小组。他们认为国家经济安全战略是抑制和排除外部的经济和非经济威胁的方略，是以经济手段为中心维护国家经济安全。美国总统克林顿 1993 年提出要把国家经济安全作为对外政策的主要目标，作为国家安全战略的三大目标之一，包括一系列的措施。俄罗斯在 1996 年也提出了国家经济安全战略，

---

① 罗卫国：《对经济体制与社会意识形态关系的论证》，《甘肃科技纵横》，2006 年第 1 期。

保证俄罗斯经济的独立性，减少对西方发达国家的依赖，保持俄罗斯在经济利益上不受到侵害。

1. 国家经济安全的涵义

无论是在马克思主义者的著作，还是在发展经济学家以及国际经济学家和国际政治经济学家的著作中，我们都不难发现，在他们所讨论的经济现象背后都蕴涵着国家经济安全问题。目前国际上尚未对经济安全涵义达成一致的观点，但存在一些比较近似的看法，即一个国家维护经济安全的能力，主要由经济的生存力、竞争力、国家对本国国民经济重要部门的控制力和抵御内外威胁的能力等构成。

我国学术界多数学者认为，国家经济安全主要包括三个相互联系的方面：

一是国家的整体经济竞争力；

二是国家整体经济系统抵制国内外各种干扰、冲击、侵袭、破坏的能力；

三是国家的国民经济得以存在并不断发展的国内、国际环境。国家经济安全涉及的领域很多，尤其是能源安全和金融安全，因为它们都事关一国的经济命脉，在经济安全中具有至关重要的地位。国家经济安全的核心是国际竞争力的提高。

2. 特征与分类

国家经济安全有以下基本特征：

1）国家经济安全是具体和历史的。

2）国家经济安全具有临界性，要求反映经济安全的各项指标均处于临界边缘之内。

3）国家经济安全问题在社会发展转折时期尤为重要和尖锐。

4）国家经济安全的标准与参数间的变量关系以经济和社会进步为背景。

5）国家经济安全问题具有高度的综合性、显著的突发性和强烈的紧迫性等特点。

具体而言，国民经济是一个复杂的有机大系统，国家经济安全也是一个复杂的系统工程，涉及从日常经济生活到经济发展战略等各方面的内容。目前各国关于国家经济安全的研究均处于起步阶段，成果主要表现为具体的子系统安全预警模型（如金融风险预警模型），或者表现为国家的综合安全构想的经济部分，多数偏重于务实性的国家经济安全战略。不同国家的经济安全模型或经济安全战略研究方法和内容各有侧重，一般按照影响国家整体经济安全的显著程度，重点研究以下领域：

第一，经济体制与国家经济安全。目前，不少国家在下力气研究怎样为一国经济的持续增长提供良好的运行环境，包括经济体制环境。研究者通常认为，建立健全适应力强的经济体制，才能够营造良好的经济发展内外环境，提高一国经济的竞争力，增强一国经济抵御外部干扰的能力。

第二，海上运输线与一国的战略资源安全。一个国家的生存和发展，离不开战略性资源，如能源、稀有金属和粮食等。从维护国家经济安全出发，战略资源的稳定供应和安全运输始终是国民经济正常运行的先决条件。

第三，主导产业、新兴产业与国家经济安全。主导产业的运作，是一国国民经济运行的主要内容和形式；主导产业的发展，是一国经济发展的主要动力。主导产业的发展状况，最能反映出各国经济实力的差距。

第四，财政、金融、外贸与国家经济安全。财政金融是一国经济的"血液循环系统"，是资源和信息配置的中介，对于一国经济的健康运行和资源的有效利用，具有极为重要的作用。因此，财政金融领域历来被各国政府视为稳定经济发展大局的重要领域，作为制定宏观经济政策的重点对象。

第五，海外市场与国家经济安全。在经济日趋全球化的背景下，无论是发达国家，还是新兴的工业化国家、发展中国家，甚至转轨

国家，都不同程度地参与国际分工。海外市场成为一国国民经济系统的重要组成部分，而且国际市场也是各国经济利益直接发生碰撞和冲突的场所，如垄断与反垄断、歧视与反歧视、倾销与反倾销、控制与反控制、制裁与反制裁，以及敌对政府之间在各自势力范围内对对方的相关经济利益采取的非常措施。

第六，科技教育、经济竞争力与国家经济安全。目前，不少国外学者认为，国家经济安全涉及的是一国整体的根本性利益。提高一国经济的竞争力，才能增强该国经济抵御国内外各种力量、因素干扰和侵袭的能力。因此，一国的经济竞争力也是各国国家经济安全战略关注的核心问题之一。

第七，可持续发展与国家经济安全。进入 20 世纪 90 年代后，在一些国家的经济安全战略中增添了一个新的领域——可持续发展，即力求实现一国国民经济与人口、资源、环境的协调发展。①

与国家军事安全相比，经济安全的特点是：国家经济利益以有形、无形的态势分散在各个领域及广阔的地域范围内，天然超越了领土范围。因此，与军事安全相比，经济安全界限的判断，利益的判断，不是那么一目了然。特别是随着经济区域化、全球化的进展，使经济利益呈现出你中有我、我中有你的相互依存态势，这使得国家间一旦发生冲突与斗争，很难做出抉择。经济安全问题的解决，一般来说并不是绝对的输赢，而是一个通过多次博弈逐步寻找均衡点，争取双赢或多赢的过程。经济安全问题是多层次、多视角、多主体的。政府、跨国公司、一般民众、中介机构都可以在其中发挥作用。经济安全问题的解决，不仅可以通过对抗来解决，也可以通过交易、合作来解决，解决经济安全问题更多地带有国家利益交易的特点。经济安全问题随时都可能存在，需要持续地予以关注和解决。如果说军事安全着眼于应付重大的、突发危机；经济安全则要

---

①　刘君、雷家、马肃、曹宁、戴智慧、李晓峰：《国外的国家经济安全研究》，《科研管理》，2001 年第 1 期。

更多着眼于日常的中小危机。经济安全管理应当是政府日常工作的一部分。

基于以上特征，我们可以从宏观、中观、微观三个层面理解国家经济安全。即国家经济安全、产业安全和企业技术安全。

（1）宏观层面：国家经济安全

国家经济安全问题是伴随着经济全球化深入发展而出现的一个重要课题。宏观层面的国家经济安全，是指主权国家的经济发展和经济利益不受外部和内部的威胁而保持稳定、均衡和持续发展的一种经济状态。它包括两个方面：一是指国内经济安全，即一国能够化解各种潜在风险，保持经济稳定、均衡、持续发展的状态和能力。二是指在国际关系中的经济安全，即一国经济主权不受侵犯，经济发展所依赖的资源供给不受外部势力控制，国家经济发展能够抵御国际市场动荡和风险的冲击。宏观层面经济安全的本质是在经济全球化过程中，一国经济适应外部环境的变化并能稳定持续发展的能力。

（2）中观层面：产业安全

产业安全主要是伴随着外资进入国内市场和"走出去"战略的实施而出现的一个重要问题。所谓产业安全，主要是指主权国家的产业发展及其市场经济利益不受外部威胁和内部失衡影响而保持稳定、均衡和持续提升的一种产业景气状态。它同样包括两个方面：一是因引进外资而被外资优势所利用，进而发展到外资控制甚至垄断国内某些产业倾向，从而对国家经济安全产生威胁而出现的产业风险。它涉及的范围如金融安全、信息安全、人才安全、幼稚产业保护（制造业和高新技术产业）、经济结构与产业结构调整等。二是随着"走出去"战略的实施，中国进出口相关产业因国际市场挑战与冲击而出现的产业利益受到侵害。它涉及的范围如能源安全、资源安全、贸易安全等。产业安全的本质是在经济全球化市场让渡与分享过程中，一国产业适应内外部环境变化并能稳定持续发展与提升的能力，即产业竞争力的强与弱。

（3）微观层面：企业技术安全

技术创新与技术安全是近年来官学两界共同关注的热点与焦点问题。企业技术能力是一个国家产业提升及企业做强做大的根基。技术安全是指企业在经营发展过程中不受外部技术控制与垄断及内部研发能力影响而保持稳定、持续发展并做强做大的一种技术提升状态。技术安全也包括两个方面：一是企业自身技术自主创新能力比较弱而出现的自身技术供给不足。二是来自外部的技术控制、封锁与垄断及企业被并购而出现外部技术供给失效和民族工业技术（包括品牌、人才等）流失等。一国技术安全的本质是其技术自主创新能力的强弱及其核心技术拥有的多寡。其实这三个层面相互交融的，国家经济安全包括和取决于产业安全和企业技术安全。

3. 经济全球化与意识形态的关系

全球化背景下意识形态领域面临着紧密联系的两大历史课题和战略任务：国际上必须认清敌对势力各种反社会主义意识形态的本质，积极开展意识形态的反渗透斗争，国内则研究全球化背景下社会主义意识形态的发展规律，加强意识形态建设，特别是积极进行切实有效、形式多样的社会主义意识形态的宣传和灌输，推进马克思主义理论的发展与创新，不断完善社会主义体制和制度。此外，还必须正确处理社会主义发展与经济全球化进程的相互关系，不能背离社会主义全球化的正确发展轨道；必须坚持社会主义意识形态的基本原则不动摇，坚决反对和抵制"非意识形态化"等。[①]

从外部看，全球化正在成为我们这个时代最主要的特征，事实上许多人已经把这个时代称之为"全球化时代"（Global Age）。全球化首先是经济的全球化，而经济生活的全球化又必然对人类的政治生活、文化生活和社会生活产生深远影响。"经济全球化极大地改

---

① 靳辉明：《坚持马克思主义在意识形态领域的指导地位——〈经济全球化与社会主义意识形态建设研究〉评介》，《当代世界与社会主义》（双月刊），2006 年第 5 期。

变着主权国家的统治主体、结构、方式、过程和意义，对传统的民族国家、国家主权、政府体制和政府过程产生严重的挑战，并且深刻地影响人们的经济、政治生活。"① 全球化的重要特征之一就是国家主权和政府权力受到削弱，跨国组织和超国家组织的影响日益增大，这就会导致"人们所熟悉的自我形象和世界图景所依据的文化知识和制度原则日趋瓦解"。②

全球化是由西方主要经济和政治大国所主导的经济全球化，同时它还是政治、文化、价值、信仰等价值观和世界观要素的全球化过程。在全球化过程中，西方国家所信奉的自由主义、保守主义、新自由主义、新保守主义、社会民主主义、第三条道路等资本主义意识形态随着经济全球化过程蜂拥而至，这就加剧了全球化对民族国家传统政治思想和政治文化的冲击与弱化作用。

从内部看，经济全球化导致市场化。在全球化和市场化过程中出现的经济利益分化，必然会导致社会阶层分化，也会出现社会矛盾和冲突，而这些矛盾和冲突最终又会被反映和表现在社会意识形态中，马克思曾明确指出，"经济基础中的任何变化，最终都会被反映到思想意识中，都会被反映在社会意识形态中"③。经济全球化与市场化对传统社会意识形态的冲击加剧了其弱化的趋势。

三、经济意识形态化对经济安全的积极影响

意识形态对我国经济改革发展和经济安全的影响和意义非常重大。意识形态对经济安全的推动作用一般来说具有两种途径：一是通过政府对经济的干预，也即国家对经济制度的选择，对经济安全产生推动作用；二是通过形成经济领域的意识形态，对经济活动不符合意识形态的地方进行校正，从而加强经济安全。

---

① 俞可平：《民主与陀螺》，人民出版社 2006 年版。
② 【德】乌里希·贝克：《全球化时代民主怎样才是可行的？》，中央编译出版社 2000 年版。
③ 《马克思恩格斯选集》，人民出版社 1996 年版。

在我国，国家宏观调控对经济安全的影响十分深刻，意识形态可借助国家的力量，为经济改革和发展创造一个良好的社会、制度环境，维护经济安全。第一，意识形态可以通过为市场经济制度提供解释和价值支撑来维系社会稳定，从而加强经济安全。意识形态体系里的政治和经济思想就是对现实社会制度合理性的一种论证体系，而对现存经济体制合理性的认同与否，直接关系到一个社会的稳定程度。意识形态使人们出于一种应然的态度来遵守市场经济的各种规则。这一点在我国市场经济完善中尤为重要。第二，意识形态可以通过引导社会心理来维系社会稳定，进而加强经济安全。与意识形态是社会意识系统里较高层次的社会意识相比，社会心理是较低水平的社会意识，它是对日常生活的一种不定型不系统的、自发的反映形式。意识形态能引导社会心理向着意识形态指引经济的方向发展，给经济安全以强有力的支撑。

意识形态可以为人们的行为提供价值信念上的共识和道德的约束，进而减少人们合作行为的社会成本。意识形态体系里的政治经济思想和道德观念也可以规范政府机构和政府官员的行为，使之正确行使自己手中的权力，减少钱权交易以及搭便车现象，减少其对经济活动的不正当干涉，为提高市场效率、加强经济安全提供支持。

正如前文所述，经济意识形态化过程中，各个民族国家在彼此交往的过程中不但没有放弃自己的民族文化，反而更加重视自己经济、文化和意识形态建设，只有民族的才是世界的。

经济意识形态化有利于发挥意识形态为经济发展和安全提供动力支持和规范约束力，主要表现在：

（1）凝聚人心，维系社会稳定，为经济发展营造良好的社会条件。首先，它能引导社会成员树立共同理想信念，形成社会稳定的思想基础。其次，引导社会心理定向、升华，维系社会稳定。

（2）为增强企业内部团结，协调企业与外部的关系，减少摩擦耗费。首先，为企业内部团结提供支持。其次，保持企业与外部组织的和谐关系，减少摩擦耗费，发展集约型经济。

（3）规范经济行为，提高市场效率。首先，规范经济行为，提高市场效率需要法律制度的支持。其次，规范经济行为，提高市场效率也需要道德观念的支持。再次，规范政府机构和政府官员的行为，减少其对经济活动的不正当干扰。①

此外，经济意识形态化发展中国家发挥比较优势，开拓国际市场，开展对外贸易，增强自身的经济安全；有利于促进发展中国家的体制改革。参与经济全球化进程，与国际市场规则接轨，将会推动发展中国家引进、学习、借鉴外国的管理经验，批判吸收一部分有利的发达国家的经济意识形态，结合本国实际进行体制和机制的改革，从而有利于发展中国家的内部体制改革。

总之，经济意识形态化有助于我们克服单凭经济手段管理经济的错误思想，具有重大的理论意义和实践意义，对经济安全具有十分积极的影响。

四、经济意识形态化对经济安全的消极影响

当今中国正处在社会转型期，在进行政治体制和经济体制改革时，常常会出现社会心理障碍，意识形态是否能引导社会心理朝着有利于改革的方向发展，是在改革进程中能否维持社会和经济稳定的重要因素。

一般来讲，华人文化不重视理性化的正式制度安排，而更注重人际关系等非正式制度安排，因此华人企业多为家族式企业。同时也正是中华传统文化的这种"重内容不重形式"、"重非正式关系而不重视正式制度"的内涵使中国的渐进式改革取得了相对成功。但中国经济如果要取得进一步的长期发展，还必须依靠"法治精神"来实现自我完善。如果这一文化传统无法改变，则势必阻碍我国经济的发展，从而使经济变得不稳定，对经济安全产生消极影响。

---

① 张秀玲：《论意识形态的经济功能与现实意义》，《江西社会科学》，2002 年第 2 期。

改革开放以来，我国意识形态出现多元化，一些不良的价值观念，如享乐主义、极端利己主义逐渐蔓延，对经济安全造成了不良影响。不道德的观念导致了许多不道德的经济行为甚至是经济犯罪行为，对符合社会利益、推动社会发展的经济行为造成了负激励。一些政府官员也受到不良意识形态的支配，钱权交易以及搭便车现象，扰乱了正常的经济秩序，给我国经济安全带来了不稳定。

对发展中国家自身而言，经济意识形态化的主要弊端是：容易从主观愿望出发来考虑问题，尤其是往往容易陷入这样一个误区，就是忽视经济社会关系具有不以人的意志为转移的规律性，以道德为起点来构建一些"空中楼阁"。美好的设想和愿望往往能够给人们更大的希望，但是给他们的失望可能更大。另外，一旦夸大了意识形态的作用，下一步改革可以选择的空间和余地就会很小，因为许多解决问题的办法都可以贴上资本主义或自由主义的标签。

总之，现今在我国，意识形态与经济安全的关系是社会的重要关系之一。随着改革开放深化和经济全球化的发展，意识形态与经济安全的相互作用也将愈发明显。意识形态通过政府对经济的干预、自身的经济化、引导社会经济心理等途径对经济安全产生积极或消极的影响。而经济安全中的关键——所有制性质对意识形态有着决定性的影响，此外经济安全中的全球化因素对意识形态的影响也十分深刻。经过近30年的改革发展实践，我们可以看到，只有把马克思主义的全面发展的意识形态作用于现实的经济实践，不断推进经济发展，才能使改革开放让大多数的人民得益，才能使我国经济安全与意识形态的关系产生良性互动。

意识形态经济化，对社会与经济的发展都具重大的影响，适时适当的对社会意识及经济制度进行调整，意义重大。希望意识形态经济化，在我国的社会与经济发展中，发挥应有的积极的作用，让我国经济社会蓬勃发展，走向美好的明天。

第二节　经济安全与
意识形态经济化

本节主要介绍当代中国经济安全与意识形态经济化，着重探讨意识形态经济化，辩证分析意识形态经济化对中国经济安全的影响，既要看到意识形态经济化对中国经济安全的积极影响，也要清醒认识到意识形态经济化对中国经济安全的消极影响。

一、意识形态经济化

意识形态经济化说的是在意识形态产生和发展的过程中都离不开经济的支撑，没有经济基础的意识形态是不存在的，并且意识形态的各种表现以及其发展的最终目的总是充满了经济的目的。因而，要发展意识形态，就不能够忽视经济的基础性作用。既然意识形态是为经济服务的，那么，意识形态的东西都应当以经济发展为前提。

意识形态经济化，具体有以下几个方面的体现。

1. 意识形态的产生离不开经济

意识形态为经济服务，其产生离不开经济，经济决定了意识形态。根据马克思主义的理论可知，经济基础决定上层建筑，有什么样的经济基础就要求有什么样的上层建筑来与之相适应。因而，意识形态作为上层建筑中的一种，其产生的基础必然来自于经济基础，经济决定意识形态。"意识形态之所以存在是因为世界是复杂的，而人们的理性是有限的，因此个人会抄近路用意识形态这种形式来评判他周围世界的公平性。意识形态是人对其过去一直拥有的资源的

权力，而这些权力以最初的功能因而可视为节约信息费用的一种工具。"① 这是新制度经济学对意识形态产生的原因所做出的一种解释，但就连这种看上去意识形态的产生同经济制度最不沾边的理论，实际上仍然是在肯定着经济对意识形态的决定作用。因为，个人总是生活在一定的经济条件之中，在这样的大背景下，人们所作的一切关于经济和利益的选择行为，都必然离不开对经济因素的考量，于是，也就离不开经济基础本身了。经济的发展，是人类社会进步、国家繁荣、人民安居乐业的基础，而意识形态能够有力地促进经济的发展。在建设经济的过程中，要推行相应的意识形态，以适应经济活动的顺利展开。因此，我们不仅应推行相应的意识形态适应经济的发展，还应尽可能树立科学超前的意识形态，指引我们经济的发展。

2.　意识形态的发展离不开经济的支撑

意识形态包括政治、法律、哲学、道德、艺术、宗教等，这一切要发展，全都离不开经济的支持。② 任何一种理论或者意识形态的东西要提出、发展并长期存留，都必然要求有一定的经济基础作为其支撑。因为意识形态不可能脱离了经济而单独存在。没有任何经济作为基础的意识形态或者理论是不存在的。"强势的经济才能有强势的文化"。但是，一般来说，意识形态的发展或变革具有相对于经济发展的滞后性。"原因有二：一是每种意识形态产生后都要经历一个发展过程。从与客观实际相符走向不相符，从合理走向不合理。而且意识形态作为一种观念，与现实相比具有强烈的滞后性。这样，随着客观情况的改变，意识形态肯定会成为集体行动的束缚，沦为自重保守力量。二是现实社会是一个异质社会，内部存在着许多不

① 陈捷：《意识形态的经济分析——新制度经济学的意识形态理论及其启示》，《西藏民族学院学报》（哲学社会科学版），2004 年第 1 期。

② 蔡萍、华章：《论意识形态与经济发展》，《法制与社会》，2006 年第 11 期。

同利益取向的团体。他们之间的意识形态也不相同，彼此之间或者相容，或者排斥，正是这一特征影响着团体之间的关系，从而影响着经济的增长或停滞。"① 我国正在积极地推行政治体制改革，促进政府职能的转变，正在为建设一个廉洁高效便民的政府而努力，而这一切的发展需要经济的支撑。此外，建设一个民主法治的国家，建设科学和教育发达的社会，建设一个道德风尚良好的社会，建设一个文学艺术繁荣的社会，促进宗教向良好方向发展，都需要经济的支持和帮助。相得益彰，这些意识形态的良好发展，反过来也会促进经济的发展。

3. 意识形态的作用和功能最终均为经济服务

一切的意识形态领域的东西，无论是文学、艺术还是宗教等，它们所要实现的目的最终都是要为其所代表的一定的经济服务的。一切的意识形态既然都是由经济所产生，那么这一出身就注定了其永远要为追求一定的经济目的而服务。背离了经济追求的意识形态是无法生存的。正如上面已经说到的那样，意识形态的发展离不开一定的经济的支持。所以，"推行什么样的意识形态，以适应经济活动的顺利展开，是意识形态统治者的重要职责"。正如诺斯所说，"一个成功的意识形态其基本目的在于促进一些群体不再按成本与收益的简单的、享乐主义的和个人计算来行事。人的经济行为为意识形态所左右，意识形态是理性和非理性的综合，对一个现实的经济行为的分析，离不开具体的意识形态。在这样的认识背景下，我们不难理解经济行为意识形态的背景。"② 人们发展意识形态，一方面是为了使社会生活更加繁荣和丰富多彩，然而更重要的还是为了经济的发展。

---

① 罗跃、张设华、吉瑞红：《意识形态变革与经济增长的关系》，《成都教育学院学报》，2002 年第 9 期。

② 段钢：《试论意识形态与经济制度安排的互动》，《浙江社会科学》，2006 年第 3 期。

4. 意识形态的主体是在一定的经济环境中的，离不开经济

正如前面已经提到的，从我们一出生开始即是生活在特定的生产力条件和生产关系之中，这是我们每个人都无法选择的。因此，每个人的一生从出生的那一刻起就已经注定了要处在一个特定的生产力环境中，也就是一定的经济条件下。而诺斯也认为，"意识形态是一种节约化机制，人们透过它认识了他们所处的环境，并被一种世界观导引，从而使决策过程简单明了。意识形态不可避免地与个人在观察世界时对公正所持的道德、伦理评价相互交织在一起。当人们的经验与其思想不相符时，人们会改变其意识形态观念。"① 由此可见，意识形态实际上是人们对经济做出理性选择的一种结果。既然是一种选择，就必然涉及一个选择问题，也就是说，我们在选择进行什么样的经济建设和文化建设的时候会带有主观的色彩，我们会尽量去选择我们认为正确的道路。而这样的选择，往往会带有一定的对从前传统的依赖，也就是所谓的"路径依赖"。所以，人唯一能做到的，是尽量发挥正确的主观能动性，从而尽快地推动社会经济、文化、政治等的健康发展。

5. 经济全球化背景下，意识形态出现文明的冲突，要想保住
　和推行自身的意识形态需要经济实力作后盾

"作为世界性的趋势，经济全球化不仅外化于物质技术的层面，在主权国家仍然构成国际社会最基本行为主体的今天，经济全球化必然会投射到文化、价值和伦理等层面，外化出浓厚的意识形态色彩和战略意图。"② 在很多国家都在以经济发展为目标的当今世界中，意识形态也一定会与经济观念相互渗透、互相影响，或者共同指导着国家政策的制定。马克思提出的经济基础与上层建筑的关系，

---

① 段钢：《试论意识形态与经济制度安排的互动》，《浙江社会科学》，2006 年第 3 期。

② 袁三标：《从意识形态是角看经济全球化》，《改革与开放》，2006 年第 7 期。

指出了意识形态对于生产力和生产关系具有一定的反作用。所以在意识形态与经济发展相互渗透的各个方面里，会有或多或少的冲突。"意识形态使个体行为偏离了'效用最大化'原则，意识形态无法在'理性经济人'分析框架中予以解决。但是如果将意识形态看成是一种能使经济个体的决策简单明了的节约机制，并且如果人们都接受这种意识形态，那么就具有了克服人们'搭便车'的问题、降低交易费用的社会功能。同时通过意识形态的接受或教育，在现实中能够降低理性经济人的行为成本而提高其收益。"① 因此，在意识形态经济化的过程中，要通过教育等宣传手段使个体意识与团体意识形态相一致，要充分发挥国家的宏观指导作用。

经济全球化使国际环境变得复杂和多变，对于我国而言，在改革开放不断深入和建设中国特色社会主义的伟大进程之际，经济全球化不仅给我们的经济社会发展带来了机遇，也使我们的思想意识形态建设面临着严峻的挑战。伴随经济全球化和信息全球化浪潮而来的各种价值观念、思想文化、意识形态领域的冲突不但不会消解，而只会更加广泛、更加隐蔽、更加激烈。② 历史经验教训告诉我们，改革开放越深入，对人们思想的震荡越大。我们必须充分认识到意识形态的重要性，对西方社会的思维方式、生活方式、消费方式以及西方所谓的"民主、自由、平等"的思想观念和盛行于资本主义社会的利己主义、拜金主义、个人主义等价值观念要保持一份清醒和警惕，避免强势文化的入侵损害我国的经济发展。同时我国也可以在和平与共同发展的大前提下，向世界推行自己的文化，促进中国融入世界，也让世界了解中国，如向非洲提供无私援助的精神，以及"和而不同"的观念，还有在海外办孔子学院推广我们的优秀文化。这一切，需要我们经济的支持，同时也会促进我们经济的

---

① 蔡萍、华章琳：《论意识形态与经济发展》，《法制与社会》，2006 年第 11 期。

② 马振清：《经济全球化与当代社会主义意识形态建设》，《当代世界与社会主义》（双月刊），2007 年第 1 期。

发展。

二、意识形态经济化与当代中国经济安全关系

在全球化的今天，意识形态的经济化越来越明显，而且其所起的作用是越来越重要。全球化首先主要是经济的全球化，而"经济全球化极大地改变着主权国家的统治主体、结构、方式、过程和意义，对传统的民族国家、国家主权、政府体制和政府过程产生严重的挑战，并深刻影响着人们的政治生活"。[1] 意识形态和经济的发展循环推进，共同影响着一国主权的保护和国际地位的提升。意识形态的经济化在经济全球化中主要表现为经济效益的实现和利用经济的手段实现意识形态的内容，表现在其作为实现经济的手段为一国经济所服务，又通过一国经济实力的增强继而为其他建设打下坚实的基础。

国际社会的争夺很大程度上是"话语权"的争夺，"话语权"代表着一国主权受尊重的程度和一国国际地位的高低，代表着一国对国际社会的影响力大小。以美国为首的西方资本主义国家，在国际上拥有绝对的经济地位，"正是这种经济上的绝对强势，使他们在意识形态上也处于文化霸权地位，他们掌握着话语权和话语传播的主动权，尤其是借助网络优势，打破传统的地缘政治、地缘文化，形成了一个全新的以数码信息为中心的跨国界、跨民族、跨文化、跨语言的开放性网络社会，为西方发达国家对外进行政治、思想、文化渗透扩张提供了极为方便的条件，使西方的价值观、人生观、政治观长驱直入，对欠发达的国家形成强大的意识形态冲击，各民族国家的意识形态、文化畅通、价值观念的方向正在被不断摧毁。"[2] 改革开放以来，我国经济的飞速发展已成为国际上不容忽视

---

① 俞可平：《民主与陀螺》，人民出版社 2006 年版，第 95 页。
② 肖飞、申群喜：《经济全球化背景下我国意识形态面临的矛盾及其对应》，《求索》，2004 年第 3 期。

的现象，甚至有"中国威胁论"的提出，可见中国在国际上的地位日渐受到重视。我们之所以能够得到相当一部分人的认同，与我们坚持不懈地发展经济，利用经济的手段使我们的意识形态在世界范围内传播分不开的。

全球化下的意识形态斗争，本质上是以经济利益为核心的利益之争。全球化的原动力是资本对利润的追逐，它向前迈出的每一步都离不开利益的牵引。[①] 国际上意识形态的实现很大程度上是为了实现经济目标的，是受经济要求导向的。我国推行对外开放，实行"引进来，走出去"的策略，便是明显地利用各种政策手段实现经济的发展。"西方国家极力支持意识形态的产业，如电影、电视、广播以及激光唱片、传真机和互联网络的计算机等产业，对他们对外开辟市场创造条件。"[②] 西方国家在很早以前便利用各种意识形态的手段实现在国际上的发展。意识形态具有多样性，正是其这一特性使得其可以从多方面、多角度实现经济的目标。通常经济手段的进入会受到各种限制，而且单纯的经济手段的影响也只能是表面的，并不能造成深远的影响。而意识形态的融入就不一样，虽然其融入需要相当的一段时间，然而比如艺术、文化等意识形态的表现形式被认为是没有国界的，是国际性的，则其进入一国的限制会相对较少，而且其进入的成本也比经济手段的进入要小，最重要的是其影响是深入内心的、是长远的。比如对电影事业的发展与支持，一部好的电影在世界范围内的传播除了给电影事业发展带来经济效益，进而会促进各方面经济的发展外，还能从一个小方面使世界认识到中国的文化，从而引起世界对中国其他方面文化的兴趣，甚至会加强世界对中国文化事业的信心，从而促进文化经济效益的实现。再看法律这一意识形态的普通的表现形式。在国际经济交往中，法律起着

---

① 陈宪章：《经济全球化背景下的意识形态斗争》，《大连民族学院学报》，2004 年第 7 期。

② 肖飞、申群喜：《经济全球化背景下我国意识形态面临的矛盾及其对应》，《求索》，2004 年第 3 期。

不可小看的作用，比如对每一样商品进入的验证，能有效地保护国民的安全；他国公司的进入，法律为其设定各种"考核"，设定各种准入的门槛，在其经营过程中对其进行监督，使其不阻碍本国经济的发展，从不同的角度保护着本国经济的安全，又有利于吸收国外的先进经验完善自我。

冷战结束后，由于通讯技术和信息技术的迅猛发展，经济全球化的浪潮席卷全世界，整个地球越来越紧密地联系在一起，形成了"地球村"。与此同时，人口、资源、环境与可持续性发展等威胁到全人类共同利益的全球性问题日益突出。按经济基础决定上层建筑的规律，经济全球化必然要求一种超越民族国家界限的、具有普世价值的思维方式和价值文化观念与之相适应。为此，西方国家极力鼓吹"全球化"意识形态，宣称"当今时代不再是国家、民族利益并存的时代，而是一个超国家、超民族乃至超意识形态的时代"。西方资产阶级欢呼："这是一个美丽、和谐、宁静的星球，白云掩映之下是一片蔚蓝，它给你一种透彻肺腑的家园感、存在感和认同感。它使我更愿意称之为全球意识的寓所。"但事实并非如此。从马克思主义意识形态本质的角度来看，全球化作为一种意识形态话语，一种价值观念的导向，不能不意识到它与客观现实之间的差异，更不能忽略全球化意识形态话语背后隐含的深层动机。由西方发达资本主义国家鼓吹的全球化意识形态，表面上主张全球"人类共同繁荣"，"全人类的利益高于一切"，实质上则是有意地将自己的利益夸大为全人类的利益，把仅仅适应于本国的"特殊性"夸大为全世界各个国家、各个民族普遍适应的"全球性"，鼓吹西方主导的"世界新秩序"的合理合法，有意掩盖和歪曲客观现实。今日西方所宣扬的"全球化意识形态"绝不是客观现实的反映，而只是"力求根据资本主义现代性所勾勒的幻景来改造世界。它表达的是对全球政治经济权利关系的一种构想，即通过霸权排除不同于其发展主义前提的其他一些可能性考虑。"所以，全球化意识形态实际上是新殖民主义侵略扩张的遮羞布，它不过是西方资本主义发达国家以"全球化意识形态"为借口，为自己充当"国际警察"在全世界范围内到处干涉内政提供一种"理论依据"。正如列宁所指出的，"或者是资产阶级的思想体系，或者是社会主义的思想体系。这里中间的东西是没有的，因为人类没有创造过任何的'第三种'思想体系，而且在为阶级矛盾所分裂的社会中，任何时候也不可能有非阶级的或超阶级的思想体系"①。全球化意识形态是西方跨国资本主义利益集团在主导经济全球化的进程中推行的一种代表他们根本利益的意识形态话语，一种对未来世界的导向和战略目标，它是一种虚假的道德观念和价值体系，"像它的一个对应概念'自由贸易'一样，全球化也是一种意识形态，它的作用是通过它的那种看上去非常有益和不可阻挡的优势来减少这个过程的阻力"。在当今世界，全球化作为一种意识形态话语似乎变得越来越普遍，但是对它的热情宣传却来自于旧的权力中心，尤其是美国，因而实际上更加剧了对霸权企图的怀疑。全球化意识形态可以说是西方垄断资本提出的一种要求全人类共同认同、接受和遵守的价值观念和道德标准，它为发展中国家提供了一种特殊的"认知图式"，潜伏着深层次的意识形态的陷阱。对于第三世界的发展中国家来说，全球化意识形态其实是"一种美国式全球化模式"，"是一种宿命论，是一种投降，这是一种放弃责任的意识形态的基石"。因为，全球化并不仅仅意味着世界自由市场、高额利润和高新技术，它更意味着欧美尤其是美国具有压倒一切影响力的政治与道德价值理想的全球渗透。其目的无非是侵蚀和瓦解欠发达地区、国家和民族的文化传统以及传统意识形态，迫使大多数发展中国家放弃原有的价值观念和意识形态，从而强化以资本为中心的西方发达国家主导的所谓"世界新秩序"，最终"不战而胜"，完成"历史的终结"。如果广大发展中国家被全球化意识形态冠冕堂皇的话语所迷惑和欺骗，往往就会落入全球化意识形态的圈套而失去自己的主体性，在经济、政治、文化上不得不屈从、

---

① 《列宁选集》第 1 卷，第 326 页。

依附于西方发达资本主义国家，最终导致民族国家边缘化和国家主权空洞化。[①]

在全球经济网络化、资本全球化、信息网络化的今天，西方发达国家借助发达的网络技术和信息技术加强西方意识形态和价值观念的传播和流行，并以其惯用的手法企图利用经济全球化的作用来消蚀和吞没其他国家的民族的地区的政治文化，形成一种新的全球政治文化或意识形态，以经济发展的全球化来达到政治制度的全球化，即所谓的"西方化"、"美国化"。经济活动的全球化必然提出相应的政治和文化要求，如果单纯地与西方社会主导的全球化相对接，经济全球化必然会导致政治、文化层面的嬗变。因此，伴随经济全球化和信息全球化浪潮而来的各种价值观念、思想文化、意识形态领域的冲突不但不会消解，而只会更加广泛、更加隐蔽、更加激烈。

值得注意的是，西方社会的思维方式、生活方式、消费方式，西方所谓的"民主、自由、平等"的思想观念以及盛行于资本主义社会的利己主义、拜金主义、个人主义等价值观念，正在或已经无孔不入地渗透到我们的社会生活中来。在经济全球化进程中，经济全球化趋势与世界政治格局都发生了巨大的变化，不同社会制度主导地位的较量和竞争在相当长的一个时期内还会继续存在下去。发达资本主义国家在经济全球化过程中所占有的经济优势使它们在一定程度上和一定范围内占有主导地位并起支配作用，它们在向社会主义国家推行经济全球化的同时也在推行着它们的政治全球化、文化全球化，用资本主义的文化、价值观念和政治模式来扩大对社会主义国家政治生活、社会生活的影响，利用经济全球化的手段达到资本主义经济体系对世界进行控制的目的。

经济全球化实质上是资本主义生产方式及其政治制度以新的形

---

① 袁三标：《从意识形态视角看经济全球化》，《改革与开放》，2006 年第 7 期。

式向全球扩张的过程，因此，它必然追求与之相适应的意识形态的全球化。当前，我们在意识形态领域斗争的主要对手仍然是资本主义意识形态。西方学者的"非意识形态化"理论背后的企图是消解马克思主义理论。事实上，冷战后，意识形态领域的较量和竞争并没有结束，而是在缓和的表象下更加意识形态化了，只不过策略和手段发生了变化。自社会主义制度建立以来，社会主义意识形态所要面对的重要任务就是抵制封建主义意识形态的侵蚀和防止资本主义意识形态的渗透。20世纪50年代，西方社会出现了一股"意识形态终结"的思潮，终结意识形态从表面看来是针对斯大林主义所提出来的政治口号，其矛头实质上是针对整个世界范围内的社会主义运动，其目的是颠覆整个社会主义制度。社会主义意识形态是伴随着社会主义制度的建立而不断发展起来的，社会主义制度自建立以来取得的辉煌历史成就，足以使社会主义国家的人们引以为豪。然而，苏东剧变使世界社会主义运动陷入低潮和曲折发展阶段。表面上看来，似乎是以苏联为首的社会主义国家的政治体制和经济体制以及由此而产生的政治压力、军备竞赛等原因使苏联解体。实际上，苏联解体的原因之一更主要的是西方国家对社会主义国家长期推行"和平演变"政策的结果。对此我们要认真地加以反思，以便找出问题的症结及解决问题的答案。资本主义意识形态从不讳言其在资本主义社会的主导地位，也从没有停止过对社会主义意识形态的攻击，而且经常以不同的面貌出现，不断地变化斗争的形式和策略。

三、意识形态经济化的表现

意识形态经济化主要表现为政治的经济化。

所谓政治经济化有两层含义，一是指用经济的口号和做法来实现政治目的或要求，另一是指在这样做的同时的确也促进了经济的发展。这两个含义互为表里，互为因果，不可分割。因为如果只讲第一个含义，政治经济化就成了技巧、甚至权术，如果只讲第二个含义，政治经济化就不存在了。事实上，政治经济化表明的是理解

和处理政治与经济关系时的一种机制特征，而改革开放以前是用政治计划经济，因此改革开放就讲以经济工作为中心。但是，这一变化并不等于割裂了政治与经济的联系，也不是用经济来取代或消解政治（尤其是意识形态）。相反，以经济工作为中心本身就是政治，是政治要求和运作的重心转移。从现代化建设来讲，政治经济化，这种做法的必要性在于，中国的改革开放一要改变过去的政治运作模式，二要把本来不是经济学意义上的"计划经济"转变为经济运作机制意义上的社会主义市场经济。

经济利益的竞争已经成为国家间竞争的最主要领域，经济问题成为政治家们关注的重点，因此他们为选民的经济利益疲于奔命、冲锋陷阵也就不难理解了，他们的行为也就不该仅仅被看成是作秀。

我们把这种现象称作政治的经济化趋势。之所以不是经济的政治化，就是因为政治在这里只是手段，它要为经济利益这个目的服务，所以是政治的经济化。面对政治的经济化趋势，企业必须学会向政府寻求帮助，并与政府紧密合作；政治的经济化同时也符合市场经济的原则，因此行政机构也要据此做出相应调整：

政府机构的工作中心是经济；

经济工作的好坏应该是政府官员业绩考核的最主要指标；

政府机构只有接受并真正实践政治的经济化，才能适应新的国际竞争环境，为中国的企业积极创造有利的宏观政策环境；中国的企业界只有充分适应政治的经济化趋势，才能适应新的游戏规则；政府机构与企业界紧密合作，中国才能真正建设成有特色的市场经济。

政治经济化的做法从改革开放的启动就开始了，因为改革开放的工作中心转移原本就是一次政治转变。十一届三中全会的公报说："现在就应当适应国内外形势的发展，及时地、果断地结束全国范围的大规模的揭批林彪、'四人帮'的群众运动，把全党工作的着重点和全国人民的注意力转移到社会主义现代化建设上来。"这次以经济工作为中心的转移，并不等于说过去党中央不抓经济，而是指党在

观念认识和目标设计上一次根本性的路线转移。事实上，在十一届
三中全会期间，对于党的路线是"以阶级斗争为纲"还是"以经济
建设为中心"是有过激烈争论的。就连会议的基调，一开始也是以
"八大"对社会基本矛盾的表述为准的，即"先进的社会制度同落
后的社会生产力之间的矛盾"。按照这个表述，或者认为我国的社会
主义制度整个地超越了生产力发展的水平，或者意味着我国的社会
制度方面已不存在继续改进的问题。显然，如果不改变这种对社会
基本矛盾的认识和表述，改革开放就整个失去了理由和前提。所以，
当初提出的会议基调遭到了主张改革开放的一些高级领导人的反对，
结果才出现了后来人们所看到的十一届三中全会。

四、意识形态经济化对经济安全的积极影响

成功的意识形态对全体人民及国家政策都有良好的促进作用，
它会使人民特别是国家之间在经济交往中坚持经济主权原则，互不
侵犯各自的经济主权，互相尊重。并且，经济交往中的安全漏洞也
会被发现并且修补起来。在我国，良好的意识形态经济化对经济的
发展起了很大的积极影响。它指导我国制定了计划经济向市场经济
迈进的政策，帮助我们逐渐把社会主义经济搞上去并切拥有一个促
进经济持续发展的强大动力。由于经济安全主要体现在经济竞争力
上，所以从我国的经济现状可以看出，意识形态经济化对经济安全
的积极影响是非常大的。如今，我国的经济增长率就全球范围来看，
也是处于前列的，国际竞争力也在不断提高，我国在国际上的影响
也越来越大。因此，正确运用意识形态经济化进程，会使一个国家
的经济主权更为稳固。

意识形态经济化促进经济发展的功能，是意识形态反作用于经
济基础的集中表现，是唯物史观的科学揭示。具体而言，意识形态

经济化的作用体现在以下几个方面：①

第一，意识形态经济化可以为经济发展创造社会舆论。

任何一种意识形态都是作为一定阶级和利益集团的思想观念而存在的，从这一意义上说，意识形态对现存经济体制合理性的认同与否直接关系到一个社会的稳定程度。因此，人们就会通过一定的意识形态来了解自己的处境和决定自己命运的选择，就能建立起一种指导行为的世界观，从而为经济社会发展营造一种良好的社会舆论环境。它能引导社会成员树立共同理想信念，形成社会稳定的思想基础。一定的政治思想、价值观念的传播，能使社会成员对未来现实产生美好的想象，从而形成共同的理想信念，即承认彼此有共同利益。这样人们就会在共同利益的基础上团结起来为实现共同的理想而奋斗。因此，在各个社会发展进程中，相应的意识形态具有一种思想先导作用，成为群体或整个社会的思想旗帜。②

第二，意识形态经济化可以使理性经济人简化决策过程进而节约交易费用。

当个人面对错综复杂的世界而无法迅速、准确地做出理性判断，或者是现实生活的复杂程度超出人类的理性边界时，他们会借助于价值观念、伦理道德、习俗等相关的意识形态的精神力量。个人对现行制度安排的观念认同和信赖，能淡化机会主义行为，降低交易成本，提高资源配置的效率，促进经济的增长。因此，任何政府都会通过意识形态教育投资来增进社会成员的意识形态资本积累和降低治理国家的交易费用。

第三，意识形态经济化可以规范市场经济的失范行为。

在市场经济中，经营者的生产目的是为了自身获得最大化利润，经济主体行为的私利性往往容易诱发市场行为失控。因此，一定要

---

① 参考杨立英：《意识形态、经济发展与科学发展观的价值合理性》，《马克思主义与现实》（双月刊），2006年第2期。

② 张秀玲：《论意识形态的经济功能与现实意义》，《江西社会科学》，2002年第2期。

规范经济行为，建立一个有效率的市场，而这就需要法律和道德等意识形态进行规范。首先，规范经济行为、提高市场效率需要法律支持。而法律必须为民众所信仰，否则形同虚设。因此，法律观念是制定完善法制的理论基础，也是执法守法的思想基础，要想有效地运用法律规范市场行为、提高市场效率，必须借助意识形态的力量提高法律思想水平。其次，规范经济行为、提高市场效率需要道德观念的支持。这种支持一方面表现为道德观念对不道德行为甚至是经济犯罪行为的约束，另一方面是对符合社会利益、推动社会发展的经济行为的激励。再次，规范政府机构和政府官员的行为，减少其对经济活动的不正当干扰，这也需要一定政治理论和道德观念的支持。什么是国家政权，如何运用权力，是正确处理国家政权机构与企业关系的思想基础。我国在一段很长的时间里，把生产纳入政治运动的轨道，经济活动完全在政府机构的控制之下，政府权力对经济活动的不恰当干预，阻碍了经济发展，这是沉痛的教训。政府官员如何行使手中的权力，也受意识形态的支配。一定的政治、法律观念和道德观念能规范政府官员的行为，减少钱权交易以及"搭便车"现象，提高市场效率。

第四，意识形态经济化有利于保持团体内部的团结和稳定，保证团体内部行动的合理性。

任何一种意识形态都是团体成员共同拥有的认知体系，它有助于团体成员彼此达成认识上的一致和行动上的统一。在社会生活中，参加社会过程的个人愿意服从社会的共同惯例与传统，也许对他们来说这些东西难以理解或不符合理性，但他们仍要服从，因为意识形态将使得人们能够和谐有效地在一起工作。同时，在经济生活中，任何团体采取的集体行动都不是盲目的、无意识的，而是受其意识形态影响和支配的，这有利于保持团体内部的团结和稳定。[①]

---

① 方江山：《新制度学派意识形态理论述评》，《经济评论》，2001年第3期。

剖析意识形态的经济化，在今天有重大的理论意义和实践意义。它有助于我们弥补过去单凭经济手段管理经济的不足，使我们正确认识经济发展对社会主义意识形态改变的作用，充分发挥社会主义意识形态的经济功能，促进经济发展。随着中国市场经济的不断发展，如何构建与当前我国市场经济相适应的意识形态理论，发挥意识形态在制度变迁和经济持续增长中的作用，是一个意义重大的时代课题。

五、意识形态经济化对经济安全的消极影响

在经济全球化的进程中，国与国之间的联系越来越紧密，各个国家不同的意识形态也十分容易传播到另外的国家，不同的意识形态相互影响，就会有相互之间的干涉，这对各个国家的经济安全都会产生不好的影响。在我国，"随着经济全球化的发展和深化，我国社会意识形态面临诸多新的深层矛盾和严峻的挑战。突出表现为：全球化与民族化、本土化的矛盾，西方文化强势传播与民族国家弱势抵御的矛盾，主流意识形态的相对淡化与多样化公众意识相对独立的矛盾。"

1. 中国加入 WTO，使得西方意识形态在中国的传播获得了公
   开的准入

"自行内部肢解的可能性不大"，解决美国不安最有效的办法是对中国进行意识形态方面的渗透。对美国政府决策有着巨大影响的智囊库——兰德公司于 1999 年 6 月向美国政府提出美国对华"三步走"的战略建议，其中的第一步就是西化、分化中国，就是使中国在意识形态方面西方化，从而失去与美国对抗的可能性。[①] 由此可见，中国入世后，西方的生产关系、管理方式、先进的生产工具和商品涌入中国的同时，西方的意识形态也会在中国大规模地"登陆"。这种意识形态的登陆，既有不知不觉的一面，也必然会有有意

---

① 李刚：《中国令美国不安》，《文化报》，总第 120 期。

识有目的的一面。

2. 西方在 WTO 中的优势地位，会使西方的生活方式特别是物
   质生活方式对中国产生巨大影响，这种影响又会反过来强化
   西方意识形态在中国的地位

西方意识形态的主体内容，是与西方的生产方式和生活方式相
伴生的。因此，西方在生产方式上的强势地位，必将突出地增大其
在意识形态上的强势地位。随着中国对外开放的迅速扩大，这样的
强势地位则会清晰地展现在我们眼前。

3. 依据 WTO 游戏规则在中国登陆的西方跨国公司，将对中国
   的利益关系格局产生巨大冲击，进而必然会扩展到中国的意
   识形态领域

跨国公司是经济全球化的主要推动力，中国加入 WTO，使得西
方跨国公司获得了大规模进军中国的入场券。跨国公司实行所谓
"本土化"的产业政策，即跨国公司输出的只是资本、品牌和技术，
而生产基地、劳动力、自然资源、乃至管理，都转而从被输出国
（中国）就地取材（才），甚至一部分高层、大部分中层企业决策和
领导人员，也不再是清一色的西方人士，而是土生土长的被输出国
（中国）的公民。使这些为跨国公司录用的中国人会产生一种较强的
优越感，这种优越感由于不是依托于自己的祖国而是寄附于跨国公
司，因而，这些"国际人"或"中性人"在利益的归属感上会出现
问题和疑惑，会淡化祖国和民族的观念，从而会对我们一贯坚持的
爱国主义、集体主义和社会主义等观念提出挑战。中国作为一个发
展中国家，加入 WTO 后，在意识形态方面不可避免地要受到冲击和
挑战。在这样的背景下，处于弱势地位的中国，不仅要正视发达的
西方国家以及这些国家的跨国公司在经济上将造成的后果，而且要
正视与之相伴随的有可能造成的意识形态方面的后果。

现在，意识形态已经成为一条"看不见的战线"，为了在维护自
己国家主权及经济主权中顺利发展，必须提高警惕，坚持自己的意

识形态。

总之，意识形态的产生离不开经济且发展离不开经济支撑，意识形态的主体处于一定经济环境中，意识形态的功能是为经济服务，全球化文明输出需要经济做后盾。从以上论述我们可以看出，经济对意识形态的决定作用以及意识形态对经济的依赖性，也即"物质第一性，意识第二性"，这句话大家都耳熟能详，但在复杂的现实面前我们常常被冲昏了头脑，往往让意识形态喧宾夺主。因此我们有必要再强调一下，经济先行，进而带动意识形态发展和传播。发展（经济）才是硬道理，一切以经济建设为中心，对于意识形态有利于经济发展的才谈，可能有碍经济发展的应当搁置，在发展经济中去发展意识形态，脱离经济去搞什么"超前意识"那是万万不可的。

第三节　经济安全与新时期意识形态构建

意识形态的构建，有利于提高社会成员的凝聚力与向心力，增强人们干事创业的积极性，从而坚定人们对中国特色社会主义的信念和对社会未来发展的信心。目前是树立信心，抵御国际金融危机，扩大内需，防止经济急剧下滑。

为了确保国家经济安全，建构新时期社会主义意识形态，应该坚持马克思主义的指导地位，高举邓小平理论的伟大旗帜，全面贯彻十七大精神，并使之深入人心，成为人们日常行动的指南。

一、新时期意识形态构建的指导原则

1. 确保马克思主义思想体系占领意识形态阵地

社会主义在取得革命成功之前，必须取得文化领导权；在革命成功之后，并不意味着"领导权"永远掌握在自己的手中，它仍处在被认同的过程中，仍有旁落的危险。党的十六届六中全会通过的《中共中央关于构建社会主义和谐社会若干重大问题的决定》，第一次明确提出了"建设社会主义核心价值体系"这个重大命题和战略任务，进而把马克思主义作为它的指导思想。社会主义核心价值体系作为一种发展的思想体系，在它的建设过程中，社会心理处于基础地位。因为，社会心理是思想体系的"根源"。

一是在指导思想上，进一步加强和巩固马克思主义在意识形态领域的指导地位，始终坚持指导思想一元化不动摇。同时，不断推动马克思主义理论创新，为社会主义和谐社会建设提供强有力的理论支撑和思想保证。二是在价值取向上，坚持以人为本，促进和谐社会氛围的形成。应注重激发社会主体的创造活力，促进社会公平和正义，提高人们的法律意识和诚信意识，增强民族凝聚力，维护社会安定团结。三是在舆论引导上，从建设和谐社会的高度，赋予舆论导向与舆论监督以新的时代内容。舆论引导讲求喜闻乐见、入心入脑，舆论监督着力化解矛盾、推动工作，努力营造"人心顺、士气高、干劲足"的良好舆论氛围。

2. 坚持意识形态为经济基础服务的原则

历史表明：意识形态阵地如果无产阶级思想不去占领，各种非无产阶级思想必然去占领。中国的社会主义现代化建设只能以马克思主义为指导，以爱国主义、集体主义、社会主义为导向，这是由我国经济基础决定的。坚持用马克思主义占领意识形态阵地，是我们党和国家的一贯方针。邓小平同志强调："在改革中坚持社会主义方向，这是一个很重要的问题。"江泽民在"七一"重要讲话中也强调指出："马克思主义是我们立党立国的根本指导思想，是全国各族人民团结奋斗的共同理论基础。马克思主义的基本原理任何时候都要坚持，否则我们的事业就会因为没有正确的理论基础和思想灵魂而迷失方向，就会归于失败。这就是我们为什么必须始终坚持马克思主义基本原理的道理所在。"当前在意识形态领域，必须贯彻"三个代表"的重要思想，坚持与时俱进，加快发展。继续把马克思

主义意识形态与社会主义经济制度、政治制度紧密相联。舆论导向继续是"以科学的理论武装人，以正确的舆论引导人，以崇高的精神塑造人，以优秀的作品鼓舞人"。

党的十七大报告明确提出要建设社会主义核心价值体系，建设社会主义核心价值体系，增强社会主义意识形态的吸引力，是党的十七大为适应新时期新阶段新任务而提出的新要求。社会主义意识形态的创新，必须坚持和巩固马克思主义的主导地位、保持其先进性，不断增强其影响力、吸引力和凝聚力。

3. 贯彻意识形态开放性原则

马克思主义发展史是一部人们在与各种意识形态鉴别比较中使其传播和发展的历史。马克思主义理论由空想变成现实，诞生了列宁主义，在中国产生了毛泽东思想邓小平理论和"三个代表"重要思想。只有坚持开放性原则，我们才能以客观态度对待各种非社会主义的意识形态，吸收、借鉴各种意识形态中有用的东西。既要弘扬"主旋律"，同时又要提倡"多样化"；坚持"二为"方向。离开"二为"，社会主义意识形态就会迷失方向。当前我们必须高举建设中国特色社会主义这杆大旗，吸收百家所长，为改革开放和现代化建设服务，把全国人民凝聚到全面建设小康社会的奋斗目标中来。为此，我们应该确立面向国际舞台意识形态工作的竞争目标，提供和创造有利于我国经济、政治、科技、文化在全球化进程中发展的思想政治条件。改革意识形态工作，如文化、宣传、传媒、出版等方面工作的具体措施、形式等。

4. 坚持意识形态工作的继承性与发展性相统一的原则

继承中华民族优秀传统文化，发挥我国社会主义意识形态的作用，是进一步发展意识形态的前提。继承的目的是发展，发展是为了适应并推动现代社会进步的需要。我们要坚持原则性与灵活性相结合的原则。原则性是要坚持马克思主义作为我国意识形态的指导地位，没有它，社会主义意识形态就没有灵魂，没有理论基础。灵活性就是在意识形态工作中必须有兼容性、开放性与探索性，包括对其他意识形态中一些有利于我国发展的观念的认同，注意处理不同意识形态的矛盾与冲突等等。

5. 努力促进人的全面发展[1]

随改革的深入，生产力的发展，人的个性、主体性都得到发扬。但新旧体制的更替、意识形态可能会扭曲·例如：云南大学学生马加爵杀害室友的案例给我们留下深刻的启迪。因而，我们在发展先进生产力、发展先进文化、满足广大人民群众根本利益的同时，要尽量消除意识形态变化给人带来的消极影响，努力促进人们的全面发展。

二、意识形态建设方法创新

意识形态建设方法不创新，经济无活力，不安全。创新是社会主义意识形态充满生机与活力的根本所在。要按照构建和谐社会的要求，不断加强和改进马克思主义意识形态建设，使意识形态工作富于创造性。

1. 创新的意义

创新，既可以充分凸显主流意识形态的价值内涵与目标导向，又可以有效整合和协调各种社会利益关系，激发社会创造活力，推动社会全面进步和人的全面发展。应积极探索主流意识形态宣传的新形式和新方法，确保意识形态工作充满生机与活力。当前，尤其要充分利用以现代科技为基础的各种信息传播平台，丰富和拓展意识形态工作的载体及领域，进一步扩大主流意识形态的影响力。应进一步提高主流媒体的舆论引导水平，坚持团结、稳定、鼓劲，正面宣传为主的方针，把先进性与广泛性统一起来，把弘扬主旋律与提倡多样化统一起来，切实增强意识形态工作的时代感和吸引力。

---

[1]　陈学玉：《从经济体制改革看我国意识形态新特点》，《山西高等学校社会科学学报》，2004 年第 8 期。

2．创新的要求

对意识形态建设的方法途径提出了新要求。好的方法可以充分、有效地展现意识形态内容的科学性，增强主流意识形态的影响力、凝聚力。经过长期努力，党的意识形态工作在统一思想、提高认识、凝聚人心等方面取得了很大成效，为改革开放和社会主义现代化建设提供了坚强的思想保证。

（1）亲和力与渗透力

但也必须看到，与构建社会主义和谐社会的要求相比，意识形态工作的方法还有待进一步加强和改进。因此，应坚持与时俱进，在继承以往好的经验与做法的基础上，认真研究新时期意识形态工作的方法和策略，使其在内容、形式和方法上增强亲和力与渗透力。紧密结合改革开放和现代化建设的新要求，努力形成有利于意识形态工作保持蓬勃生机与旺盛活力的新机制；紧密结合时代发展的新特点，增强意识形态工作的针对性和实效性，探索满足人民群众多样化、多层次文化需求的新方式；紧密结合现代传媒的发展趋势，根据人们接受信息途径发生的新变化，探索运用高新技术拓展意识形态工作的新手段，从而使主流意识形态牢牢掌握思想舆论阵地。

（2）意识形态建设的规律性

马克思主义意识形态不同于其他阶级意识形态的一个根本特征，就在于它能够正确地反映和说明客观事物的本质和规律。因此，加强和改进社会主义意识形态建设，必须以科学的态度努力探索社会主义和谐社会建设的规律，继续推进理论创新。

（3）正确把握意识形态建设的科学性

首先，回答和谐社会建设中的时代课题是实现理论创新的首要途径。对时代课题进行正确的解答和系统的阐述，实质上就是理论创新的过程。我们党作为执政党，必须深入阐述党为完成历史任务所提出的纲领、政策和主张，把思想认识从不合时宜的观念、做法和体制的束缚中解放出来，以赢得广大人民群众的拥护和支持。其次，遵循认识规律是实现理论创新的重要步骤。任何新理论的形成，既要以当时社会实践的新状况和新趋势为基础，又要从已有的思想材料出发，汲取前人和同时代人的优秀思想成果。要在批判与继承、理论与实践的矛盾运动中形成创造性的理论成果。再次，指导实践发展是实现理论创新的根本目的。理论创新并不是抽象的纯粹的思辨活动，而是基于对社会实践的概括、服务与指导。只有在指导实践的过程中，马克思主义才能不断经受社会实践的检验，不断得到丰富和发展。

（4）充分体现意识形态建设的广泛性

马克思主义意识形态不同于其他阶级意识形态的又一根本特征，就在于它始终反映和维护最广大人民的根本利益。因此，意识形态建设应始终坚持以人为本，为形成全体人民各尽其能、各得其所而又和谐相处的社会提供思想保证。必须坚持贴近实际、贴近生活、贴近群众，立足于人民群众创造新生活的伟大实践，倾听人民群众的心声，努力运用各种宣传教育形式，使社会主义思想观念深入人心。理论只有掌握群众，才有战斗力。应关注人民群众的实际问题，了解群众心理变化的特点和趋势，做到既统一思想又尊重差异，既引导群众又服务群众。应把逻辑的力量与事实的力量结合起来，把思想的严谨与表述的生动结合起来，做到尽可能用通俗的语言解开群众思想上的困惑，用身边熟悉的事例说明深刻的道理，使理论真正为人民群众所掌握，并转化为推动和谐社会建设的巨大力量。

（5）努力增强意识形态建设的艺术性

意识形态工作方式的创新，是提高意识形态建设成效的重要保障。必须在继承实践经验和优良传统的基础上，不断加强和改进意识形态工作。坚持先进性与广泛性相统一的原则，对于社会成员要区分层次，立足实际，因人制宜，采取灵活多样的表现形式，进行思想宣传教育工作。在继续巩固报刊出版、广播电视等宣传文化阵地的同时，充分利用现代科学技术手段，扩大主流意识形态在各种信息传播领域中的影响力，构筑社会主义意识形态工作的崭新平台。艺术性来源于实践性。主流意识形态应把丰富多彩、日新月异的生

活实践当作思想源泉，不断从生活实践中吸取新鲜营养，增强宣传的艺术性和感染力。同时，意识形态工作还应积极拓展发展空间，努力在更为广阔的空间和领域展示先进的思想文化和价值理念。

（6）切实提高意识形态建设的实效性

一是加强党对意识形态工作的领导，不断巩固马克思主义在意识形态领域的指导地位，用"三个代表"重要思想统领社会主义文化建设，坚持用一元化的指导思想去引领和整合多样化的社会思潮。二是积极探索符合时代要求的意识形态工作新方式。既要针对多样化的精神文化需求，构建主流意识形态宣传教育的多层次平台，又要通过对思想观念、价值取向、行为方式等的规范和引导，保证其正确的发展方向。三是充分发挥主流意识形态的舆论导向作用。舆论导向的正确与否，关系到党和国家事业的兴衰，关系到社会主义和谐社会建设能否顺利推进。必须始终坚持正确的舆论导向，营造积极健康向上的舆论氛围。坚持以人为本，把体现党的主张和反映人民心声统一起来，及时反映人民群众的愿望、呼声和要求，正确回答各种社会热点、难点问题，充分调动人民群众的积极性、主动性和创造性，为构建和谐社会提供强有力的舆论支持。

第八章
当代中国特色社会主义
意识形态与和平崛起

　　我国改革开放以来走了一条和平崛起的发展道路，30 年取得的巨大经济成就和不断提高的国际地位与影响证明中国的确在崛起，而且毫无疑问是和平崛起。在反思和总结我国和平崛起的成因时，当代中国特色社会主义意识形态不容忽视。本章将探讨中国特色社会主义意识形态在我国和平崛起道路上所起到的作用，如中国特色社会主义意识形态所包含的和平崛起新理念与经济发展新思想、促进民族现代化与竞争力提高的新内涵等。

第一节　当代中国的和平崛起道路

一、崛起、大国崛起与和平崛起

1. 崛起与大国崛起

崛起就是指一个力量在短时间内迅速发生的向上的变化，包括与自己过去比较的力量迅速增长，也包括与同时期的其他力量相比较的力量迅速增长。这就如同在一块平地拔地而起一栋高楼，在一段时间内高度不断上升，很快超越其他建筑。因此，崛起既是一个不断发展的过程，又是一种发展趋势，也是一种已经形成的比较突出的状态和结果。

大国崛起所指的是历史与政治经济学意义上的国家力量变化。从历史发展来看，一个国家的综合国力在短时期内出现的巨大飞跃增长，或者相对于当时其他国家而言国力的迅速增长，并且以这种日益增长的综合国力为基础成为世界上影响巨大的支配性或主导性国家，都可以说是大国崛起。从政治经济学意义上讲，一个国家在一段时间内发生比较明显的政治变革和经济变革，从而创新出不同的政治经济制度，并以这种制度为基础焕发出巨大发展活力，从而成为世界上引领发展潮流的新兴国家，我们也可以称之为大国崛起。不管是哪一种情况，这种大国崛起都是指一个从弱到强、从小到大的发展过程，而且是一个相对其他国家而言比较快速的发展过程，变大变强的结果必然在世界上具有较大影响力，从而成为大国，因此，强调国家崛起一般意义上就是指大国的崛起。这里的大国也许不是那种面积大、人口多的地理意义上的大国，而是指在某一历史时期国际舞台上有巨大影响的国家。这种影响一定是世界性的，可能是在经济发展、军事力量、政治变革、文化进化等各方面或某个

方面对世界其他国家具有支配性影响或者控制性力量，也可能是在某方面能够引领世界潮流，深刻影响其他国家的发展。

在人类社会发展的历史上，大国崛起的先例很多。在古代，就有很多依靠武力、宗教、制度等因素实现崛起的庞大帝国，如埃及帝国凭借当时世界上最辉煌灿烂的尼罗河文化实现崛起；阿拉伯帝国则以武力和伊斯兰教为武器得以迅速崛起；马其顿帝国以先进的制度和新型的军事组织实现崛起；蒙古大帝国是当时影响范围最大的帝国，其崛起也非常迅速，主要是依靠武力，因为在冷兵器时代，作为马背上的民族，蒙古拥有世界上最灵活机动的骑兵。那个时代的大国崛起基本上都是以武力为主要基础，尽管在那个年代，武力扩张也是建立在很多制度或文化的创新上。相对于近现代大国崛起而言，这些古代的帝国崛起都具有明显的甚至纯粹的军事色彩，缺乏相应的甚至起码的政治创新、文化发展和经济纽带，因此，这些大国最终往往都变成历史上匆匆的过客，随着武力消耗枯竭、后续兵员难以为继时，帝国立即土崩瓦解，有的甚至在历史上并没有留下什么印记。比较而言，唯一有阿拉伯帝国因为伊斯兰教和阿拉伯语的传播和推广而形成了一个貌合神离的阿拉伯民族国家体系。其他的几个大帝国基本上都烟消云散了，现在已经没有什么具有政治意义的联系。

2. 历史上大国崛起的经验与特点

现在大家讨论的具有历史借鉴意义的大国崛起实际上是指 15 世纪以来先后出现的 9 个世界性大国的崛起，它们分别是葡萄牙、西班牙、荷兰、英国、法国、德国、俄罗斯、日本和美国。中央电视台播出的"大国崛起"专题片就选取这九个国家的崛起过程进行了探讨，这些国家在历史兴衰和发展方面都具有比较典型的意义，共同构成了近代世界波澜壮阔的大国称霸的历史，主宰了 500 年来世界历史发展的进程。

大国崛起的原因与途径是多样性的。就历史经验来看，历史上的大国在崛起过程中往往都有自己相对独特的优势，或者说是某种创新，比如，历史上葡萄牙依靠航海技术开辟了不少世界新航线，建立了第一个海上强国，几乎垄断了世界上的香料、食糖、黑奴贸易，在世界上建立了包括我国澳门在内的大批贸易据点，是15、16世纪世界上首屈一指的商业王国，从而实现崛起，以财富为基础又成为世界上第一个殖民大国；西班牙在吸取葡萄牙经验基础上，更大力发展航海技术，进一步发展出一支"无敌舰队"，以哥伦布为代表完成了主要的地理大发现，改善了当时人类的知识结构，并以此大力推行对外殖民掠夺，更是成为16世纪世界最大的殖民主义强国；荷兰继承了葡萄牙、西班牙的经验，一样大力从事海外贸易和殖民扩张，也因此成为世界性殖民强国，但是，它之所以能够后来居上，则因为它实施了宽容、和解和自由的政策，进行了世界上第一个资产阶级革命，虽然不太彻底，但它是世界上最早比较明确提出发展资本主义工商业并由资产阶级掌权的第一个国家，实现了欧洲的商业革命和金融业革命，成为17世纪欧洲发展经济的模范国家，并建立了有"海上马车夫"美誉的强大帝国；英国以其历史形成的实用主义、科学精神、岛国心态、海盗民族性格、独立自由的个性，在继承了上述三国经验基础上，创造出一系列新的制度文明，实现了从"快乐的英格兰"到"日不落帝国"的崛起，它通过"新教革命"和"光荣革命"建立了新型的国家制度——以议会主权为核心的现代民主政治，建立了世界上最彻底的资产阶级国家，通过推动工业革命、培育独有的工业民族精神建立了世界工业霸权，成为"世界工厂"，并在此基础上建立世界上最强大的海军和殖民帝国；法国在周边崛起的四个大国身上学到了国家统一和发展的经验，通过封建王权的国家统一与权力集中以及大规模的战争不断强大起来，启蒙运动导致的思想大革命和随之而来的1789年法国大革命引发了巨大的政治思想制度的创新，在拿破仑等天才领导下实现了强势崛起，成为欧洲大陆上的霸权国家和世界第二大殖民帝国；德国正确总结了欧洲其他国家崛起的经验和教训，走了一条相对温和的德意志特色的发展道路，实现了自上而下的资产阶级改革，增强了

黑格尔、李斯特等设想的整体国家意识，将传统封建社会制度和新生的资本主义制度两者的优势尽可能有效地结合起来，建立了一种新型的君主立宪制，并在俾斯麦的铁血政策指导下经过不断的战争实现了武力统一，并不断进行对外扩张，并通过加强全民普及教育和高等技术教育在第二次科技革命和工业革命中实现了后来居上，一跃而为欧洲19世纪最强大的国家；具有与英国类似地理位置的日本，在西方文明与暴力的冲击下迅速地"脱亚入欧"，在保留了从中国学到的东方智慧的基础上开始学习以德国为代表的西方资本主义发展经验和殖民主义手段，将以武士道精神为核心的大和民族精神的作用不断强化，使得其作用在近现代的殖民战争和二战后的经济腾飞中都发挥到极致，加上二战后美国刺刀下的民主化改革割掉了身上的军国主义毒瘤，从而使日本实现了现代化，得以实现崛起；横跨欧亚大陆的俄罗斯在接受了西方基督教文明的基础上，又长期受到东方专制文明的影响，变成真正的"双头鹰"，在长期受周边民族侵略奴役的过程中逐渐培养起来的巨大民族张力和韧性转化为对外作战的强大力量，依靠战争和武力扩张，建立了世界上国土面积最大的帝国，斯大林特色的社会主义模式以近乎野蛮的方式迅速实现工业化和现代化并进一步加强了国力扩展，成为世界上少有的崛起大国；19世纪末20世纪初崛起的美国是新生的美利坚民族将欧洲文明的精华移植到北美大陆，实现了更彻底、更完善的欧洲式资本主义制度，在长期的西进运动中培养起极其务实、耐劳、自信的民族性格，并不断创新着自己的各项政治经济制度，最后终于在战火的洗礼中实现了超级大国的崛起。

上述九国的崛起虽然跨越数百年，但却有很多相似之处。

首先，他们基本上都依靠了武力或者军事扩张，基本上都是在掌握了军事优势的前提下实现大国崛起的。葡萄牙和西班牙是最早的殖民主义者，他们利用欧洲当时最先进的军事武器和航海技术扩张到世界各地，强占了大量殖民地，从拉美等地掠夺了大量的奴隶、金银，西班牙的无敌舰队当时是世界最强大的。荷兰的崛起同样利用了强大的海上军事力量，也抢占了很多殖民地。英国是在 1588 年摧毁了西班牙的无敌舰队和经过 17 世纪三次英荷战争之后才取代了这些传统大国的霸主地位，法国这个时期走了同样的道路，路易十四 38 年的征战奠定了国家崛起，与英国一道成为强占殖民地最多的两个国家，他们甚至有时候能够联合起来，比如征战中国。德国经过武力实现统一，并通过武力实现对外扩张，一跃而为欧洲 19 世纪最强大的国家。俄罗斯一直依靠武力手段，在摆脱蒙古人金帐汗国统治后就几乎没有停止过战争，总是在不断备战不断扩张，终于打出了一个横跨欧亚大陆的巨无霸国家。日本则是德国的翻版，在明治维新后基本上是每十年就发动一次对外战争，而每次基本上都取得了胜利，掠夺到大量的资源和资本，并促进了经济的迅猛增长，成为远东第一个崛起的国家。美国在以武力屠杀绝大部分印第安人并强占了他们的广袤土地之后国力逐渐强大，就开始对外扩张，美西战争和两次世界大战给美国崛起创造了最好的机会，最后终于登上国际舞台。

其次，他们或多或少都有创新，都有某些或者某个方面是当时世界上最为领先的创举。葡萄牙最早出现世界上第一所航海学校，从而产生了世界上最先进的航海技术；西班牙将航海技术和航海事业进一步发扬光大，并运用到军事上率先进行殖民主义掠夺；荷兰则最早出现资产阶级革命和资本主义法律，建立了一个最宽松自由的社会环境；英国不但发生了当时世界上最彻底的资产阶级革命，有了世界最早的资产阶级政治法律制度，而且有了世界上最完善的资本主义生产方式和大规模机器生产；法国不但提出了完整的资产阶级思想，而且通过大革命和拿破仑战争将这种思想传播到整个欧洲；德国创立了君主立宪制和容克地主的资本主义道路，将传统封建王权社会和新生资本主义两种社会制度的优点结合起来，创造了不通过革命手段同样达到了走资本主义道路的渐进式改革模式；俄罗斯则是通过自上而下的创新和强有力西化改变了俄罗斯的传统社会，增加了新的活力，20 世纪的苏联更是通过社会主义制度的创新

而成为超级大国；日本在学习欧洲荷兰的"兰学"基础上进一步学习德国经验，并结合自己的传统文化进行了创新，将天皇和神道教传统改造成为一种现代化的军国主义，迅速增强了国家的战斗力；美国不但创立了最彻底的三权分立和最具欧洲启蒙思想传统的宪政制度，而且在西进运动过程中更塑造了新的美利坚精神。

再次，这些崛起的大国往往都是在军事扩张或大型战争中走向了衰落，也就是说，军事与战争是它们兴起的原因，也是它们沉沦的坟墓。所有这些国家崛起都依靠武力去改变传统的世界秩序，因而不可避免地与传统大国发生冲突，这样战争就必然发生。也正因为如此，西方现实主义国际关系理论就一直坚持认为任何新兴大国的崛起都必然会给其他国家特别是传统大国带来威胁和挑战，因而产生冲突或战争就是不可避免的。西班牙打败了葡萄牙、荷兰摆脱西班牙控制独立、英国打败西班牙、英国三次打败荷兰、两次英法百年战争、拿破仑战争与多次反法同盟战争、普法战争、两次世界大战等等。几次大规模战争都决定了世界力量对比发生变化，也就导致不同国家的崛起与衰落。

以上分析发现，历史上各个大国的崛起都走了依靠武力和战争的道路，都是依靠自己的绝对实力，都是崇尚现实主义的弱肉强食的丛林原则，尤其是在自己的实力崛起之后，这些国家都无一例外地利用自己的实力进行对外的扩张，进而进一步扩大了自己的实力和国际影响力。因此，这些历史经验就使得国际社会普遍认为这只能是大国崛起的唯一道路。

3. 和平崛起——中国正在探索的新的国家崛起模式

而我国现在一直强调的和平崛起道路则是完全不同于以上国家崛起道路的崭新的发展与崛起道路，是一种不同于世界历史经验的大国崛起与发展模式。它强调和平发展与和平崛起，就必然不能依靠武力和战争，也不能凭借自己的实力弱肉强食，不能争夺自己的领地和势力范围，不能破坏国际共同的秩序和原则，不能以牺牲别国利益为代价来发展自己。这样的国家崛起不是挑战和威胁现有国际秩序和国家利益，而是利用自己的发展和崛起为国际社会和其他国家带来新的发展机会和共同利益增进，成为带动世界发展的发动机。

目前，我国正在积极探索的和平（崛起）发展道路所坚持的新理念主要是：中国将坚定不移地走和平发展道路，努力实现和平的发展、开放的发展、合作的发展、和谐的发展。具体内容包括：争取和平的国际环境发展自己，又以自身的发展促进世界和平；依靠自身力量和改革创新实现发展，同时坚持实行对外开放；顺应经济全球化发展趋势，努力实现与各国的互利共赢和共同发展；坚持和平、发展、合作，与各国共同致力于建设持久和平与共同繁荣的和谐世界。

从理论上讲，这样的国家崛起是完全可能的，但是从上述历史上九大国的崛起经验和以前古代大国的崛起来看，这样的和平崛起又似乎是不可能的，也正是因为这样的原因，西方国家到现在也认为中国不可能是真正的和平崛起，从而渲染各种各样的"中国威胁论"，认为中国随着国家综合实力的增强，最终必然会加大对外扩张，最终会对西方国家所主导的国际秩序形成巨大威胁。

因此，对正在坚持走和平崛起道路的中国来说，如何走出这样一条开创世界历史的新道路、如何以完全不同于西方国家崛起模式的新道路实现崛起，就将是一个长期的严峻的考验。

二、中国强调和平崛起的原因

首先，我国全国上下都非常重视和迫切希望国家能够尽快实现崛起，尽快成为现代化强国，这是我国孜孜以求的梦想，这一梦想之所以很强烈是因为：

一是中国近代的沉沦历程与悲情历史需要崛起。鸦片战争以来，中国的明显落后和沉沦及其所遭受的百年屈辱使得先进的中国人积极探索国家崛起之路，周恩来少年时就发出"为中华之崛起而读书"，中国人对这段历史的认识和心中留下的阴影，需要转化为建设

国家的动力，需要国家的崛起以一洗郁闷。

二是实现中华民族伟大复兴需要崛起。我们是世界上最伟大的民族之一，是世界历史上五大文明古国中唯一保留下来的古代传统文明，但是我们明显地在现代文明和科技与工业方面落后于西方发达国家，大家都不甘心我们的文明落后于人，希望重现隋唐时期的辉煌和明朝时期的强大。新中国成立以来，实现中华民族的伟大复兴就成为全民族最大的心愿和奋斗目标，成为激励中国人民奋发图强的巨大动力。

三是传统大国梦想需要实现崛起。我国是历史悠久的传统大国，几千年来都是亚洲大陆最强大富裕的国家，都是中央帝国，是世界的中心，这种传统的大国概念深入人心，曾经为我国的统治者和广大人民津津乐道，现在当然希望尽快像过去一样发达富裕，像过去一样成为世界的大国。当代中国一直强调的发展优先就是这种情结的体现。

四是社会主义制度与意识形态需要国家崛起，从而向世界表明，中国特色社会主义意识形态和社会制度具有强大力量和无限魅力。中国选择了马克思主义意识形态和社会主义制度，一方面是因为资本主义道路在近代中国没有走得通，另一方面是因为我国相信这一崭新的科学理论能够使中国重新崛起为现代化国家，因此，我们一定要也只能够通过比西方国家更快的速度、并以完全不同于西方国家的和平发展模式尽快实现崛起，这样才能彰显我们选择的正确性。

五是现代中国一直非常重视和强调的爱国主义教育也必然催生实现国家崛起的意识。我国的悠久历史、灿烂文化、美丽河山、勤劳人民等都是我们爱国的基础，这种感情因为近代西方民族主义的影响而更趋热烈，长期的爱国主义教育加深了这种感情，过去更多地表现在抗击日本、美国等帝国主义侵略斗争的勇气上，而在现在的和平年代，这种感情只能够也必然会投入到国家的建设与发展之中，如果在全国人民的巨大爱国热情中都不能实现国家的崛起，那将会产生巨大的信心打击，也将难以为大家所接受。

其次，我国实现崛起面临各种国内外条件的限制：世界主题变化、当代国际格局特征、西方和平演变战略、全球化潮流等构成我国崛起的国际环境条件；中国传统文化中的和谐思想、社会主义意识形态中的和平理念、我国一贯的和平外交实践和中国特色社会主义建设道路对和平环境的需求构成我国崛起的内部限制。这样的内外条件要求我国必须实现和平崛起。

一是作为社会主义国家，马克思主义意识形态和社会主义制度特征都要求我国必须走出一条不同于西方国家的和平崛起道路。马克思主义始终强调国际主义原则，强调全世界无产者联合起来，强调世界各个国家民族不分大小强弱一律平等，社会主义制度更是在批判资本主义、殖民主义、种族主义和霸权主义等西方国家一贯的恶劣特征的基础上建立起来的，是对历史上这种恶劣的发展模式的一种反动，而且，西方国家的衰落也主要是因为大规模的战争或者过分的军事扩张造成的，因此，我们社会主义国家决不可能重走西方国家所走过的武力崛起的道路，一定要以和平的方式另辟蹊径。新中国建立以来就一直坚持和平外交方针，强调反对霸权主义和维护世界和平，这是我国所走的社会主义道路的必然要求。

二是西方国家对我国社会主义国家的敌视与防范也促使我国走和平崛起之路。尽管意识形态和社会制度的矛盾不再是世界主要矛盾，但是，西方国家基于过去的经验和思维惯性，必然会长期对中国坚持敌视与和平演变战略。西方国家在冷战后对俄罗斯关系的发展历史就不断地在表明这一点，不断西化、分化和弱化俄罗斯的战略自 20 世纪 90 年代以来不断上演，我国也一直承受着这样的压力。而现在又是国际共产主义运动处于低潮时期，在此背景下，我国要实现崛起，要展示社会主义的强大生命力，就有必要继续长期坚持和平崛起道路，而不能够丝毫越轨以造成西方和外界指责中国威胁论的借口，从而成为众矢之的，那样就更容易葬送社会主义的伟大事业。

三是我国悠久的民族文化传统也要求我们必须走和平崛起道路。

中国是一个崇尚和平的国家，历史上从不具有霸权意识和扩张欲望，这是中国过去人口众多但两千多年领土没有发生巨大变化的主要原因。我国传统文化强调和谐、"和而不同"、"己所不欲勿施于人"等理念，主张"四海之内皆兄弟"，统治者视国家所有黎民为子民，因此，我国过去没有明显的民族意识和民族压迫的概念，国家发展从不以牺牲其他国家和民族利益为代价，而是依靠自己发展并将自己的优势作为恩泽传送到他国，无私地帮助别的国家民族发展。我国的这种传统文化深入到民族的血液之中，我们需要发扬这种好的传统，继续走和平发展的道路而不是背离祖宗的美德。

四是当代世界主题要求我国和平崛起。当今世界主题是和平与发展，这已经是世界共识。尽管世界仍然存在很多地区热点和恐怖活动，但追求和平仍是世界性潮流，冷战后出现了越来越多的战略化、稳定性、不针对第三方、建设性、协调性的新兴国家关系模式，联合国等国际组织发挥着更大的维持和平功能，在和平环境下追求经济发展成为各国必然选择，世界经济合作增多、一体化程度增高、相互依赖加强。这种世界大势要求中国崛起采取和平方式。

五是当代国际格局要求我国和平崛起。当代世界形成了以美国为主导的国际政治经济与国际关系格局。美国综合实力远超他国，以美国为核心的西方国家主宰世界经济与政治的局面短期内难以改变。前苏联东欧地区经济转轨的困难、第三世界债务危机与粮食危机的频繁发生，使得美国和西方主导国际格局的能力进一步增强。美国经济份额仍占世界的30%左右，美元国际份额仍占60%以上，科技和军事实力仍首屈一指，继续维持霸权地位和主导世界格局将是美国长期的战略选择，而欧日国家必然追随美国，形成意识形态的国际联盟并进一步强化它们主导建立的国际制度体系，这样，中国和印度等新兴崛起国家将不得不在它们所设定的国际制度框架下寻求发展，彻底打破或重组国际制度体系是不可能的，因此，中国必须也只能够走和平崛起道路以逐步增加我国的影响力。

六是迅猛发展的全球化潮流和中国特色社会主义道路都需要我

国以和平方式实现崛起。全球化日益深入，各国之间利益更加相互依赖，我国经过 30 余年的改革开放，已经和世界经济融为一个整体，我国又是一个资源相对贫乏的国家，我国的发展不可能脱离世界环境，而我们有中国特色社会主义道路要达到最终的目标，都需要有一个长期的和平环境。因此，这都要求我国必须积极探索一条和平的崛起道路。

三、中国和平崛起的努力历程和目标

新中国就一直追求和平崛起，只是在冷战的大格局下我国不可避免地卷入到很多国际冲突之中，而且当时也需要通过斗争保证国家主权完整和赢得国际尊重。改革开放 30 多年来，我国实际上一直在努力追求和平崛起。2003 年 12 月 10 日，温家宝总理在美国哈佛大学演讲中首次提出我国将走"和平崛起"道路。尽管后来我们以"和平发展"取代"和平崛起"的提法，但和平崛起的话题显然已不能回避。中国国务院新闻办 2005 年 12 月 22 日发表了《中国的和平发展道路》白皮书。2006 年 8 月中央外事工作会议上我国进一步向全世界宣示中国坚决走和平发展道路的决心。

就大国崛起含义而言，我国实际上经历了很长时间的崛起努力。近代中国不断沉沦过程中，就有洪秀全、曾国藩、康有为、孙中山等伟大人物想方设法拯救中国，图谋国家崛起。抗日战争中国人民团结一致取得胜利，是近代以来对外的第一次彻底胜利，还为世界反法西斯战争做出了巨大贡献，不但废除了百年来签订的主要不平等条约，而且赢得了世界大国地位。这当然是我国第一次感到国家在崛起。新中国建立后发生的天翻覆地变化和朝鲜战争与越南战争的胜利进一步使中国的国际地位大幅上升，这一切都通过了战争手段，但这是别国强加给我国的战争。正是通过这些战争使中国能够昂然屹立于世界民族之林，赢得了全世界的尊重，并实现了我国在政治、心理和精神上的崛起，也正是以此为基础才有了 1978 年以来我国经济上的崛起，而 30 年来经济崛起又进一步促进了我们在政

治、心理和精神上的崛起。

　　当然，作为世界上最大的发展中国家，要实现国家的崛起将是一个长期的发展进程，因此我国更多地强调国家的和平发展而不是和平崛起，和平发展将是永远的，但和平崛起一定有时间标准。对我国而言，比较明确的崛起时间应该是本世纪中叶建国一百周年的时候，按照我国制订的三步走战略，到那个时候，我国将基本实现现代化，达到中等发达国家的水平。要真正达到这一目标，我国仍然需要继续努力，既要内聚实力，又要外修形象，还要进一步发掘和发扬中国文明的传统智慧开创出一条有中国特色的社会主义道路来，而这三个方面都需要有当代中国特色社会主义意识形态来指导，同时也需要这三个方面的努力探索丰富和发展当代中国特色社会主义意识形态。

第二节　当代中国特色社会主义意识形态促进经济发展

　　内聚实力是我国实现和平崛起的首要条件，也就是要比较快地发展经济，30 年改革开放和 60 年新中国发展历程都证明了我国所取得的巨大经济成就，这背后的原因很多，有内生性因素，也有外生性因素，当代中国特色社会主义意识形态是促进我国经济迅速发展的极其重要的一个因素，既体现为外生性，也体现为内生性，具有巨大的经济价值。

一、当代中国特色社会主义意识形态对中国经济发展的外在性作用

1. 为中国经济发展提供社会与思想保障

在任何时候，社会稳定与国家和平都是中国人民追求的最大目标，"宁作太平犬，不作乱世人"一直是中国人的心理铁律。中国历史最强大繁荣的时期都是国家稳定与和平时期。中国人口众多，幅员辽阔，民族繁杂，社会结构之间、不同地区之间、不同阶级阶层之间、城乡及其内部之间千差万别，自然资源相对稀缺，自然灾害相对频繁，社会竞争残酷激烈，维持社会稳定绝对必要但相对困难，自治机制与意识严重缺失，公民社会与公德意识淡薄，因此，中国历史上要长期维持社会和国家稳定与和平并不容易。过去，主要是依靠孔孟之道、依靠儒家、法家、佛家和道家的思想来维持社会的稳定，但这种稳定主要建立在封建社会等级制度基础上，并形成了高度中央集权特点的阻碍社会发展进步的封建专制制度，这被普遍认为是中国没有走上更先进的资本主义生产方式和造成近代落后挨打的主要原因。近代以来中国人在世界各地寻求救国救民真理，希望打碎我国陈旧的意识形态传统，建立起新的意识形态体系，在经历了长期的比较和斗争后，来自西方的社会主义意识形态在我国站稳了脚跟，中国共产党建立的新中国就代表了这种新的意识形态体系的统治地位。在经历了一段时间的探索、磨合和曲折之后，我们逐渐形成了当代有中国特色社会主义意识形态体系，这一体系日益深入人心，成为当今中国凝聚国民的主要思想支柱，是新时期中国人民共有的精神家园，是我国能够长期保持社会稳定的基础。

在西方国家工业起步阶段都存在着资产阶级思想启蒙，都经历过一段思想意识的革命过程，直到如今，不少发展中国家都因为广大民众对实现现代化的思想意识相对落后而使得现代化进程举步维艰，而当代中国特色社会主义意识形态作为我国社会经济发展的指导思想，取代了几千年的中国传统意识形态，它关于社会进步、经

济发展、公共意识、国家和集体精神、人际关系等所形成的新理念为我国建设社会主义的新社会奠定了思想基础，很快对全国各族人民进行了现代化启蒙，从而为经济发展提供了强大动力。社会主义意识的广泛宣传和不断深入人心，打破了中国几千年根深蒂固的地区割据的封建传统和小农意识；新中国建立起全国统一的大市场和覆盖全国的发达交通体系，迅速为实现经济起飞创造了物质条件；新社会新风尚的建设确立了比旧社会更民主更平等的新型人际关系，促进了现代公民社会的发育与逐步发展；社会主义大家庭的温暖和长期对公平与大众意识的强调形成了强大的社会化力量极大制约了权贵与资本的恶性膨胀，使得当前我国经济迅猛发展的同时又能尽可能"节制资本"形成整个社会经济良性运转；国家与集体意识的极大增强促进了社会稳定和大局观形成，这些都为经济发展提供了强大的思想意识基础。

2. 为中国经济发展提供政治保障

我国是一个传统上严重依赖政治力量促进经济发展和社会稳定的国家，具有东方特色的专制主义传统长期占主导地位也表明政治保障对我国经济社会发展所具有的巨大意义。中国历史上要克服黄河、淮河等水利社会为特征的自然灾害就需要国家强有力的政治体制来不断地抗洪救灾；来自北方的游牧民族常常奢想入主中原从而给国家造成巨大的安全威胁，这也需要强大的中央政府能够聚全国之力与之抗衡，修筑长城这样的巨大工程以确保黎民安全；幅员辽阔、人口众多、地理地貌千差万别、大山大河阻隔又需要强有力的中央集权手段才能保证政令畅通和国家的统一；这些与生俱来的先决条件导致我国出现并不断强化了这种突出政治力量和中央集权的政治特征。一个政权的政治保障能力一旦下降，就会出现一盘散沙局面，往往出现国家分裂和动乱，甚至出现外族入侵和国家危亡。

中国近现代不堪回首的这段屈辱历史实际上也是我国这种传统政治保障丧失的结果，满清政府对国家局面的控制力和对国家资源的调动能力的急剧下降才是不断战败的真正原因，当年2万八国联军打进来时，津京间 20 多万中国军队都没有办法进行有效抵抗，说明政府已无能力调动国家资源实现自己的政治目的。满清政府被推翻后，中华民国始终没有建立真正统一的稳固的政权，始终不能提供有效的政治保障，既不能让国人安居乐业发展经济，也不能阻止日本全面入侵，这种政治保障的缺失从根本上讲还是因为中国当时已经出现意识形态体系的混乱无序，没有建立起能够接替传统孔孟之道的健全的新兴意识形态体系。

中国共产党人将马克思主义基本原理与中国革命建设的具体实践紧密结合，在选择吸收中国自身优秀的传统文化基础上，批判吸收世界上一切先进的文明成果，经过数十年努力，终于建立起当代中国特色社会主义意识形态体系，以这种全新的不断发展的新意识形态为指导，中国建立起一个政通人和、日益强大的社会主义国家，为我国现在的和平崛起提供了强有力的政治保障，有一个强大政府就能够抵御来自各方面的冲击和危险，就能够保证社会稳定和谐，保证国家主权和尊严，也为社会经济发展提供政治保证。

3. 为中国经济发展提供文化精神保障

一个国家的经济现代化进程很大程度上受到该国文化传统与精神价值的影响。西方国家最早实现工业化和现代化就有基督教文化、家族传递传统、知识分子精神、扩张性与实用性价值原则等精神文化方面的因素起作用。日本之所以成为欧美之外唯一实现了现代化的国家也是与大和民族特有的文化传统与精神分不开的，如武士道精神、集体意识、神道教传统等。20 世纪 60 年代加纳和韩国经济社会几乎处于同一起跑线，但是 30 年后两国就有了天壤之别，韩国已经实现工业化，而加纳依旧贫穷，这主要应归因于两国的文化传统不同。拉美国家独立后一直坚持走资本主义道路，近两百年过去了，它们依然是落后的发展中国家，这不能不说它们国家缺乏自己深厚统一的文化传统是造成这种局面的主要原因。而中国历史上主要形成的是以土地和农耕文化为基础的东方亚细亚生产方式，这种生产方式的文化精神基础就是以孔孟为核心的儒家文化，再辅以道家、

法家、佛家等文化，由于我国文化底蕴深厚，这种封建文化精神博大精深、回旋自如，因此使得中国过去的封建社会异常结实稳固，这保证了我国过去长时间在世界上领先，但是这一意识形态体系也是我国后来无法突破强大传统走上资本主义道路的重要原因。中国近现代资本主义道路走不通、资产阶级革命屡屡失败的原因也与这种文化精神的息息相关。是马克思主义和社会主义革命改变了中国的这种根深蒂固的文化精神，现在日益成熟的当代中国特色社会主义意识形态为中国经济突破过去的文化精神禁锢创造了条件，提供了新的精神食粮和文化基础。马克思主义理论所包含的丰富革命精神鼓舞了中国人民，以一种大无畏的革命气魄终于突破了强大封建社会传统的拘束并以前所未有的力量和决心实现了国家社会和思想文化的翻天覆地的变革，正是因为有了"唯有牺牲多壮志，敢叫日月换新天"的勇气，我国才在推翻一个旧世界的同时建设起一个崭新的世界，才有我们今天的大好局面。这些都得益于马克思主义和社会主义意识形态在当代中国所发挥的巨大作用。

二、当代中国特色社会主义意识形态对经济发展的内生性作用

1. 提高了中国经济的资源配置功能

中国过去没有走上资本主义道路，原因之一是我国传统社会经济发展的资源配置功能很弱，民间缺乏自发的经济配置基础与能力，而封建政权又意识不到自己的经济配置功能，甚至对长期的经济资源配置起到反作用。我国传统上以土地为中心，是真正的乡土中国，人民和统治者都故步自封，对发展新的经济模式都缺乏兴趣，即使有了一定的资金积累，也是想方设法买地当地主，而不是设法将资金转化为资本，来发展资本主义工商业。即使是商人，做生意大了赚钱了也是买官买地，买官当然是为了贪污赚钱再买地，最终都回到老家当地主，希望在田野间过着悠闲的生活，基本上都是小富则安，而作为整个社会就不容易形成资本积累，不容易让财富集聚起来发挥资本作用，也没有能够摆脱中国历史上因为人口增长与土地

不足的矛盾所引发的社会经济灾难以及由此引起的改朝换代。

新中国建立后，社会主义意识形态在我国成功主导社会经济发展，则完全改变了我国政权对经济发展资源配置的意识和作用，大大提高了我国的资源配置能力。社会主义意识形态克服了我国长期一盘散沙无法走上工业化道路的局面，迅速以政府为中心加速了资本集中和资本积累，从而实现了中国特色的社会主义工业化。社会主义意识形态使国家将社会资源在全社会集中起来，让有限的资源集中发挥财富与资源的集聚效应，从而产生了中国最大规模的工业化。新中国建立后的工业化成就即是最好证明。过去封建社会没有走上资本主义道路、近代中国洋务运动的失败和资本主义共和国方案的失败都说明依靠民间自发的力量没有办法在我国实现经济发展资源的有效配置，而干脆由国家集中所有资源，依靠社会主义意识形态的力量，举全国之力实现工业化和资本积累，资本积累率近30%，在尽可能公平地把消费资源分配给全体国民的基础上实现了最大规模、最快速度、最高效率的工业化和现代化，社会主义劳动者的积极性和创造性得到充分发挥，这样才有了我国现在社会发展的主要物质经济基础。

改革开放以来，国家和政府仍然是我国目前经济资源配置的主要承担者，由政府主导的投资、政府政策引导的出口和政府自身的消费仍然是我国经济发展的主要内容。中国政府不仅要弥补市场经济本身的失灵之处，克服市场经济发展的外在性、整体性和长远性不足，在环境保护、社会利益和长远利益上有所作为，而且中国政府直接作为市场经济的主体参与到市场经济运行中来。政府往往根据整个国家经济发展的需要直接干预经济，比如控制某些关键商品的价格、政府组织大型企业的国外采购与并购等；政府通过制定发展规划来直接控制汽车、铁路、钢铁、粮食等国计民生商品的生产和发展；政府通过实施经济政策来直接促进信息、物流、大型飞机等产业的长远发展；政府通过制定经济运行规则来制约行业竞争和经济发展；政府本身在某种程度上也作为市场经济的构成要素而存

在，甚至以市场主体的身份出现，参与到生产和再生产过程中来，如中央和地方政府往往直接组成经济合作体参与经济投资，如铁道部、国资委和上海、江苏、山东、河北等省的国资委联合中国人寿、中国平安等国有企业共同投资建设京沪高速铁路就是这种中国特色的例子。因此在我国，政府主导角色不是市场经济体制下的政府职能错位，而是社会化大生产的必然要求，也是我国尽快提高资源配置功能的必要条件，当然也是我国经济发展的重要特点，这种由国家主导资源配置的特点将会长期存在，并构成我国的社会主义特色之一。

2. 凝聚了中国经济发展中的集体与社会意识

工业化与现代化发展面临的最大的障碍就是封建社会的统治结构和人们的小农意识。中国就是因为这种传统封建社会统治结构所具有的相对灵活性和稳定性以及强大深厚的小农意识，一直压抑着资本力量的形成和工业化发展，导致中国几次资本主义萌芽夭折和最终没有能够走上资本主义工业化道路。中国近代史上资本主义力量几经努力也没有完全登上历史舞台，资产阶级共和国的建国方案在中国几经努力也没有成功，除了西方帝国主义的强大压力外，我国所固有的封建传统社会结构和小农意识显然是重要原因，而新中国建立后，社会主义意识形态的国家观念、社会观念、大局观念、集体观念、公共意识等新思想迅速得到推广和形成，迅速改变了这种几千年的小农意识、地方意识和等级意识，从过去的极端个体主义迅速转变为完全以公共集体为核心，特别是以国家利益为核心，大家心中都有了一个集体观念，都懂得个体利益要服从集体利益，农民前所未有地积极交公粮支持国家工业化，各个地方的传统意识一下子让位给国家整体意识，无论个人、家庭、企业、地方政府都极大增强了服务大局的意识和决心，从而有助于我国在工业化初期迅速实现社会资源的集中和积累，加快国内共同市场的形成，迅速形成了全国走工业化、加速资本形成与积累的思想意识和社会观念。这种思想观念的形成与历史上西方国家统一国内市场形成的过程特别是大部分发展中国家国内市场形成过程相比要迅速得多，可以说，正是社会主义意识形态迅速对传统乡土中国实现了现代化思想启蒙。现在我国大部分的产业和经济部门仍然以公有制资本为主导、国家级铁路、公路等交通网络的顺利建设、国家统一市场的形成相对顺利、国家级大型企业集团的形成与发展都是因为有了这种社会主义的集体意识。这种集体意识为我国很多企业共同开辟国际市场、共同加强对外竞争力、共同抵御国际经济风险、共同增强国际讨价还价能力、加速行业内并购形成优势互补等都发挥着巨大作用，从而有效地降低了成本、提高了经济效益。

3. 保证了计划经济手段在市场经济发展中的宏观调控作用

当代中国特色社会主义意识形态要求我国经济发展要长期保持这种社会主义特色。过去以斯大林模式为特点的社会主义计划经济虽然总体上失去了优越性，但是不等于这种模式就一无是处。从完全以社会市场为中心到完全以国家政府为中心来发展经济，虽然都处于一种极端，但一定说明这两种模式都有其价值。因此，我们不能轻易追求一个反对另一个，而要将两者的优势都发挥出来。中国特色社会主义实际上就是把过去计划经济的优势和西方市场经济的优势都充分利用起来，并不断探索使这两种手段有效地磨合，形成更强大的合力以促进经济健康发展。发挥市场机制对社会资源的基础性配置作用是我们现在进行社会主义市场经济建设的基础性工作，但是无论是在这一工作的有序推进还是未来目标都要求克服市场经济自身不足，都需要通过社会主义特色手段弥补这种市场不足，从而加强国家对经济的宏观调控。主要包括：由国家计划统筹、集中力量办大事，这样效率更高，如奥运会、三峡工程、南水北调、西部大开发等；由国家集中控制主要产品的社会总供求和国内市场布局以保证整个国民经济的比例协调，避免出现经济过剩危机；国家宏观调节各种社会经济发展中的矛盾关系，避免恶性竞争导致社会矛盾失控；国家集中力量改善基础设施、迅速加长经济发展的"短边"，如能源交通等，从而尽可能延缓和克服经济发展过热的局面；

国家集中调配社会资源克服经济金融危机和缓解经济衰退，如国家通过计划手段迅速加大财政投入、迅速由国家组织全国资源进行前瞻性投资、国家通过政策刺激各种消费等；社会主义意识形态极大放大了大众化意识，从而对资本的强势作用进行有力的制约，避免资本为所欲为，从而形成实质上的资本主义，保证了孙中山和毛泽东所强调的"节制资本"目标的实现；国家统一协调避免地方之间的恶性竞争从而保证了国家的整体利益；国家通过转移支付和经济财政甚至行政等手段平衡地区差距和行业差距，从而避免社会断裂和社会利益维护；等等。

三、当代中国特色社会主义意识形态是我国经济发展的主要保证

1. 当代中国特色社会主义意识形态决定中国经济发展的性质与
   方向

当代中国特色社会主义意识形态是在我国经历了 60 年的新社会建设特别是最近 30 年改革开放的努力探索中逐步形成的，这种意识形态既是来源于我国的社会主义实践，同时也是支撑和促进过去 60 年特别是最近 30 年经济发展的主要因素。虽然邓小平在 1982 年中共十二大上才第一次公开提出中国特色社会主义命题，但他是在深刻总结了我国 30 多年社会主义建设正、反两方面经验教训基础上提出来的，并且在改革开放的过程中一直在积极探索这一道路和意识形态的具体内涵，经过几代领导人不断丰富和发展了这一意识形态的内容，使得中国特色社会主义意识形态不断与时俱进，不断得到创新和发展。但是，这一意识形态的社会主义性质和马克思主义理念并没有变，仍然旗帜鲜明地坚持马克思主义的立场、基本观点和方法，仍然旗帜鲜明地坚持我国经济发展的社会主义方向和性质，始终坚持在解放和发展生产力基础上追求共同富裕的目标，仍然致力于减少和消灭剥削和两极分化，仍然强调经济发展的社会利益和社会主义价值，坚持公有制的主体地位和按劳分配的基础地位，强调社会主义的宏观调控功能的重要性，避免西方资本主义自由市场

经济的无序性和分化性。正是因为中国特色社会主义意识形态决定着我国经济发展的方向与性质，才使得中国经济能够不断克服各种内外危机，平稳健康地向前发展。比如，1989 年社会主义阵营危机、1997 年亚洲金融危机和 2008 年世界性金融海啸，中国虽然都受到影响和冲击，但是，我国明显不同于其他国家，能够屡屡"例外"，继续保持经济快速发展。

2. 当代中国特色社会主义意识形态决定中国经济发展的特点与趋势

尽管新中国建国后一开始难免会跟着苏联老大哥学习计划经济的发展经验，会参考其他社会主义国家的发展模式，但是，跟当年毛泽东探索和总结中国革命道路一样，由于我国的国情特殊而复杂，与苏联等其他国家不同，也与马克思、恩格斯等革命导师们当时所设想的社会主义建设条件不同，因此，从一开始，中国经济发展就坚持必须走中国自己的道路，从而从一开始就形成了自己的特色。我国首先按照中国国情提出了"一化三改"这样的中国特色的社会主义改造道路，在大力推进社会主义工业化的同时有步骤地、有区别地实行农业、手工业和资本主义工商业的社会主义改造，这样，最大限度地保证了工业化所需要的资本积累，同时又尽可能提高各个产业的生产力，没有出现苏联农业集体化那样的生产力巨大破坏。"大跃进"、"文革"时期的"抓革命促生产"和"文革"后的"洋冒进"是不太成功的经济发展探索，但改革开放以来，我国正式提出了中国特色社会主义建设道路，在农村家庭联产承包责任制、乡镇企业、工业下乡、特区建设、股份制、不平衡发展战略、开放格局的逐步展开等各个领域都探索出具有浓厚中国特色和社会主义特色的发展模式，正是这些有特色的中国经济发展才使得当代中国特色社会主义意识形态日益完善，反过来，这一意识形态又进一步保证了中国经济发展的特点和未来发展趋势。

3. 当代中国特色社会主义意识形态是中国经验或发展模式的灵魂

　　一个国家能够在 30 年时间内实现经济高速发展，那背后一定有自己的比较成熟的发展理念，并能形成一定的特色或模式特征，这些发展理念就是该国这段时期发展模式的灵魂。我国 30 余年改革开放与经济发展就形成了自己鲜明的特色，当代中国特色社会主义意识形态就是这种特色的高度概括，同时也是形成和决定中国发展模式的灵魂，是我国经济未来能够继续又好又快发展的主要保证。在中国经济改革开放之初，经济改革的方向是有争议的，我们本着"摸着石头过河"的精神，秉承马克思主义和社会主义的基本理念，努力探求我国自己的社会主义发展道路，不少西方观察家认为，中国经济发展中的特点是过渡性和暂时的，发展目标选择必定是西方资本主义模式。但是 30 年后，中国经济依旧在高速发展，那些西方认为是过渡性的经济发展特点仍然存在并更加鲜明，我们所宣称的中国特色更明确，于是国外就有了种种关于中国发展模式的说法，如美国洪朝辉所说的"中国特殊论"、英国雷默所说的"北京共识"、美国诺贝尔奖得主斯彭思所说的"中国经济发展模式世界独一无二"等，不管怎么说，我们经济发展走出了一条有中国特色的社会主义道路。这是一条 30 多年经济改革发展的经验总结，是中国经济发展的实践所证明的正确道路，因此，中共十七大报告进一步明确提出我们将长期高举中国特色社会主义理论伟大旗帜，坚定地走中国特色社会主义道路。

第三节　当代中国特色社会主义
意识形态促进民族现代化

中国实现崛起也是实现现代化，包括经济、政治和思想精神等方面，对当代中国而言，首先就是实现民族现代化，既需要发扬民族优秀传统，又需要适应世界发展潮流而不断革新，从而向世界展示一个良好的民族形象，而外修形象也是我国和平崛起的关键条件之一，当代中国特色社会主义意识形态是促进中华民族走向现代化的决定性因素。

一、树立中华民族良好的国家形象——和平外交新理念

我国提出和平发展道路取代和平崛起说法，是因为"崛起"一词太过敏感，容易引起猜忌和疑虑，这是因为：一方面，现在国际社会仍盛行现实主义国际关系理论，认为任何新兴国家崛起都必然会对传统霸权国家的地位形成挑战并试图打破传统国际秩序，否则就是追随霸权国家走相同称霸道路或成为帮助维持传统秩序的伙伴，而中国所具有的巨大规模和不同意识形态又不可能去追随美国维持具有浓厚资本主义原教旨主义的国际秩序，也很难让人相信中国不会挑战西方国家主导的国际秩序，更难相信中国会实现真正和平崛起，于是，面对中国迅猛发展的经济实力和政治影响力，世界出现了种种中国威胁论。另一方面，世界历史经验表明新老霸权国家不断兴衰更替，因此产生了各种霸权理论和"权力转移理论"，九大国的崛起就都进行了对外扩张、自我伸张和实行帝国主义政策，而且，一个新国家的崛起就意味着国际权力从旧霸权向新霸权转移，这就意味着新旧霸权之间必然会发生冲突和战争。这样，只要一个大国

想崛起，就不可能走和平道路，就意味着世界秩序的变化和国际冲突的出现。因此，这几年尽管我们一再声明我们将永远走一条和平崛起的道路，但仍然难以消除世界上对我们的怀疑与担心，因此，我国就需要在不断强调和平发展的同时实实在在地走和平崛起道路，体现在各种各样外交场合和日常行为上，认真地履行我们的国际义务和责任，对外树立良好的国家形象，让全世界都能够认识到我们是一个爱好和平的现代化民族。因此，外修形象也是我国今后必须长期坚持的战略选择。

毛泽东等第一代中国共产党人尽管面临非常严酷的国际国内形势，但一直坚持独立自主的和平外交政策，不搞霸权主义。但由于世界性的意识形态斗争和对新中国的敌视，新生的社会主义中国不可能轻易地履行这种和平外交，因此，不得不参加抗美援朝、抗美援越，不得不与印度甚至苏联对抗，但这些都是被迫进行的自卫性、防守性的对抗，并不具有对外侵略性。尽管如此，毛泽东的一些充满豪气的壮语，如我们不怕世界大战、不怕核战争、深挖洞、广积粮、备战备荒等，仍然影响了我国的和平国家与民族形象。

邓小平开创的中国特色社会主义道路，实际上就是一条和平发展之路。改革开放之初他就做出世界大战在相当长的时间内打不起来的判断，反复强调实行和平外交政策，"永远不称霸"，"如果哪一天我们称霸了，就将被开除出第三世界的界籍"，"决不当头"，"是真正的不结盟"，外交领域也要"不争论"，不把意识形态和社会制度放在外交工作的首位，要广交朋友，坚持用和平共处五项原则处理国际问题和对外冲突，提出了"主权搁置、共同开发"和"一揽子解决"等原则来处理边界领土争端，等等。这些无不反映我国的和平外交理念，逐步树立起一个和平的负责任的国际形象。以江泽民为核心的第三代和以胡锦涛为总书记的第四代领导集体在继承我国和平外交理念的基础上进一步根据国际国内形势的变化总结出一系列新的国际战略思想，形成了完整的国际关系新理念，构成当代中国特色社会主义意识形态的重要组成部分，并日益为国际社

会所理解和尊重，极大提高了我国的良好国际形象。这些新理念
包括：

第一，"和而不同"的基本世界观是我国国际关系新理念的核
心。费孝通认为中国这一传统文化结晶是世界多元文化必走的一条
道路，是人类共同生存的基本条件。① 我国强调"和而不同"也是
处理国际关系的原则。和谐而不千篇一律，不同而又不彼此冲突；
和谐以共生共长，不同以相辅相成。"和而不同"主张世界各种文
化、不同社会制度和发展模式应该相互尊重、相互交流和相互借鉴，
在和平竞争中取长补短，在求同存异中共同发展。20 世纪 80 年代我
国就提出发展国际关系过程中应该超越意识形态和社会制度的差异，
"考虑国与国之间的关系主要应该从国家自身的利益出发，着眼于自
身长远的战略利益，同时也尊重对方的利益，而不去计较历史的恩
怨，不去计较社会制度和意识形态的差别，并且国家不分大小强弱
都相互尊重，平等相待。"② 党的十四大报告更明确提出不要把意识
形态和社会制度放在外交工作的首位。我国在处理国际问题时所坚
持的方针政策都是这一基本世界观的体现。

第二，和平与发展两大世界主题为核心的时代观。邓小平开创
中国特色社会主义事业是在正确概括和准确判断世界主题变化的基
础上进行的，因为以前我国一直坚持列宁 1916 年提出的"帝国主义
与无产阶级革命的时代"提法，到 20 世纪 70 年代末，世界形势发
生了很大变化，邓小平高瞻远瞩，提出"和平与发展是当代世界主
题"的新论断，30 多年来我国都强调这一世界主题，这是我国确立
改革开放战略的基本依据和建设中国特色社会主义事业的前提，也
是新的历史条件下我国制定国际国内战略的基本原则。

第三，合作共赢的共同利益观是当今世界全球化潮流的必然选

---

① 费孝通在"经济全球化与中华文化走向"国际学术研讨会上的论文摘
要，《人民日报》海外版，2000 年 11 月 15 日，第 3 版。
② 《邓小平文选》第 3 卷，人民出版社 1993 年版，第 330 页。

择。全球化潮流使得国际社会越来越成为一个多元多样而又相互依存的共同体，国际金融市场扩张、国际贸易迅猛增长、国际投资形成国际生产网络、日益统一的世界性生产方式和生活方式、不断趋同的思想文化观念、相互影响日益加深的政治生活，这些都导致各国利益日益交织，因此，我国主张应该顺应这一历史潮流，维护全世界的和平与发展，增进全球的共同利益，为此应该超越零和心态，求同存异，加强合作，实现共利共赢。

　　第四，平等化、民主化的国际关系观是我国处理国际关系实践、建立对外关系的指导思想。我国历来主张：国家不分大小、强弱、贫富，人民不论种族、信仰、传统，彼此一律平等，互相善待，相互尊重，特别是要相互尊重各个国家根据自己的历史传统、文化特征和发展水平选择自己的政治制度和发展模式的权利，这样才能促进国际关系平等化、民主化这一创造和平国际环境的重要途径。中国长期以平等包容精神，本着平等互利、注重实效、长期合作、共同开发的原则，在国际社会广交朋友、寻求广泛合作、寻找共同点、建立了越来越多的双边和多边战略性建设性合作伙伴关系。我国的这一理念得到越来越多发展中国家的支持，对于国际社会走向民主化具有重要意义。

　　第五，优态共存的新安全观是近年来我国积极探索的一种国际战略观念。目前，各种全球性事务越来越引起各国关注，也越来越成为当代国际关系的主要议题，主要有：国际恐怖主义、跨国犯罪、国际贩毒、环境恶化、气候变暖、物种灭亡、爱滋病蔓延、SARS 危机和禽流感肆虐、甲型 H1N1 流感恐慌、石油与粮食安全、经济危机与金融动荡等。这些都不同于传统安全问题，不是国家之间的较量，而是一种非正式的、非对称的、非传统的安全问题，"9·11"事件之后不断发生的国际恐怖袭击事件使这种非传统安全问题明显突出，成为各国不得不共同考虑的重要议题。为此，我国近年来不断提出新安全观，强调我国要积极参与解决这些非传统安全问题，要将这些非传统安全议题纳入到我国完整的安全体系中来，而且，不仅要在安全序列的底端（危态）进行考虑，而且要在其顶端（优态）进行设计与共建，把优态作为对象的安全置于发展国际关系的最基本前提下，就使安全从保障生命存在拓展到了保障生命存在的优化状态。我国对 1997 年东亚金融危机的负责任的积极态度、2003 年 10 月加入"东南亚友好合作条约"、积极推动上海合作组织在非传统安全领域的合作、在全国范围大规模推行节能减排、在 SARS 危机中开放透明与国际社会合作等都反映了我国的这一新的安全理念。

第六，和平稳定、公正合理的国际政治经济新秩序观是我国长期努力的国际目标。20 世纪 70 年代毛泽东就提出了创建国际政治经济新秩序。80 年代邓小平强调世界上有两件事要同时做，一个是建立国际政治新秩序，一个是建立国际经济新秩序。① 1997 年东亚金融危机之后我国又提出建立国际金融新秩序。党的十六大报告进一步提出新秩序包括政治、经济、文化、安全、法律等多方面。国际社会存在多种多样关于国际新秩序的主张。我国的基本主张是：在和平共处五项原则的基础上建立和平、稳定、公正、合理的国际政治经济新秩序。我国对现行的国际秩序一直采取现实的、开明的、客观的态度，既承认其合理性，所以我们才加入世界贸易组织、积极参加联合国等国际组织的一系列活动，并不是主张推倒重来，同时也要指出其不公正、不合理的历史局限性，希望对其进行改革，使其不断完善。

这些新理念是当代中国特色社会主义意识形态的必然产物，也是其中包含的关于国际战略与外交的基本内涵，赢得了全世界越来越多的认可和支持，也为我国在国际社会树立良好国家和民族形象提供了理论基础，是中华民族现代化的重要表现，既将中华民族传统的和平思想发扬光大，又赋予了新的时代内涵。

---

① 《邓小平文选》第 5 卷，人民出版社 1993 年版，第 282 页。

二、中华民族传统文化更新与中华民族现代化

当代中国特色社会主义意识形态对外是一种和平发展新理念，对内则是振兴中华民族的精神支柱。它对中国传统民族文化进行了更新和改造，留下了我们民族的精华，去除了其中糟粕，促进了中华民族的现代化。社会主义意识形态的中国特色就在于马克思主义基本原则与中国实际相结合、与中国传统文化相融合、与中华民族的智慧和精神相贯通。

1. 社会主义意识形态与中国传统文化存在共通性

马克思主义和社会主义意识形态与中国传统文化存在一定的共通性，这是马克思主义和社会主义意识形态传入中国之后能够生根发芽的基础，也是最终能够实现马克思主义基本原理与中国具体实际相结合的基础。例如，中国传统文化强调国家大一统，强调集体意识，大到国家，小到家族，个体意识与权益实际上受到压制，马克思主义和社会主义也强调集体意识和国家意识；中国传统强调中庸，马克思主义强调辩证法；中国强调民本思想，马克思主义强调人民群众创造历史；中国强调知行学说，马克思主义强调理论与实践相结合的实践论；社会主义从全局与社会角度考虑整体性利益与中国水利社会的传统所需要的大局观与专制传统相吻合；中国传统农民对大同世界的向往与马克思主义对共产主义社会的描述形似；历代农民起义所设想的公平社会与社会主义公有制基础上的公平具有类似的形式；等等。正是以这些相似性为基础，马克思主义和社会主义得到了迅速传播。意识形态具有一定的系统性，完全不同的意识形态不容易结合，反而会出现互相排斥，以意识形态为核心的文化体系是一个民族的基因，不是轻易就能够改变的。西方资本主义意识形态与中国传统意识形态差别太大短期内难以吻合接洽，不可能很快改变中国的传统文化，这不能不说是中国近代资产阶级革命失败的重要原因，而中国选择马克思主义和社会主义道路一定是因为当时这是与我国几千年形成的根深蒂固的传统文化最容易结合的新兴意识形态，两者之间一定存在很多的共通性，这些共通性是中国这个传统深厚的国家之所以能够接受社会主义意识形态的重要基础，社会主义意识形态极大地放大了中国传统文化对美好社会的向往和梦想。

  2. 当代中国特色社会主义意识形态对传统民族文化的继承与
      更新改造

    社会主义意识形态与中国传统民族文化传统因共通性而结合，但是，社会主义毕竟是一种完全不同的新兴的意识形态，是马克思、恩格斯、列宁等伟大导师们经过系统论证的科学理论，是建立在劳动价值论、剩余价值论、唯物史观、实践论、科学社会主义等创新理论的基础上的崭新思想体系。这一意识形态在中国的广泛传播与扎根，给我国注入了新的意识形态内容，同时也改造发展了中国的传统文化的基本内涵，这样就去掉了传统文化中的糟粕，使得传统文化的精华得以保留，同时又增加了新的时代内容。当代中国特色社会主义意识形态就是马克思主义这一新思想与中国优秀传统文化精神相融合而形成的。

    每个国家和民族都有自己的文化传统和民族精神，并渗透到一切活动中，体现为民族特色。中国历史悠久，文化遗产丰富，中华民族形成了以爱国主义为核心，追求团结统一、和谐相处、艰苦创业、自强不息的文化精神。这是中华民族生生不息、奋进崛起的精神源泉，也为中国特色社会主义意识形态提供了强大思想底蕴和精神营养，中国传统文化和民族精神成为中国特色社会主义不可缺少的内容，在中国特色社会主义理论与实践中都有反映。如爱国主义和艰苦创业精神就融入到中国特色社会主义建设事业中，成为重要精神动力，维护民族独立、关心社稷民生、为国献身等爱国主义精神品格已深深熔铸在中华民族的生命力、创造力和凝聚力中，现在爱国主义与社会主义有机统一起来，爱国主义强化着我们对强国富民的追求，并渗透到社会生活各领域，体现在愿意为建设中国特色社会主义而献身，成为社会主义建设的内在支撑。艰苦创业的民族

精神在当代体现为世人传颂的井冈山精神、长征精神和延安精神等新的时代精神，这些新精神也充分体现在中国特色社会主义建设中，激励人们发愤图强、埋头苦干。中国特色社会主义意识形态把我国传统文化的精华与社会主义价值融为一体，成为社会的基本信念和行为准则。重和谐，讲信修睦，主张和而不同、厚德载物、天人合一、协和万邦，这些传统文化的精华深深影响着中华民族的思维方式、价值选择、伦理道德和行为特征，推动过中国历史的发展进步，现在也为当代中国特色社会主义提供厚重的思想资源，并构成其重要的精神基础。中国特色社会主义意识形态继承和弘扬这些精华思想的同时又促进其与现代文明承接、与社会进步适应，构建社会主义和谐社会、建设社会主义核心价值体系、以"一国两制"实现祖国统一、走和平（崛起）发展道路等都就是这样结合的产物。当然，中国特色社会主义意识形态还包括运用中国特色的语言表述，这样才能使我们的社会主义具有中国民族风格和气派，使其能为我们喜闻乐见和易于理解。例如，党的思想路线的精髓是"解放思想"、"实事求是"、"与时俱进"；中国奋斗目标是建设"小康社会"；党的基本路线的核心是"一个中心、两个基本点"；还有"三个代表"、"三个有利于"、"双百方针"、"社会和谐"、"两个务必"、"社会主义新农村"、"八荣八耻"等。

3. 当代中国特色社会主义意识形态形成了中国新的文化传统和民族特征

经过将马克思主义关于科学社会主义的基本思想与中国悠久的历史文化传统相结合，在批判地继承和充分地弘扬中国传统文化精华的基础上，深刻总结了国际共产主义运动实践的经验教训、认真吸收了马克思主义经典理论的精髓，在新中国社会主义建设的伟大实践中不断探索和融合，从而逐步形成了有中国特色的社会主义意识形态。这一新兴意识形态指导中国经济高速发展几十年，帮助实现了国家经济的崛起，从而具备了鲜明的时代特色，这种时代特色就是我国意识形态实现现代化的基本内容与标志，也是中华民族实现现代化的重要精神支柱，成为当代中国新的文化传统和民族特征。

中国特色社会主义意识形态是和平与发展时代形成和发展起来的，顺应时代潮流，体现时代要求，提升时代精神，从而具有了鲜明时代特色。中国特色社会主义道路独特但不孤立，是同时代主题和世界形势变化紧密相连的一种积极回应。其时代特色首先体现在始终把改革开放作为强大动力推动中国特色社会主义发展和完善，通过改革把社会主义与市场经济联系起来，为经济发展注入新活力，促进社会主义制度和体制不断自我完善和发展；通过开放使中国与世界紧密联系，得以借鉴和学习人类创造的一切先进文明成果，从而促进观念更新和思想飞跃。其次体现在坚持走和平（崛起）发展道路，在和平中发展自己，既追求发展也谋求和平，通过争取和平国际环境来发展自己，同时又以自身发展促进世界和平，在平等互利基础上与各国交流合作实现互利共赢，这是中国特色社会主义意识形态的突出特点和重要理念。第三体现在尊重世界多样性和发展模式多样化，与世界各种文明、各种社会制度和各种发展模式，在竞争比较中取长补短，在求同存异中共同发展。世界不同国家因社会制度、发展道路、价值观念、历史传统、宗教信仰和文化背景不同而形成的意识形态与文明各有特色和长处，共同组成共生共存的人类文明多样性，不同文明的竞争借鉴促进了人类社会进步，使世界充满活力，因此，当代中国特色社会主义意识形态承认世界多样性并在此基础上形成了构建和谐世界的理念，提倡各种社会制度和发展模式包容而不歧视、交流而不排斥、协商而不对抗、共处而不冲突，放弃同化企图，彼此尊重，平等相待，求同存异，发挥各自优势，共同促进人类进步。

三、社会主义意识形态与我国传统文化是中国崛起的两大基本力量

中国要实现崛起不可能走西方国家过去的传统老路，必须在和平与发展的大格局下实现自己特色的崛起和发展。因此，我们需要

立足于自我创新。中国能够以社会主义意识形态为指导本身就说明中国在关键时刻能够实现自我创新。过去往往认为中国人缺乏创新思维，黑格尔所说的中国本质上没有历史只有重复就是这个意思，这是因为我国传统教育思想重传承轻创新的结果，但近代中国的沉沦和马克思主义传入中国改变了这一切，中国在面临挑战时常常有令人意外的创新之举，如中国革命没有照搬苏联模式而是走农村包围城市之路、中国选择社会主义意识形态和探索中国特色社会主义发展模式。

正因为中国传统上非常重视历史传承，现在又敢于和善于创新，所以中国才会在不断创新自己意识形态传统的同时又尽可能吸收各种传统的智慧和力量。因此，中国的革命和改革才拥有自己的特色，中国的崛起也必然会拥有自己的特色。而中国几千年的深厚传统不可能在很短时间发生完全改变，这样我们的任何新的历史使命都必然要求在充分考虑到我们传统特色的基础上去实现。我国经济改革没有走西方"华盛顿共识"那样的休克式道路，政治改革也完全有理由相信不会照搬西方的民主模式。同样，以中国人的才智，一定会创建出中国经济发展、政治发展和国家和平崛起的新模式，并且逐步地稳定地推进，不会操之过急。否则，如果听信西方精英们的蛊惑，大搞新自由主义经济改革和西方民主，无异是对飞速前进的中国列车急刹车，而让中国的复兴毁于一旦。中国必然在稳健中寻求国家崛起的新道路，从而不断积累新的崛起经验，不断强化自己在崛起中的中国特色。而集合了悠久中国传统文明和社会主义意识形态各自优势的当代中国特色社会主义意识形态显然是我国保持这种特色的重要保证。换言之，具有中国特色的社会主义意识形态和经过社会主义意识形态改造并具有社会主义时代特征的中国传统文明是过去30多年我国经济不断发展的保证，也是未来我国经济社会实现崛起和长期和平发展的两大力量保证。

第四节　当代中国特色社会主义
意识形态提高国家竞争力

内聚实力与外修形象是我国实现和平崛起的基本功夫，可达到使中国"可怕"和"可爱"的效果，但从更长远的历史角度看，要提高国家长期综合竞争力，就需要形成值得借鉴的独特发展模式或经验，才会使中国更"可敬"。而当代中国特色社会主义意识形态就是这种正在探索形成中的中国发展模式的精神内涵，也是提高中国国家竞争力的重要因素。

一、中国和平崛起的终极目标——形成中国发展模式

中华文明之所以成为世界上唯一没有灭亡的古代优秀传统文明，就因为它具有内在的巨大韧性与张力，因此，近代的沉沦衰落并不表明中国文明真正被历史淘汰，中国人相信，这种五千年文明所具有的能量会促使中国重新崛起并再次辉煌，中华文明必将再利世界。正因为如此，中国在经过一百多年的卧薪尝胆之后又开始发力，迅速实现新的崛起和辉煌，中国人的民族自信与自尊又回来了。这就是我国正在实现的国家和平崛起，国家实力的增强、对外形象的树立都是重要的，但是更关键的还是要达到实现和平崛起的终极目标，像史上汉唐时代那样为世界提供发展经验和动力，现在就是要能够为世界提供一种值得参考和学习借鉴的发展模式，或走出一条崭新的发展道路，积累有意义的发展经验，从而成为世界很多国家民族借以前进的动力之源。

这种终极目标就是我国正在走的中国特色社会主义道路，经过30多年的积极探索和大胆实践，这一发展模式已经逐渐成熟，具有

自己鲜明的民族特点和时代特色。即使撇开社会制度，这一发展经验的中国特色仍然是值得很多国家学习借鉴的，这正是西方所说"北京共识"的含义所在，如强调社会稳定、循序渐进、大胆试验、地方特色、政策倾斜、区域发展战略、宏观调控等中国发展特色就越来越吸引世界各国特别是发展中国家的注意。

　　仅仅从经济上看，中国发展模式的特征可简要概括几点：第一，政治权力直接参与经济资源配置。如广东中山高新技术开发区与江门之间的对口工业转移、广东省建立的数十个对口转移工业园、深圳与江西南昌之间的工业转移等都是由政府主导，避免了广东产业出现资本外流和拉美化现象。第二，政府主导形成产业集群效应和中国特色规模经济。浙江出现嵊州领带、义乌小商品等地区产业集群，是一种符合中国国情的产业发展模式，既产生了比较大的规模效应，产权非常明晰，但产业链条非常完整，又可以发挥当地农民同时兼做工农商的优势，以弥补土地资源等不足。第三，政府及官员的权威弥补社会法制环境的不足，为外资和私人企业创造发展条件。中国过去没有成熟的法律与商业环境，人治传统深厚的中国崇尚个人权威，这为迅速吸引海外资本特别是华人华侨资本提高了条件，广东不少官员就发挥过这样的重要作用。第四，经济发展的主要瓶颈在计划经济中就很容易打通，这是我国继续发挥社会主义优越性的表现，比如以行政手段对紧缺的土地、能源、交通等资源进行分配、集中行政资源很快修建铁路、高速公路、电厂、机场、港口等基础设施以解决短边，在包括教育、科学、农业等重要方面都可以继续发挥政府行政作用。行政手段可以适当地缓解很多不必要的恶性竞争，比如在广州出现的能源行政分配，这在某些环节和领域是绝对有必要的。第五，创新有时候成为我国各级政府官员的施政目标而不仅仅是手段。强调改革不一定都是因为旧体制，随着新制度的形成，改革与创新越来越成为保持活力精神的办法。第六，原先的国有大中型企业只要引入竞争机制以增强活力，就完全可以跟发生了经理革命的西方大公司一样，既保持规模经济与范围经济的优势，同时也可以服从和服务于国家意志和根本利益，完成市场经济的效率和社会主义的公平等多种目标。第七，中国特别敢于大胆实验，设立经济特区、开发区、保税区、振兴东北老工业基地、西部大开发、实现中部崛起等都是实施一种有区别的政策，不强求政策的整齐划一，不要求规则面前人人平等，而是灵活运用，这是为了适应中国复杂的特殊国情，必要的资源紧缺也需要以政策差别来缓解。

总之，中国特色的发展模式或经验已经是无可争议的事实，而且中国不断创新改革的精神还在探索更多的中国经验，无论经济、政治、文化还是外交，我们都在根据国情探索自己特色的发展模式，不拒绝也不盲从他国经验，充分利用世界各种文明精华充实着当代中国特色社会主义意识形态，从而成为世界其他国家学习的文明之光。

二、当代中国特色社会主义意识形态在中国发展实践中走向成熟

当代中国特色社会主义意识形态是我国社会主义建设历程中特别是 1978 年改革开放以来逐步形成的我国主流意识形态，是指导和促进我国政治经济与社会发展的主要价值理念和主导性精神力量，是伴随中国特色发展模式共同成长起来的文明体系。

建国初期，我国缺乏建设社会主义的基本经验，一度重点学习苏联高度中央集权的计划经济模式，但不久我们积累了初步经验，苏联模式的缺点和错误也逐步暴露，于是我国开始积极探索自己的社会主义建设道路。1956 年毛泽东首先提出：我认为最重要的教训是独立自主，调查研究，摸清本国国情，把马克思列宁主义的基本原理同我国革命和建设的具体实践结合起来，制定我们的路线、方针、政策。现在是社会主义革命和建设时期，我们要进行第二次结

合，找出在中国进行社会主义革命和建设的正确道路。① 这为后来我国探索适合中国情况的社会主义建设道路提供了基本的指导原则。

此后毛泽东等第一代领导集体对建设我国自己的社会主义道路进行积极的有意义的探索，1956 年《论十大关系》、1957 年《关于正确处理人民内部矛盾的问题》的发表和 1956 年中共八大路线的制定是当时探索中国社会主义道路的主要标志。虽然在确立社会主义经济社会基础和门类齐全的工业体系等方面取得了巨大成就，但是后来出现越来越大的偏差，以致出现反右运动扩大化、"大跃进" 和 "文化大革命" 这样日益严重的错误方向。当然，这从反面为后来邓小平等第二代领导集体正式提出中国特色社会主义道路提供了教训。后来中国禀承这种独立自主和大胆创新精神，立足国情，从实际出发，以实践为发展动力，不断在改革开放的伟大实践中寻找中国特色社会主义道路的具体模式特点，在中国特色发展模式逐步形成的过程中，中国特色社会主义意识形态也相伴随走向成熟，并使中国特色社会主义意识形态具有浓厚的实践特色，并以此保持强大活力。

中国特色社会主义意识形态的实践特色，第一体现在把实现现代化、民族复兴同社会主义振兴联为一体，实现现代化和民族复兴是百年来中国始终不渝的追求，也是社会主义的奋斗目标，中国特色社会主义意识形态为之提供了基础和条件，并开辟了一条崭新道路。第二体现在把社会发展的过程性与奋斗目标的阶段性统一，为此提出了社会主义初级阶段理论及全面建设小康社会、实现社会主义现代化阶段性奋斗目标，这样更贴近现实和人民愿望，更能凝聚民族力量，增强人民信念，调动一切积极因素推进中国特色社会主义事业。第三体现在把发展社会主义事业与实现人民利益紧密结合，中国特色社会主义意识形态始终强调从人民群众根本利益出发，着力满足人民群众的物质文化需要，切实保障人民群众权利，解决实

---

① 吴冷西：《忆毛主席——我亲身经历的若干重大历史事件片段》，新华出版社 1995 年版，第 9 页。

际问题，让人民群众共享经济社会发展成果，这是中国特色社会主义意识形态赢得支持的根本原因。第四体现在尊重群众首创精神，不断总结和提升人民群众的实践经验，并上升到中国特色社会主义意识形态的理论高度，这是我党群众路线的基本要求，中国特色社会主义发展中的很多成功做法都是群众在实践中首创，如联产承包经营责任制、专业合作社、乡镇企业等，这是中国特色社会主义理论路线、方针政策和意识形态形成的重要基础。

三、当代中国特色社会主义意识形态促进中国竞争力提高

当代中国特色社会主义意识形态改造了政府、企业、个人和经济机制等经济发展基本因素，推陈出新，促进了中国经济竞争力提高。首先政府的经济功能发生变化，既保留了计划经济时期的总量控制、比例协调、地区平衡、发展统筹等传统优势，又增加了宏观指导、法律制约、经济调控、政策引导、行政规范等市场经济条件下的新兴优势。其次明确了企业的经济与社会责任，社会主义市场经济改革把过去国家统一经营的公有制企业推向市场，通过市场竞争强化其经济责任，同时又没有放弃其社会责任。再次增强了公民的经济与市场意识，中国特色市场经济改变了中国传统封建社会田园般的悠闲，也打破了计划经济时期大锅饭式的自在，普通百姓也逐步成长为经济发展主体，参与经济竞争，市场意识增强调动了积极性和创造性。最后形成中国特色的市场机制，这是建立在社会主义公有制和按劳分配基础上的新兴市场经济机制，是将计划经济和市场经济两种经济发展手段的优越性集中起来从而得到更好发挥的新经济机制，是被中国 30 多年经济高速发展所印证的成功经济体制。

当代中国特色社会主义意识形态凝聚了中国经济发展的各种力量，让所有社会力量共同为社会主义事业添砖加瓦，让社会财富的所有源泉充分涌流，从而极大地提高了我国经济的竞争力。统一战线是我党的三大法宝之一，是当年中国特色革命道路成功的重要经

验，在新时期，我国建立了国际国内两个统一战线，即爱好和平共促发展的国际统一战线和中国特色社会主义建设的国内统一战线，以此为基础，充分利用国际国内一切有利条件、调动国际国内一切社会力量，投入到中国特色社会主义建设之中，这才有了今天中国经济社会的良好发展局面，正是中国特色社会主义意识形态的这种博大宽阔胸怀导致我国形成了包容并蓄而又独具特色的发展模式和经验，因此具有无与伦比的强大竞争力。

当代中国特色社会主义意识形态不但提高了中国经济发展的核心竞争力，而且也促进了中国特色的民主政治竞争力。社会主义意识形态包含了丰富的民主思想，毛泽东缔造中国军队的过程中就建立了政治、经济和军事三大民主制度，新中国更是不断落实人民当家做主的新兴民主制度，中国特色社会主义意识形态保证了我国民主政治在不断改革和发展，人大制度、政协制度、民族区域自治制度等在不断完善，基层选举、社区自治、政务公开等中国特色的增量民主改革在稳步推进，这样既为经济改革提供了相应的政治保障和社会稳定条件，又促进了我国社会主义民主政治发展与竞争力提高。

当代中国特色社会主义意识形态通过促进中华民族走向现代化、促进中国意识形态走向现代化、促进中国发展经验特色形成而促进了中华文明的竞争力的提高。中华文明是世界上最悠久的古老文明之一，但15世纪以后走向了故步自封和衰落，选择社会主义道路和形成当代中国特色社会主义意识形态又使中华文明得到重铸更新和现代化改造，使中华传统文明第一次有了革命性变革，重新焕发出更新、更美的魅力，从而促进了我国传统文明的竞争力提高。

当代中国特色社会主义意识形态能够保证中华文明重新辉煌。我国当代的主流意识形态就是当代中国特色社会主义意识形态，是在长期的意识形态竞争中逐步形成的，具有高度融合力、强大传播力和广泛认同。近现代史上西方各种意识形态都来到中国，在与中国传统意识形态进行融合、竞争与斗争中不断孕育着、淘汰着，阶级矛盾与社会政治斗争、现代科技革命发展、文化生产方式改变、传媒形式革新和新兴意识形态崛起都不断改变着我国原有意识形态格局，中国逐步淘汰一些封闭落后、狭隘极端、缺乏竞争力的意识形态，改造和保护了某些传统意识形态以获得新的生机，创新发展了更具时代特征的新兴意识形态，通过竞争比较、融合淘汰、更新创造，当代中国特色社会主义意识形态逐步从封闭走向开放、从敌视到融合、从输入到输出、从精英到大众、从政治到市场、从生产到消费，这样在不断推广中得以确立其主导性地位，中华民族的价值观、道德文化、政治理想等意识形态也随之就得以生存和发展，从而保证了中华文明的竞争力提高和再度辉煌。

当代中国特色社会主义意识形态有助于保证我国意识形态安全。我们需要保持主流意识形态的先进性和普适性，这样才能坚守其主流地位，为此，我国在始终坚持面向现代化、面向世界、面向未来的要求与民族性、科学性的要求以及社会主义方向的前提下，不断推进与时俱进的理论创新，将先进意识形态的大众化和大众意识形态的先进化统一起来，围绕和服务大众、深入到大众的心理层面、为大众广泛接受，当代中国特色社会主义意识形态的形成和发展是一个自觉的渐进过程，其本身具有稳定性、连续性和统率性等主流意识形态特有的自觉和生命力特征，中国目前蓬勃发展的意识形态产业化利用工业化、市场化、大众化手段，在满足人们精神需求和好奇心的同时传播着中国特色社会主义意识形态，包括人类共同价值观念、中国传统文化价值与道德思想、社会主义理想和共产主义世界观等，这样逐步巩固了当代中国特色社会主义意识形态的主流地位，有效地克服了各种西方资产阶级意识形态和我国落后的封建主义意识形态以及其他形形色色的多元化、叛逆性、消极意识形态对我国民族文化和主流意识形态所形成的威胁和挑战，有力地保证了我国的意识形态安全，从而保证了我国国家竞争力的提高和长期的和平发展。

后 记

本书是李萍教授承担的中山大学"985 工程"二期项目"全球化时代的意识形态与价值教育"丛书中的一本，经过一年多的努力，本书终于完成写作。

本书的撰写者，主要是中山大学教育学院社会科学教育系经济教研室的教师。在整个项目的统筹下，由叶启绩与谭毅设计了本书的框架结构与写作提纲，又经全体撰写者认真探讨每一章节的基础上，开始各自的写作。后又经过多次反复的修改、终于得以完成。

本书由叶启绩、谭毅担任主编。

撰写人员分工如下：

叶启绩：前言、后记；陈付龙：第一章；李文珍：第二章；姜海龙：第三章；陈淑琼：第四章；袁清瑞：第五章；付春光：第六章；万欣荣：第七章；谭毅：第八章。

最后由叶启绩、谭毅统稿与定稿。

在写作过程中，撰写者参考了大量的资料，绝大部分已列出书目，在此向有关作者表示感谢。

我们还要特别感谢人民出版社责任编辑林敏，谢谢她为本书出版所付出的辛勤劳动。

编者

责任编辑:林　敏
装帧设计:小辉设计

图书在版编目(CIP)数据

当代中国经济与社会主义意识形态互动发展研究/叶启绩 等著.
　-北京:人民出版社,2010.8
(全球化时代的意识形态与价值教育/李萍主编)
ISBN 978－7－01－009184－6

Ⅰ.①当…　Ⅱ.①叶…　Ⅲ.①经济发展-关系-
　社会主义-社会意识形态-研究-中国　Ⅳ.①F12②D616③B036

中国版本图书馆 CIP 数据核字(2010)第 151461 号

当代中国经济与社会主义意识形态互动发展研究
DANGDAI ZHONGGUO JINGJI YU SHEHUIZHUYI YISHI XINGTAI HUDONG FAZHAN YANJIU

李萍 主编　叶启绩 等著

人 民 出 版 社 出版发行
(100706　北京朝阳门内大街 166 号)

北京新魏印刷厂印刷　新华书店经销

2010 年 8 月第 1 版　2010 年 8 月北京第 1 次印刷
开本:710 毫米×1000 毫米 1/16　印张:20.5
字数:267 千字

ISBN 978－7－01－009184－6　定价:42.00 元

邮购地址 100706　北京朝阳门内大街 166 号
人民东方图书销售中心　电话 (010)65250042　65289539